MARCOS ARRUDA

EDUCAÇÃO PARA UMA ECONOMIA DO AMOR

*A formação do ser humano integral:
Educação da Práxis e Economia Solidária*

Prefácio do Prof. Gaudêncio Frigotto

DIRETOR EDITORIAL:
Marcelo C. Araújo

CONSELHO EDITORIAL:
Avelino Grassi
Márcio Fabri dos Anjos

COORDENAÇÃO EDITORIAL:
Ana Lúcia de Castro Leite

COPIDESQUE:
Bruna Marzullo

REVISÃO:
Leila Cristina Dinis Fernandes
Bruna Marzullo

DIAGRAMAÇÃO:
Juliano de Sousa Cervelin

CAPA:
Antônio Carlos Ventura

© Ideias & Letras, 2015.

1ª Reimpressão

Rua Tanabi, 56 – Água Branca
Cep: 05002-0120 – São Paulo-SP
Tel. (11) 3675-1319 – (11) 3862-4831
Televendas: 0800 777 6004
vendas@ideiaseletras.com.br
www.ideiaseletras.com.br

Dados Internacionais de Catalogação na Publicação (CIP)
(Câmara Brasileira do Livro, SP, Brasil)

Educação para uma economia do amor: Educação da Práxis e economia solidária / Marcos Arruda; prefácio de Gaudêncio Frigotto. – Aparecida-SP: Ideias & Letras, 2009.

Bibliografia
ISBN 978-85-7698-052-0

1. Desenvolvimento humano 2. Economia - Aspectos sociológicos 3. Educação - Finalidades e objetivos 4. Solidariedade I. Frigotto, Gaudêncio. II. Título.

09-10584   CDD-370.115

Índice para catálogo sistemático:

1. Formação do ser humano integral: Educação
para a solidariedade 370.115

Em homenagem a Rosa Luxemburgo, José Carlos Mariátegui e Karl Polanyi, educadores da práxis com quem compartilho paixão pela vida, sonhos e esperança.

Dedicatória

A Gaudêncio Frigotto, amigo educador, que vem compartilhando comigo, com entusiasmo e plena dedicação, a aventura da Educação da Práxis.

A Carlos Rodrigues Brandão, antropólogo, psicólogo, autor prolífero e, sobretudo, educador da Práxis, com quem tenho compartilhado vida e esperança ao longo de meio século de fraternidade companheira.

A Euclides Mance, filósofo e educador da Práxis, autor e companheiro no trabalho de edificar a teoria e a prática da Socioeconomia Solidária.

A Enrique del Rio e José Luís Coraggio, ativistas e teóricos da Economia Solidária na Espanha e na Argentina.

A Maurício Abdalla, professor de Filosofia da Ciência no Espírito Santo e promotor da Práxis da Cooperação, e a Máximo Sandín, professor de Biologia, cuja obra descortina um horizonte evolutivo que enriquece e supera o paradigma darwinista.

Às educadoras e educadores do Movimento dos Trabalhadores Sem Terra – MST, em especial a Edgar e Roseli Caldart, pelo exemplo de que a educação libertadora, ligando aprendizagem com luta, ensino com vida e trabalho, pode transformar gente oprimida em gente emancipada e pode produzir uma geração de crianças anunciadoras do futuro solidário da nossa espécie!

Às educadoras de ontem e de hoje da equipe do PACS, em particular a Ana Candida Duda Quiroga, Eliane de Paula, Irene Loewenstein, Jussara Oliveira, Katia Faria de Aguiar, Leila Salles, Leilane Mosry da Silva, Rita Alves dos Santos, Rosana Lobato, Ruth Nunes Soriano, Sandra Quintela, Terezinha Pimenta, e ao educador Robson Patrocínio, pelo aprendizado coletivo da educação para o autodesenvolvimento.

Ao querido amigo e companheiro de aventura da educação libertadora, Paulo Freire, cuja existência terrena abriu caminhos inovadores para tanta gente sedenta de liberdade, igualdade e irmandade, no Brasil e pelo mundo afora. E a suas filhas, em particular Madalena e Fátima.

Sumário

Prefácio 11
Introdução – A autoconstrução do ser humano cooperativo
pela Educação da Práxis 17

1. Educação da Práxis
  Caminho da Autonomia e da Solidariedade............................ 21
    1. Educação da Práxis como educação emancipadora 22
      Marx e a educação.. 23
      Gramsci e a educação... 28
      Confluências 34
    2. Situando biológica e historicamente o entendimento humano 44
      Educação da Práxis e evolução... 48
      Trabalho, Linguagem e Educação da Práxis..................... 50
      Conceituando a Educação da Práxis 55

2. Educação e Teoria do Conhecimento da Práxis..................... 69
    1. Teoria do conhecimento da Práxis.. 69
      Filosofia, História e o ato de conhecer............................ 70
      Três modos de conceber a realidade e o conhecimento... 75
    2. Uma filosofia antidogmática e não doutrinária 83
    3. Filosofia da Práxis como Filosofia da Liberdade 87
      Filosofia da Práxis ou a superação das ideologias 93

3. Educação da Práxis e Desenvolvimento............................... 101
    1. Desenvolvimento integral como vocação ontológica
       e histórica para "ser mais"... 102
    2. Educação da Práxis: Empoderamento para "ser mais" 106
    3. O alcance da Educação da Práxis.. 110
      *A unidade dos sentidos no organismo e dos organismos
      no social/cósmico* 114

    Sentidos materiais 122
    Sentidos imateriais 128
    Consequências 139
  4. Filosofia do Conflito e Educação da Práxis 142
  5. Educação da Práxis e contradições..155
    Necessidades materiais e imateriais 155
    Personalização e socialização 158
    Altruísmo e egoísmo 165
    Feminino e masculino 171
  6. Desenvolvimento socioeconômico e a reintegração
    do feminino e do masculino 183
  7. Educação da Práxis e a reintegração
    do feminino e do masculino 187
  8. Ética do sujeito do conhecer 199
    Solidariedade natural – Solidariedade consciente...................200

4. A Vivência Objetiva e Subjetiva do Trabalhador Intelectual 205
  1. Estudando e atuando 206
  2. Operário em construção..207
  3. Visualizando o desafio da Práxis 219

5. Educação da Práxis e Emancipação 222
  1. Educação libertadora na Guiné Bissau pós-colonial................227
    Economia devastada, sociedade mobilizada 230
    Educação, instrumento de transformação social
    e de reconstrução nacional 233
    Acertos e erros da Práxis Educativa Libertadora....................235
    Có e Sedengal, uma riqueza de lições 253
    Desmobilização crescente e obstáculo linguístico 261
    Crise socioeconômica, desorientação educativa 266
    Lições da Educação Libertadora da Guiné Bissau 269
  2. Metodologia da Práxis e educação de trabalhadores
    em Ipatinga, MG 271

    Pensar criticamente para agir criativamente 272
    Os cinco passos 278
    Agindo, aprendemos, e aprendendo, agimos melhor 287
3. O trabalho como chave para a interpretação do mundo 294
4. Desenvolvimento comunitário e Metodologia da Práxis 298
5. Educação para uma economia do amor 309
6. O educador da Práxis 318
    Educador da Práxis e a arte de viver 318
    Educando o Homo integral para o trabalho livre e criativo 321

**Epílogo – O amor, essência da economia
e da educação libertadoras** 325
    Socioeconomia amorosa 329
    Educação libertadora 333

Bibliografia 337

Prefácio

> *O ar está pesado como um chumbo.*
> *Eu grito, grito, grito. (...)*
> *Estar preso, este não é o problema.*
> *Trata-se de não entregar os pontos.*
> (Cartas da prisão de Nazim Hikmet)

> *Pela própria concepção de mundo, pertencemos sempre a um determinado grupo, precisamente o de todos os elementos sociais que partilham um mesmo modo de pensar e de agir. Somos conformistas de algum conformismo, somos sempre homens-massa ou homens-coletivos. O problema é o seguinte: de qual tipo de conformismo e de homem-massa fazemos parte?*
> (Gramsci, 1978)

Entre os múltiplos requisitos para compreender o sentido mais profundo de um livro, dois são fundamentais: qual o tempo e contexto histórico em que a obra é produzida e qual a trajetória existencial, intelectual, cultural e política do autor. As duas epígrafes acima nos ajudam a caracterizar tanto o contexto quanto a trajetória do autor.

Educação para uma Economia do Amor – A formação do ser humano integral: Educação da Práxis e Economia Solidária expressa um tempo histórico *pesado como o chumbo*. Tempo de "desmedida e de vingança" do capital contra o trabalhador, de destruição avassaladora dos direitos sociais e subjetivos, de governo do mundo pela violência e pelo medo e de destruição das bases da vida pela degradação da natureza. Um tempo que impregna as relações sociais dos valores mercantis do ultraindividualismo de agir pelo interesse egoísta, da competição e do consumo conspícuo.

Todavia, *Educação para uma Economia do Amor* expressa uma concepção de mundo de um crescente coletivo de homens e mulheres que entendem que o sistema capitalista não é eterno e que os seres humanos, como lembra o historiador Eric Hobsbawm, não foram feitos para viver sob seu jugo. Homens e mulheres que cultivam a força e a herança históricas da luta daqueles que, desde os primórdios da humanidade, buscam superar as relações de classe que cindem e mutilam o gênero humano. Homens e mulheres que cultivam e buscam construir cotidianamente a utopia de relações sociais e educativas de cooperação e solidariedade.

Educação para uma Economia do Amor é o epílogo de uma trilogia de livros que caracterizam, de maneira inequívoca, de que conformismo é conformista ou de que homem-massa ou homem-coletivo Marcos Sattamini de Arruda faz parte.[1] Um livro e, também, um memorial-síntese existencial e intelectual que resulta de um cuidadoso inventário da práxis de uma vida, em diferentes partes do mundo, partilhando reflexões, debates e experiências com jovens e adultos trabalhadores e militantes que coletivamente buscam a sua autoconstrução como sujeitos e lutam por seus direitos. Práxis que engendra a experiência da tortura, do exílio, da ausência, da saudade, do sofrimento, mas também da partilha, da solidariedade, do companheirismo, do afeto, do amor e da esperança que alimentaram a utopia de *tornar real o possível e tornar possível o sonho impossível*, como expressa na primeira frase da introdução.

O eixo que articula a trilogia é *a formação do ser humano integral* no horizonte da construção de relações sociais, políticas, econômicas, culturais e educativas solidárias e cooperativas capazes de dilatar as possibilidades e qualidades humanas. Nos dois primeiros volumes, *Humanizar o Infra-humano – A formação do ser humano integral: Homo evolutivo, práxis e economia solidária* e *Tornar Real o Possível – A formação do ser humano integral: Economia solidária, desenvolvimento e futuro do trabalho*, o autor efetiva o duplo movimento de crítica e de proposição.

---

[1] N. E.: Os dois outros livros da trilogia são: *Reencantar a Educação – Rumo à Sociedade Aprendente*, Petrópolis: Editora Vozes, 1998, e *Tornar real o possível – A formação do ser humano integral: Economia solidária, desenvolvimento e o futuro do trabalho*, Petrópolis: Vozes, 2006.

Prefácio

Crítica à economia, ao desenvolvimento, à cultura, aos processos formativos e de conhecimento orientados pelo capital globalizado e à construção de concepções de economia, desenvolvimento, conhecimento e educação e de uma práxis centrada em processos autogestionários e solidários e de emancipação. Seres humanos (homens e mulheres, crianças, jovens e adultos) que pelo trabalho se desenvolvem e educam enquanto pessoa, sociedade e espécie.

Se nos dois primeiros volumes encontramos o embate de concepções de ser humano, economia, desenvolvimento, conhecimento, trabalho, cultura e educação, num diálogo amplo com pensadores clássicos e contemporâneos de diferentes partes do mundo, neste encontramos a ação coletiva e individual alimentadas pela reflexão crítica. Trata-se, pois, de um livro da práxis, cujo horizonte é de nos mostrar que, sem a ação concreta transformadora, aqui e agora, as relações de dominação, competição e de exploração do sistema capitalista não serão superadas.

Com efeito, como o autor sintetiza, este terceiro livro visa explorar concepções e experiências educativas que estão, por uma variedade de vias e maneiras, contribuindo desde já para a edificação de pessoas que sejam os protagonistas do seu próprio desenvolvimento pessoal e social, trabalhadoras e trabalhadores que sejam sujeitos do seu próprio trabalho e empreendimentos, cidadãos sujeitos dos seus próprios espaços sociopolíticos, do bairro à cidade, do município à Nação e ao Planeta. Não por acaso, a vida e a obra de Marcos Santamini Arruda são marcadas fortemente por pensadores clássicos e contemporâneos que conjugam leitura crítica do mundo em que vivem e ação política revolucionária. Por isso, autores perseguidos pelas classes dominantes de suas épocas – Marx, Engels, Gramsci, Kosik, Agostinho Neto, Amilcar Cabral, Paulo Freire, Leonardo Boff, entre muitos outros – são seus interlocutores, que em tempos e espaços diversos e por ângulos e recortes também diversos buscam construir outro mundo possível.

Da introdução ao epílogo do livro, passando pelos cinco capítulos, está presente a centralidade da práxis transformadora, cujo fundamento é a produção da vida concreta dos sujeitos humanos, mediada pelo trabalho, pela cultura e pelos processos de conhecimento. Uma obra, pois, que ao expor a ação concreta de múltiplas experiências de formação humana afirmadora de sujeitos autônomos, solidários e emancipados, reitera a tese dois de Marx sobre Feuerbach:

> A questão de saber se cabe ao pensamento humano uma verdade objetiva não é uma questão da teoria, mas prática. É na práxis que o homem deve demonstrar a verdade, isto é, a realidade e o poder, o caráter terreno do seu pensamento. A disputa sobre a realidade ou não realidade de um pensamento que se isola da práxis é uma questão puramente escolástica (Marx, 1986: 125-126).[2]

Os seres humanos concretos são os sujeitos, ponto de partida e de chegada dos processos educativos mediadores da formação do ser humano integral. É na relação permanente entre pensamento, reflexão, análise e ação que se materializa uma práxis formadora de sujeitos políticos coletivos e solidários produtores de novas relações humano-sociais.

As experiências e inserções do autor, em plano local, nacional e mundial, e as vivências e o diálogo com uma ampla diversidade de iniciativas autônomas e autogestionárias no plano socioeconômico, político e cultural que se efetivam nos mais diferentes espaços do planeta, refletidas no conjunto do livro, trazem-nos uma mensagem afirmativa de que os que lutam por outro mundo possível *não entregaram os pontos*, e que esta possibilidade está sendo construída.

Educação para uma Economia do Amor – A formação do ser humano integral: Educação da Práxis e Economia Solidária traz uma contribuição densa de conteúdo, de método a todos aqueles que se vinculam às lutas dos trabalhadores. Um conteúdo denso de conceitos e categorias que nos permitem compreender o sentido mais radical (o que vai à raiz) dos processos formativos emancipadores; um método centrado na práxis e, portanto, na experiência, vivências objetivas e subjetivas dos trabalhadores; e

---

[2] Marx, Karl. "Teses sobre Feurebach". In: Marx, L. e Engels, F. *Ideologia Alemã*. São Paulo: Hcitec, 1986.

uma forma solidária e cooperativa do desenvolvimento do ser humano em seus processos formativos, na organização da produção material, na ação política e cultural.

Um livro que dá continuidade, no plano ético-político, filosófico, social, educativo e cultural, a grandes pensadores e batalhadores pela educação integral da classe trabalhadora e de suas lutas por verem seus direitos políticos, sociais e subjetivos garantidos. Uma fina sintonia, pois, com a obra de Gramsci, Edward Thompson, José Marti, Paulo Freire, entre outros, com cujas lições aprendemos a superar um duplo equívoco nos processos formativos com a classe trabalhadora. Primeiro o que nega o trabalhador como intelectual, sujeito de conhecimentos e de cultura e que coloca os conhecimentos, saberes e cultura das classes dominantes, como modelo a ser alcançado. Segundo, o que situa o saber, os conhecimentos e a cultura popular como valores em si e que têm de ser preservados como são.

Assim, o leitor encontrará neste terceiro livro de Marcos Sattamini de Arruda as duas estratégias básicas assinaladas por Gramsci nos processos formativos emancipatórios dos trabalhadores. A primeira estratégia parte da repetição, variando a forma e os argumentos, de conhecimentos que fazem parte do patrimônio intelectual e cultural da humanidade, vinculando-os à experiência e à práxis dos sujeitos trabalhadores.

> Criar uma nova cultura não significa apenas fazer individualmente descobertas "originais"; significa também, sobretudo, difundir criticamente verdades já descobertas, "socializá-las, por assim dizer; transformá-las, portanto, em base de ações vitais, em elemento de coordenação e de ordem intelectual e moral" (Gramsci, 1978: 13).[3]

Esta primeira estratégia, todavia, é apenas ponto de partida do processo formativo que afirma e constrói sujeitos emancipados. A práxis educativa emancipadora exige uma segunda estratégia.

---

[3] GRAMSCI, Antonio. *Concepção dialética da história*. Rio de Janeiro: Civilização Brasileira, 1978.

Trabalhar incessantemente para elevar intelectualmente camadas populares cada vez mais vastas, isto é, para dar personalidade ao amorfo elemento de massa, o que significa trabalhar na criação de elites de intelectuais de novo tipo, que surjam diretamente da massa e que permaneçam em contato com ela para tornarem-se seus sustentáculos. Essa segunda necessidade, quando satisfeita, é a que realmente modifica o panorama ideológico de uma época (*ibid.*, p. 27).

Trata-se de um livro de valor imprescindível para educadores, pesquisadores, lideranças de movimentos sociais e militantes, por ser um convite à utopia e, ao mesmo tempo, um exemplo de práxis que no espaço das contradições e lutas a constrói. Utopia que nos convida a buscar *outro lugar* que não este das relações sociais capitalistas predatórias e mutiladoras da vida, centradas na cisão do gênero humano, na competição, no egoísmo, na produção e consumo destrutivos e no individualismo. Construção de *outro lugar possível* e necessário de relações sociais, em todos os espaços da vida, solidárias, cooperativas, dilatadoras e emancipadoras do ser humano.

Gaudêncio Frigotto[4]

---

[4] Doutor em Ciências Humanas – Educação. Professor na UERJ no Programa Interdisciplinar de Pós-graduação em Políticas Públicas e Formação Humana. Membro do Comitê Acadêmico do Instituto de Pensamento e Cultura Latino-americano (IPECAL – México).

Introdução

A autoconstrução do ser humano cooperativo pela Educação da Práxis

Tornar real o possível e tornar possível o sonho impossível. Esse é meu conceito da verdadeira Política. O primeiro título que concebi para este volume da trilogia sobre a formação do ser humano integral e a economia solidária foi "Tornar possível o sonho impossível: A formação do ser humano integral – Educação da Práxis e Economia Solidária". Mas minha amiga Delma Sandri me sugeriu pensar em um nome mais fácil de atrair leitoras e leitores e menos denso. Sonhei, então, com o título que utilizo aqui: "Educação para uma Economia do Amor". E meu filho, Pablo, confirmou que esta é a melhor escolha.

Nos volumes anteriores desta trilogia sobre a formação do ser humano integral e a economia solidária, construí, com a ajuda de inúmeros autores e autoras com quem tenho dialogado, uma concepção de ser humano profundamente diferente da que prevalece no mundo dominado pela economia e pela cultura do capital. Avaliei criticamente a economia do capital globalizado e o conceito dominante de desenvolvimento e propus uma reconceitualização da economia centrada no trabalho, no conhecimento e na criatividade emancipados do *Homo*. Propus um desenvolvimento econômico a serviço de um fim maior, que é o desenvolvimento autogestionário e solidário da pessoa e coletividade humanas, num sentido que vai de baixo para cima e a partir dos potenciais de cada sujeito. Coloquei a emancipação e a redefinição do trabalho humano como chave para o desenvolvimento e a educação do *Homo* enquanto pessoa, sociedade e espécie.

Neste volume, examino como os trabalhos de educação de jovens e adultos que tenho vivenciado corroboram minhas concepções e teorias do conhecimento, da economia, do trabalho e da emancipação. Meu objetivo aqui é responder à questão: Qual a educação para um ser humano em processo de emancipação de seu trabalho, conhecimento e criatividade; um ser humano evolutivo, individual, social e filético ao mesmo tempo, evoluindo num sentido sempre mais complexo e contraditório, sempre em busca de uma maior integração dos seus diversos aspectos vitais e socio-históricos e de suas múltiplas dimensões existenciais?

Este livro visa explorar concepções e experiências educativas que estão, por uma variedade de vias e maneiras, contribuindo desde já para a edificação de pessoas que sejam os protagonistas do seu próprio desenvolvimento pessoal e social, trabalhadoras e trabalhadores que sejam sujeitos do seu próprio trabalho e empreendimentos, cidadãos sujeitos de seus próprios espaços sociopolíticos, do bairro à cidade, do município à Nação e ao Planeta. Neste livro focalizo precisamente o papel da educação no processo de emergência de uma sociedade que tenha o *Homo*, suas necessidades materiais e imateriais, seu trabalho e criatividade como valores centrais. Parto da convicção de que o processo cooperativo e solidário de globalização tem raízes profundas no espaço-tempo da História e ao mesmo tempo já está sendo implantado. Duas vertentes de eventos evidenciam este postulado. Por um lado, uma diversidade de iniciativas autônomas e autogestionárias da sociedade civil, no plano socioeconômico, político e cultural, inclusive a multiplicação de redes globais de ação cidadã, assim como de governos voltados para a promoção da cidadania ativa e do desenvolvimento da sociedade como sujeito da economia e da própria política. Por outro, uma consciência de Espécie cada vez mais expandida, que vem emergindo lado a lado com a valorização da noodiversidade e da busca de unanimidades consensuadas. Esta consciência envolve simultaneamente a renúncia ao desenvolvimento economicista e à globalização competitiva, culminação da era em que imperam a ganância, a ilusão do crescimento econômico ilimitado, a concentração exacerbada de riquezas, a privatização e mercantilização de recursos naturais comuns à humanidade e a destruição irresponsável do meio ambiente, que implicam riscos iminentes para a própria sobrevivência da espécie e do Planeta. Esta consciência manifesta também um sentido cada vez mais agudo e abrangente de que um outro desenvolvimento e uma outra globalização são possíveis e, ademais, estão já em construção.

Introdução

Minha atenção neste último volume da trilogia concentra-se no fato de que práxis educativas inovadoras fazem parte das inovações que se multiplicam no espaço socioeconômico, político e cultural. Minhas hipóteses são:

- que elas são fator e fato de uma Espécie humana que se prepara para dar um salto de consciência que transcende sua atual etapa evolutiva, no sentido de assumir individual e coletivamente o domínio e a responsabilidade pela sua própria evolução e desenvolvimento;[5]

- que a matriz da aprendizagem é a prática, incluindo as práticas ecossocial, laboral, relacional, política de ação para o desenvolvimento, e as práticas de desenvolvimento pessoal; e que, sem o trabalho de interiorização da prática mediante a sistematização teórica e o desenvolvimento mental, ético, estético e espiritual, o processo gnosiológico não chega a se completar e a se realizar;

- que os instrumentos do ato de conhecer não se limitam aos sentidos materiais e à razão, mas compreendem igualmente as outras dimensões noológicas do *Homo*, a saber, mentais, psíquicas e espirituais; portanto, uma educação emancipadora não restringe o conceito de inteligência à inteligência racional;

- que a práxis educativa inovadora é condição indispensável para que se deem transformações relacionais e institucionais genuinamente inovadoras.

Essas hipóteses vão estar presentes em toda a reflexão que desenvolvo sobre minhas próprias experiências como educador de jovens e adultos e sobre a práxis educativa de movimentos sociais e nações, campos privilegiados de minha atenção. Tais experiências e reflexões são as matrizes

---

[5] Evolução, com a conotação de mudança, transformação, devir, movimento, história, progresso, lenta transformação que provoca súbitas transformações (*Petit Robert,* 1968). Desenvolvimento, com a conotação de ação consciente de dar toda a extensão, qualidade e atualidade a potenciais, fazê-los desabrochar e ativar.

epistemológicas de meu conceito de Educação da Práxis. Neste livro, final da trilogia, pretendo evidenciar como a Educação da Práxis desempenha um papel fundamental na emancipação do trabalho humano e, em consequência, na construção de uma socioeconomia informada pelo altruísmo, pela cooperação e pela solidariedade.

1
Educação da Práxis
Caminho da Autonomia e da Solidariedade

Toda a edificação que empreendi nos livros anteriores a esta obra conduzem a três desafios:

1) um ser humano que, reconhecendo-se um ser contraditório e conflituoso, tem de trabalhar para reconstruir-se como ser cooperativo, altruísta e solidário;

2) a criatividade e o trabalho do ser humano emancipados, não mais sob o jugo de uma relação subordinada ao capital, que as escraviza às atividades da mera sobrevivência; e uma socioeconomia (do nível local até o global) gerida pelos próprios trabalhadores e orientada para servir às necessidades humanas, em harmonia com a natureza;

3) uma educação emancipadora orientada para a promoção do *Homo* como sujeito consciente e ativo do seu próprio desenvolvimento individual e coletivo e seu consequente empoderamento socioeconômico, político, cultural e psíquico.

Neste sentido, e tomando como suficientemente elaborada a crítica da educação a serviço da dependência, da subserviência e da alienação,[6] dedico este livro à discussão sobre a educação emancipadora e seu lugar seminal

---

[6] Alguns autores que trabalham a superação da educação alienadora, que não por coincidência encontram-se no campo da teoria crítica da educação, e com quem estarei dialogando neste livro 3: Peter McLaren (1997), Paulo Freire (1972, 1982), Hugo Assman (1998), Gaudêncio Frigotto (1995), Claude Steiner (1998), Humberto Maturana y Francisco Varela (1984), Moacir Gadotti (1980, 1983), Carlos Brandão (1981), Jonathan Kozol (1983), Schmied-Kowarzik (1983).

na resposta àqueles desafios. Neste contexto, fui obrigado, como nos volumes anteriores, a introduzir alguns neologismos que reforçam o sentido do que discutirei. Focalizarei em particular as noções de *Metodologia da Práxis* e *Educação da Práxis*.

1. Educação da Práxis como educação emancipadora

O passo inicial consiste em buscar uma definição adequada para a *educação libertadora ou emancipadora*. O termo *emancipação* serve perfeitamente para qualificar a educação de que falamos. Ele significa o ato pelo qual a pessoa adquire o governo de si própria, libertando-se da tutela, da servidão, da submissão. Refere-se, pois, à conquista da autonomia (ou da capacidade de autogerir-se). Este é o primeiro atributo da educação libertadora – apoiar o *Homo* na conquista da autonomia e da autogestão no pensar e no agir, enquanto indivíduo e coletividade. A ele está ligado o que tenho proclamado como objetivo último da educação, a construção de *sujeitos conscientes e ativos* de sua própria evolução e desenvolvimento, da sua própria história e devir.

Examinemos as diferentes teses desta definição. Bem sei que o termo *sujeito* é polêmico e pode prestar-se a mal-entendidos. Sujeito, no seu sentido etimológico, seja como adjetivo, seja como substantivo, quer dizer colocado debaixo de, subordinado, feito dependente; isto é, exatamente o oposto do que pretendo ao utilizá-lo. Mas esse termo tem também um sentido lógico – o ser ao qual são atribuídos o predicado, a ação, o atributo; o ponto de partida do enunciado; a pessoa considerada como origem de uma ação, de uma influência (adaptado do Petit Robert, 1968); e um sentido filosófico (Kant) – ser pensante, sede do conhecimento, espírito, pessoa. É nesse sentido que podemos legitimamente usar o termo com uma conotação emancipada, em vez de subordinada. Consciência reflexiva e atividade são os dois atributos constituintes da práxis. Trabalhando uma síntese da filosofia marxiana, Gramsci aponta para a natureza evolutiva e histórica do *homo* e define a realidade como "o resultado da relação dialética entre o *homo* e as condições práticas da sua atividade". E essas condições, chamadas "materiais", representam tudo aquilo que se impõe ao *homo* como ponto de partida de sua nova práxis; portanto, o resultado da práxis anterior, o produto de desenvolvimento anterior das contradições entre o *homo* e a 'matéria'" (Texier, 1966: 46-47). Implícita nessa visão historicista do *homo*, está uma concepção dinâmica e complexa de tempo, sobretudo de tempo humano: o presente é a síntese dinâmica do passado e a semente do devir. Quanto mais for consciente e ativo, ou conscientemente ativo, mais capaz de conformar intencionalmente o devir em sua ação presente. Este é o contexto que dá sentido ao postulado de que a ação e a consciência reflexiva definem o ser humano (Texier, 1966: 93). A síntese de ambos é a práxis.

Mas falar em reflexão pode dar a falsa impressão que se trata de um trabalho restrito à razão e ao discurso teórico. Depois de definir a práxis como a conjunção da ação e da reflexão, Gudynas e Evia (1991: 119) propõem que "a reflexão é um conceito amplo, que integra tanto a teorização como também os componentes vivenciais e afetivos que devem acompanhar esses processos. A práxis é um conceito global, com uma base cognoscitiva e afetiva. São os seres humanos os que realizam a práxis, ainda que esta seja dirigida a outras pessoas, à natureza etc.". Essa concepção se harmoniza perfeitamente com o que consideramos o fundamento conceitual da educação emancipadora. O sujeito da práxis – o ser humano – é um ser simultaneamente racional, sensível, emocional, afetivo. Todo ato de conhecer, conforme desenvolveremos a seguir, envolve não apenas um componente dele, mas o ser humano inteiro, a integralidade do ser humano, mesmo que um de seus atributos do conhecer, naquele ato, seja mais solicitado que os outros.

Marx e a educação

São poucos os autores que estudaram os textos de Marx sobre educação. Entre eles se destaca o italiano Mario Manacorda, cuja obra enriquece consideravelmente a bibliografia sobre a abordagem marxiana da educação.

Sem pretender trabalhar a questão com maior minúcia, inicio observando que, embora a proposta da Educação da Práxis tenha por embasamento a Filosofia da Práxis emanada de Marx e ampliada e aprofundada por Antonio Gramsci, entre outros, com toda a modéstia que cabe enfatizar neste contexto, devo afirmar que a reflexão e a práxis educativa que os autores posteriores a Marx, a que me tenho referido como "educadores da Práxis" explícitos ou implícitos, inclusive eu próprio, temos levado adiante a proposta marxiana e gramsciana, incorporando nela um conjunto de descobrimentos científicos e de saberes relacionados à evolução biológica e noológica, em campos diversos e complementares – Física, Biologia, Neurologia, Genética, Psicologia, Antropologia, Filosofia, Etologia, Ética, Energética[7] e a própria Economia.

As duas propostas essenciais de Marx no contexto do capitalismo europeu do século XIX são a abolição da forma da época de trabalho na fábrica por parte das crianças e a união dos dois termos inseparáveis (numa perspectiva evolutiva da existência humana), que são ensino e trabalho produtivo (Manacorda, 1975: 37-40). Essas proposições podem parecer contraditórias, mas a realidade da época evidencia sua propriedade. Os estudos de Engels (1845: 26-55), do próprio Marx (1867: 993-996, entre outros), de Polanyi (1957: 223-236) e de Hobsbawm (1975)[8] são eloquentes em explicitar as razões das propostas educativas de Marx. Por outro lado, ele concebia que a educação e o trabalho são inseparáveis e devem acompanhar o ser humano desde os nove anos de idade até o início da terceira idade. Seu conceito de trabalho, por sua vez, nada tem a ver com o do capitalismo, conforme explicita Manacorda com toda a clareza (1975: 59-79).

---

[7] Esta referência à Energética não é gratuita. Autores como Teilhard de Chardin (1950) e Michel Bercot (1999) enunciam os fundamentos de um novo e inescapável campo da ciência, a Energética. No dizer de Teilhard, a *Energética Integral do Universo* (1950b: 63). Embora usando outro termo – Ciência Espiritual –, Rudolf Steiner (1989) trabalhou num sentido convergente ao de Bercot e Teilhard.

[8] A obra histórica monumental de Hobsbawm deve ser lida integralmente. No livro citado, ele desenha aos olhos do leitor, com um realismo surpreendente, o contraste entre as condições de vida e trabalho das classes trabalhadoras, médias e ricas europeias na aurora do capitalismo industrial. Ver sobretudo p. 143s. e 245s.

A compreensão abrangente de Marx em termos de conteúdo pedagógico do ensino manifesta-se na sua proposta de articular o ensino intelectual, a educação física e a formação tecnológica. Ele insiste que o trabalho produtivo da criança deve ser *adequado às diferentes etapas de seu crescimento*, deve ser *remunerado* e deve ser *tomado como fonte de aprendizagem*. É importante a distinção que ele faz entre educação intelectual – das dimensões mental e espiritual do ser humano – e formação científica e técnica. Em *O Capital* (Marx, 1867: 985-987), ele define o objetivo estratégico da educação emancipadora – "não só como método para aumentar a produção social, mas também como método único para produzir *homens plenamente desenvolvidos*" (grifo meu). Essa visão integral do ser humano e de seu desenvolvimento em Marx e Engels resulta de seu cuidadoso estudo dos escritos de Robert Owen[9] e de sua proposta de *educação universal* e situa o *homo* integral em oposição ao *homo* abstrato, desprovido de sua força criadora ("acessório consciente de uma máquina parcial" – 1867: 987) e característico da alienadora divisão de trabalho promovida pelo capitalismo.

A essência da proposta de Marx, no contexto histórico em que viveu, é atribuir à educação o papel de subverter a condição subalterna e semiescrava dos trabalhadores da época mediante sua promoção cultu-

---

[9] Robert Owen (1771-1858) foi um reformador social de grande visão e iniciativa. Nasceu no País de Gales e durante sua vida criou um sistema de produção de têxteis que associava o trabalho produtivo com a educação e promovia o bem-estar e as relações de sociabilidade e de íntegro caráter entre trabalhadores e dirigentes da empresa. Este experimento social e econômico, levado à prática em New Lanark, perto de Glasgow, na Escócia, atraiu a atenção de ingleses e europeus do continente. Deu aos empresários a noção de que era possível aumentar lucros através de relações mais humanas no espaço da produção. Muitos viram nele um exemplo de um sistema progressista de emprego em que os aspectos mais felizes da humanidade eram estimulados a florescer. Ele gerou também a esperança de que era possível implantar condições de trabalho que permitiriam às pessoas desenvolver-se mais plenamente e evitar os miseráveis assentamentos urbanos. Owen é considerado um socialista utópico, mas ele experimentou na prática um modo associativo e solidário muito concreto de organização social da produção, ligando a atividade produtiva à promoção das condições para o pleno desenvolvimento das pessoas dos trabalhadores.

ral, combinando o ensino elementar abrangente ao tecnológico, teórico e prático. Sem ilusões, porém, ele condiciona a emergência de uma "escola do futuro" à "tomada do poder político por parte da classe operária". Seu projeto é, claramente, político-educativo. A transformação política viria promover o trabalhador a sujeito de si próprio enquanto pessoa, enquanto classe e, mais tarde, enquanto sociedade emancipada; a educação viria educar o trabalhador para a autogestão de si mesmo e de seus espaços coletivos.

Na terceira Tese sobre Feuerbach, Marx faz uma referência crítica ao materialismo metafísico para enunciar a relação entre a educação e a prática transformadora. "A doutrina materialista relacionada com a mudança das circunstâncias e da educação esquece que as circunstâncias são mudadas pelos seres humanos e que é essencial que o educador seja ele próprio educado. Essa doutrina deve, portanto, dividir a sociedade em duas partes, sendo uma superior à sociedade. A coincidência da mudança das circunstâncias e da atividade humana ou automudança só pode ser concebida e racionalmente compreendida como *prática revolucionária*" (Marx, 1845: 422).

O núcleo crítico ao materialismo vulgar está na afirmação de que a relação consciência-matéria não é meramente passiva e reflexa, como advogam aqueles materialistas, mas dialética e recíproca, uma influindo sobre a outra; e nela o ser humano tem o poder de mudar as circunstâncias do mundo e de si próprio através da ação consciente e transformadora. O mundo natural não é estático, mas também não se transforma a si próprio em mundo da cultura – exceto no sentido de que o próprio *homo* é Natureza. Neste sentido, o *homo* é a Natureza, ganhando consciência de si própria, libertando-se do automatismo de suas leis intrínsecas, tornando-a consciente, reflexiva e transformadora de si própria através do seu produto mais sublime (daqueles que conhecemos até agora), o *homo*. Não são tão importantes as instituições e os mecanismos de transformação quanto os sujeitos que os gerem e põem em prática. E esses sujeitos, para serem sujeitos, também têm de ser educados. Marx nunca perde de vista o *sujeito, o ser humano* com todos os seus atributos atuais e potenciais. Ele não deixa que pensemos na cultura ou na instituição educativa como se tivessem vida e dinamismo próprios; insiste que tenhamos sempre em vista os sujeitos que as compõem e comandam. Com essa frase transparente, Karl Marx expõe e supera o círculo vicioso do argumento metafísico: o próprio educador tem de ser educado. E abre a reflexão sobre o que educa o educador e os educandos para a transformação. Ele está discutindo uma dupla transformação: a do meio e a do próprio ser humano. E a ação mediadora dessa dupla transformação é a práxis transformadora ("revolucionária"). A dupla transformação, segundo Karl Marx, "não pode ser percebida ou compreendida racionalmente senão como *práxis revolucionária*".

A superação do materialismo metafísico está justamente neste ponto. Ele abala toda a doutrina e a revira ao avesso. Não é por acaso que esta mesma panaceia continua sendo apresentada hoje por materialistas metafísicos e baluartes do capitalismo contemporâneo, como Carlos Langoni, Roberto Campos, Paulo Renato e os economistas do Banco Mundial. Todos eles têm em comum a cambalhota metafísica. A educação pode estimular à transformação, mas só é agente transformador por meio de *sujeitos ativos e operantes*, portanto, por meio da práxis transformadora desses sujeitos. Indo além, percebemos que é essa mesma práxis a fonte primeira ou maior de aprendizado, de autoeducação e autoconstrução desses sujeitos. Isso, claro, não se realiza plenamente de forma espontânea. É preciso um trabalho crescentemente consciente de crítica da prática – que implica sua teorização e sistematização, num primeiro momento, até que as diversas etapas constitutivas da práxis cheguem a integrar-se, da mesma maneira como se integram num pianista ou num mestre de *tái chi*. É preciso continuar trabalhando sobre este conceito de *práxis revolucionária*, atualizando-o sempre segundo cada contexto espaço-temporal e histórico, aprofundando seu conteúdo no plano conceitual, mas sobretudo no próprio plano da práxis. Pois é de práxis que a práxis se alimenta. Mais adiante examinarei as considerações de Marx sobre a práxis econômica emancipadora.

Gramsci e a educação

É preciso desde já reconhecer o trabalho titânico de Gramsci (1891-1937) no campo político, filosófico e também educativo. À parte os interessantíssimos artigos que publicou durante sua vida de liberdade, antes de ser preso pelos fascistas de Mussolini, sua *opera magna* foram justamente as Cartas e os Cadernos que elaborou nos anos de cárcere e censura. Praticamente toda a sua afinidade com Marx havia sido construída antes da prisão (1926), e a reflexão sobre as obras e o pensamento deste, ele a fez em grande parte de memória e com uma sintonia que ultrapassa em muito o plano meramente racional. Feita esta observação, perguntemo-nos: por que o interesse de Gramsci – um intelectual e jornalista, militante político e social – na educação? Por duas razões importantes, uma no campo pessoal – o fato de estar emocionalmente ligado a seus dois filhos, de cuja convivência foi privado pela força bruta do fascismo,[10] mas com os quais manteve uma ligação afetiva profunda –, a outra no campo político – a consciência de que a educação é uma condição indispensável para o empoderamento dos trabalhadores como pessoas e como classe social. Gramsci é uma figura humana muito especial, de um valor que tem sido insuficientemente realçado pela maioria dos que o conheceram e dos que leram suas obras. Seus escritos têm geralmente uma atualidade surpreendente.

Os elementos básicos da pedagogia gramsciana incluem uma forte convergência com as ideias de Marx sobre a questão educativa. Para Gramsci "a relação pedagógica existe em todo o complexo da sociedade" (Manacorda, 1987: 130) e envolve Estado e sociedade, a relação *Homo*-Natureza, a família, a relação pais-filhos.[11] A escola e as outras instituições educativas

---

[10] Seus anos com Delio foram poucos, e não chegou a conhecer Giuliano, que nasceu quando a mãe já havia deixado a Itália. Antonio foi preso três meses depois do nascimento do seu segundo filho. O fascismo não lhe permitiu conhecer o filho nem sair da prisão com vida.

[11] "Toda relação de hegemonia é necessariamente uma relação pedagógica, que se verifica não apenas no interior de uma nação, entre as diversas forças que a compõem, mas em todo o campo internacional e mundial, entre conjuntos de civilizações nacionais e continentais" (Gramsci, citação transcrita no meu caderno de notas iniciado em 13/4/1977).

são sedes e instrumentos organizados daquela relação universal. Essa percepção é de grande importância, pois irmana a educação com a política, isto é, com as relações de poder. A ideia de Gramsci, resumida por Paulo Freire em inúmeras palestras, é que *toda relação de poder [política] é também uma relação educativa*. Os conceitos de *hegemonia* (aproveitado de Lenin) e de *bloco histórico* (proveniente de Georges Sorel – 1847-1922) situam o ser humano no movimento histórico, artífice do mesmo para além de um mero dado da natureza. Sua reflexão a respeito da educação é guiada por sua pesquisa constante sobre o papel dos intelectuais na luta pela emancipação do mundo do trabalho: este papel é ambíguo, colaborando eles com as diferentes classes sociais em busca do exercício da sua própria *hegemonia* sobre a sociedade civil, para formar um *bloco histórico* entre governantes e governados (Gramsci, 1975, XII, 1-8: 1513-1540).

Gramsci define *trabalho* como "o modo próprio do *homo* de participar ativamente na vida da natureza para transformá-la e socializá-la sempre mais profunda e extensamente" (1975, XII, 9: 1541). Ele identifica o princípio educativo que fundava as escolas elementares como sendo o conceito de trabalho, "que não pode realizar-se em todo o seu potencial de expansão e de produtividade sem um conhecimento exato e realista das leis naturais e sem uma ordem legal que regule organicamente a vida dos seres humanos entre si, ordem que deve ser respeitada por convicção espontânea e não só por imposição externa, por necessidade reconhecida e proposta a si mesmo como liberdade e não por mera coerção". Note-se que ele identifica o termo *trabalho* com *atividade teórico-prática* do *homo*. Ele pode ser também definido como ação consciente, ação reflexiva ou ação refletida[12]. Com isso Gramsci anuncia, com concisão genial, o conceito da *Práxis*. Existe certamente uma extensa gama de combinações dessas duas dimensões do trabalho, desde a ação espontânea, em que prevalecem o imediatismo, a improvisação, o inconsciente, até a ação em que prevalecem a reflexão, a intenção, o planejamento, a consciência, o projeto, a intuição afiada pela intelecção abrangente do real.

---

[12] Esta última expressão não me agrada, dada sua conotação passiva.

Curioso é que o saber fazer as melhores escolhas, ou agir com a máxima impecabilidade, não corresponde necessariamente à ação reflexiva, conforme ensina o Mestre Zen Kenzo Awa. Abro um parêntese para apresentar a essência da educação *zen* comunicada por este Mestre e, em seguida, articulá-la com a proposta de Gramsci. Para o Mestre, o objetivo da aprendizagem de qualquer arte é o domínio espiritual da arte pelo educando transformado em artista da *arte sem arte* (Herrigel, 1975: 29-36). Desapego de si e de toda finalidade, tensão-relaxamento simultâneos, concentração ao ponto de pensar que não se está respirando, mas sim *sendo respirado*, intencionalidade sem intenção, superação do obstáculo no caminho, que é a "vontade demasiado ativa" (42), interiorizacão da pergunta "Por que antecipar com o pensamento o que só a experiência pode ensinar?" (44), corte de todas as amarras, sejam quais forem, "para que a alma, submergida em si mesma, recupere todo o poder da sua indizível origem" (45), conquista do *trabalho espiritualizado* ou do estado *espiritual* – fundamentalmente livre de intenção e do eu –, todos estes são caminhos para se chegar à ação "*exterior* que se desenvolve com toda a espontaneidade, prescindindo da reflexão controladora" (50). Isto não significa ausência ou abolição da razão. Ao contrário, um grande esforço racional é feito para integrar racionalmente na aprendizagem uma quantidade de dados e elementos que vão gradualmente construindo uma outra *visão* e, consequentemente, uma outra *atitude* frente à vida e ao trabalho. Mas a razão é um instrumento secundário, que só tem eficácia se tem a humildade de assumir o papel de complemento de outros atributos de *ver*, do *conhecer*, a começar pelo *experienciar, vivenciar*. Até o ponto em que o discípulo, convertido em hábil artesão, submetido ao duro aprendizado com resignação, descobre, "com o passar dos anos, que o domínio perfeito da arte [do conhecimento, através da rigorosa disciplina do autodesprendimento], longe de oprimir, liberta" (51).

Peço desculpas por não poder discorrer com maior minúcia sobre essa aprendizagem dos Mestres orientais da Práxis. A partir de minha longa prática da Yoga e do Tái Chi, posso testemunhar que esse é o caminho não só do saber, mas sobretudo da sabedoria e da liberdade mais vital e profunda. É a partir da apresentação do pensamento pedagógico de Gramsci que chego a registrar essa minha vivência e a postular que, *em sua essência, a Educação da Práxis é uma construção sobretudo interior, em que a matéria-prima é o eu mesmo*, o *Selbst* de Jung, que é o Eu em relação com todos e com tudo, o Eu nos seus contextos, o Eu *concreto*, no dizer de Marx. Cada um em relação à complexidade de si próprio, o educador em relação ao educando, o líder trabalhador ou político em relação à sua base social, o Estado popular em relação à sociedade civil, todos têm por única função "ensinar-lhes o caminho", guiando-os cada vez menos à medida que assumem percorrê-lo por si mesmos. É da prova da solidão que brota a genuína autonomia, e o educador, paciente e cordialmente, exorta-os a prosseguir mais longe do que ele, até que consigam se "elevar acima dos ombros do mestre" (57). Para Gramsci, esta é a etapa da *"maturidade intelectual e moral"* (1975, XII, 8: 1536) ou o salto de qualidade da escola para a vida.

A proposta educativa de Gramsci é de um ensino único, de uma escola unitária em que todos aprendam a combinar a formação científica e técnica com a formação intelectual e moral. Seu objetivo é que dela brotem novas relações entre trabalho intelectual e trabalho *industrial* (manual), "não só na escola mas em toda a vida social" (1975, XII, 8: 1538). No âmbito da escola unitária, ele vê as diversas etapas dessa formação irem afastando o educando das tarefas mnemônicas para introduzi-lo sempre mais profundamente no âmbito de seu potencial de criatividade e de trabalho autônomo e independente. Com isso, a disciplina imposta e controlada "autoritativamente" (por autoridade externa) é substituída pela "autodisciplina intelectual e pela autonomia moral, ambas teoricamente ilimitadas" (1975, XII, 8: 1536). O caminho educativo emancipador de Gramsci vai da *escola ativa* à *escola criativa*. A escola ativa é a da imitação, da memorização, da disciplina imposta, mas também a da combinação do trabalho manual com o intelectual, a da pesquisa e da descoberta, a da construção de uma metodologia a ser apropriada pela via da práxis do educando. A escola criativa é a da crítica e da criação de novos conhecimentos, é a da crescente personalização e socialização, é a da *autonomia responsável* do pensamento e da ação, a da autodisciplina emancipadora e criativa. Não se trata, diz ele, de uma "escola de inventores e descobridores", nem da consagração de um só pensamento e um só caminho: "Indica-se uma fase e um método de pesquisa e de conhecimento, e não um programa predeterminado com a obrigação da originalidade e da inovação a todo custo. Indica-se que a aprendizagem advém especialmente por um esforço espontâneo e autônomo do educando, e nele o educador exercita apenas uma função de guia amigável (...)" (1975, XII, 8a: 1537).

Um pressuposto de toda esta arquitetura político-educativa visualizada por Gramsci é seu postulado de que não intelectuais não existem ou, afirmativamente, que todo ser humano tem por *vocação ontológica e histórica* ser intelectual, o que implica Ser sempre Mais (no dizer de Freire). Por isso a noção de escola unitária. Uma escola adequada a esse traço comum de todo ser humano. Porém, não uma escola homogênea nem homogeinizadora. Pois o outro pressuposto é que cada ser humano é diverso dos outros, é unico, e a educação tem por objetivo contribuir para que sua personalidade possa desenvolver-se plenamente.

Esta via educativa proposta por Gramsci para as escolas primária e secundária, portanto, cultivando os potenciais de um saber prático-teórico que cria nos jovens as condições ideais para que cheguem à universidade em pleno "estado de criatividade", a meu ver, é adequada tanto para as crianças e os jovens quanto para os adultos trabalhadores, que, sobretudo nos países de alta incidência de exploração, alienação e pobreza, têm baixo nível de escolaridade. Trata-se de uma metodologia – a Metodologia da Práxis – ou o caminho para a autonomia responsável e a autogestão do desenvolvimento de si próprio, indivíduo e coletividade, sobre o embasamento dos valores da cooperação, da reciprocidade, da complementaridade e da solidariedade.

Termino esta reflexão referindo-me à articulação da esfera educativa com a da política e da cidadania. Para Gramsci, a concepção de socialismo como democracia radical, na qual se realizam todos os direitos econômicos, políticos, culturais e espirituais, individuais e coletivos de cada um e de todos os cidadãos e cidadãs, pode superar a lógica do capital e criar uma nova lógica industrial, a partir dos príncipios de participação ativa das classes trabalhadoras e da socialização do poder. Semeraro (1997: 11-12) mostra a criatividade de Gramsci superando as características – típicas da modernidade – que identificam a sociedade civil: a liberdade, a laicidade, o espírito de iniciativa, a consciência crítica, a subjetividade, a dinâmica e a historicidade das relações sociais. Partindo das necessidades concretas das classes subalternas, das experiências dos *Conselhos de Fábrica* de Turim, ele postula que um movimento de luta de trabalhadores "tende a transformar em 'subjetivo' o que é posto 'objetivamente', que de um sistema de fábrica pode surgir uma 'vontade coletiva' capaz de operar uma relativização do modo capitalista de produção e introduzir uma 'ruptura' radical entre capitalismo e industrialismo". Neste momento, o processo "é apropriado pela classe subalterna, que por isso mesmo não é mais subalterna, ou seja, demonstra querer sair da sua condição subordinada" (Gramsci, 1975, IX: 1138). Em Gramsci "a sociedade civil é o terreno onde indivíduos 'privados' de sua dignidade e pulverizados em suas vidas podem chegar a ser sujeitos quando, livre e criativamente organizados, se propõem desenvolver juntamente com as potencialidades individuais as suas dimensões pública e coletiva. O percurso neste sentido vai do ser privado ao ser social (...) O indivíduo, aqui, (...) é sempre visto dentro de uma concreta trama social, como um sujeito interativo com outros sujeitos igualmente livres com os quais se defronta e constrói consensualmente a vida em sociedade". Neste sentido, a concepção de liberdade para Gramsci adquire uma conotação positiva, de expansão social, não de diminuição e de limitação: "A liberdade individual não termina onde começa a dos outros, mas se desenvolve ainda mais quando se encontra com a dos outros".

Essa definição de liberdade fundamenta toda a construção pedagógica e política de Gramsci. Ela está também na base ontológica e gnosiológica da Filosofia da Práxis. O corolário das noções gramscianas de sociedade civil e de liberdade é que "o Estado" como o conhecemos – o Estado capitalista e todo Estado *estatista* – "torna-se supérfluo porque nas massas se desenvolve a responsabilidade pelo público e o coletivo (...). Ao absorver a sociedade política, a nova sociedade civil – que surge das organizações populares e valoriza a sua criatividade – torna-se um organismo público, cria um novo Estado capaz de orientar a economia e as potencialidades sociais na direção do interesse geral". Esse novo Estado não vem subordinar nem substituir a sociedade civil em seu papel de sujeito de seu próprio desenvolvimento, mas ajudá-la a educar-se para realizar plenamente esse seu potencial (esta sua *vocação ontológica e histórica de Ser Sujeito de si própria*) e a consertar dialogicamente a noodiversidade de projetos e vontades num sentido convergente da formação sempre renovada de unanimidades.

Confluências

Minhas proposições neste livro partem de uma postura de modéstia e humildade. É preciso render homenagem a educadoras e educadores que abriram caminhos diversos e convergentes no sentido de uma educação emancipadora. Alguns chegaram a viver situações de opressão física, emocional e psíquica para serem coerentes com sua postura de educadores, entre os quais podemos citar Janosz Korczak, Celestin Freinet, Paulo Freire. Correntes educativas diversas vieram a questionar e contrapor-se à educação conservadora e autoritária que tem prevalecido nos países de influência europeia ao longo das diferentes etapas do capitalismo industrial e pós-industrial. Diversos dos seus proponentes e animadores desenvolveram reflexões sobre teoria do conhecimento de maneira convergente e confluente com o que chamo nesta de Filosofia da Práxis. A variedade de modos de abordar a questão do conhecimento é enriquecedora, porque cobre diferentes ângulos das mesmas questões essenciais: Quem é o ser humano? Qual a relação gnosiológica entre o sujeito e o objeto do conhecimento? Como e para que conhecemos? A educação montessoriana, as escolas da corrente Rudolf Steiner, a Escola Ativa, que buscaram romper com o autoritarismo escolástico e promover as capacidades da criança; a pedagogia dialética, que promove o encontro e o diálogo como caminho mais eficaz do ensino-aprendizagem; a Educação pelo Trabalho, de Freinet, fundada numa epistemologia firmemente antidogmática – "Duvidar do que é certo e não do que é duvidoso, eis a sabedoria" (Freinet, 1973: 8) – e numa profunda confiança na capacidade das crianças e jovens de pensar e agir com autonomia; a educação libertadora de jovens e adultos, desenvolvida por Elza e Paulo Freire; a Escola da Ponte, em Vila de Aves, Portugal, onde educandos e educadores desenvolvem a educação com base no respeito e na confiança mútua e na associação dos processos de personalização e socialização;[13] e tantas outras, têm inaugurado novas vias educativas e formado gerações de pessoas capazes de fazer avançar construtivamente a educação e a humanidade.

Vale realçar, com brevidade, experiências e pensamentos de alguns deles, dado que convergem com as proposições que faremos em seguida sobre a educação e a teoria do conhecimento da Práxis.

De início, quero relembrar o Artigo XI da Proclamação da Comuna de Paris (1871): "É abolida a Escola 'velha'. As crianças se encontrarão como em sua casa, aberta para a cidade e para a vida. A sua única função será torná-las felizes e criativas. As crianças decidem a sua arquitetura, o seu horário de trabalho, o que desejam aprender. O professor antigo deixa de existir: ninguém fica com o monopólio da educação, pois ela já não é concebida como transmissão do saber livresco, mas como transmissão das capacidades profissionais de cada um". Este impulso agressivamente libertário peca por idealismo, por voluntarismo e por falta de visão estratégica. Parte da ilusão de que a liberdade pode ser realizada a partir de um ato voluntário dos dirigentes da Comuna; como se a liberdade fosse um problema estritamente institucional, e não tivesse raiz, como Steiner postula com vigor, na esfera interior do indivíduo (pessoa e sociedade). Existir e não existir nesta esfera não são decisões a serem implementadas por decreto. Nem é possível ter um êxito emancipador e duradouro tentando fazer o que Gadotti argutamente critica na pedagogia institucional: adaptar a prática à

---

[13] "E um Marcos, que vive do outro lado do mar, perguntou-me: *'Como pode estar a Escola enraizada no mundo de hoje – único ponto de partida para a transformação – e, ao mesmo tempo, inaugurar os valores, as práticas e as relações que já inauguram o mundo que almejamos construir?'* A resposta é simples: errando. Errar, aceitar o erro (o nosso e o dos outros) é o caminho para uma possível redenção da Escola. Errar no duplo sentido da palavra: quer se trate de vaguear por caminhos incertos, quer signifique o desacertar, que fique a intenção e o reconhecimento de que *'errare humanum est'*" (Pacheco, 2005).

teoria (Gadotti, 1983: 97). Justamente no campo educativo, mas também no político, exige-se uma *metodologia de empoderamento*, que envolve ciclos como ensino-aprendizagem, vivência, erros-acertos, reflexão crítica, diálogo, contradição, pesquisa, análise-síntese, planejamento e, chave de tudo, ação transformadora para dentro e para fora. As crianças, em particular, precisam vivenciar um processo de aprendizagem para a autogestão, que implica um processo de apropriação de conhecimentos e dos instrumentos para questionar, criticar, pesquisar, experimentar, refletir, partilhar. E também as noções básicas sobre o respeito à bio e à noodiversidade e ao outro, e possíveis maneiras de lidar com as contradições e os conflitos. Apesar de os objetivos serem libertários, o projeto educativo da Comuna de Paris está distante do que concebemos como Educação da Práxis.

Freinet valoriza o trabalho humano como o verdadeiro criador das riquezas e elaborador da humanidade do *homo*. "Se tivesse que organizar hoje esta escola do povo, apoiar-me-ia no princípio que condiciona a vida dos homens, que estimula e orienta os seus pensamentos, o que justifica o seu comportamento individual e social, que é o trabalho, em tudo o que ele tem hoje de complexo e de socialmente organizado; o trabalho, motor essencial, elemento de progresso e de dignidade, símbolo de paz e de fraternidade". Esta visão emanava do entusiasmo dos progressistas do pós-Segunda Guerra (Freinet havia participado da resistência contra os nazistas), com a possibilidade de uma via de desenvolvimento para a França centrada no mundo do trabalho. Ele reconheceu com humildade que a Escola, salvo raras exceções, nunca está na vanguarda do progresso social, por estar demasiado condicionada ao meio familiar, social e político; ela acompanha sempre com atraso as conquistas sociais. Reduzir este atraso seria, para ele, já uma importante vitória.

Freinet é o rebento de uma educação impositiva e castradora, de cunho cartesiano, tão autoritária que até castigos físicos foram até há pouco justificáveis contra crianças e jovens em nome da sua "educação". O principal de sua práxis educativa foi realizado no alvorecer do pós-Segunda Guerra, na França. É surpreendente como um autêntico educador da Práxis possa brotar de uma vivência educativa tão patriarcal e predadora quanto a que o gerou. A essência libertadora da educação, para Freinet, está na articulação estrutural entre educação e trabalho (no seu sentido mais abrangente, autopoiético e antropopoiético). Para ele, a educação visa contribuir para que "a criança desenvolva ao máximo a sua personalidade no seio de uma comunidade racional que ela serve e que a serve". Ele acentua a personalização da criança no contexto de um processo de socialização no qual a criança é tanto beneficiária quanto colaboradora. Seus princípios "invariantes" incluem a escola centrada na criança, e não nas matérias e programas; a criança como sujeito da construção de sua personalidade; o educador como um apoio a esse processo autoeducativo e autopoiético; o trabalho "será o grande princípio, o motor e a filosofia da pedagogia popular, a atividade de onde advirão todas as aquisições" – portanto, uma aprendizagem em que a prática e a teoria estão inseparavelmente associadas. Existe em tudo isso uma grande afinidade com educadores como Korczak e sentimento comum que os une e igualmente me une a eles: o de um profundo amor e respeito pelas crianças e pelo educando em geral. Freinet postula também que a escola do povo só poderá existir no contexto de uma "sociedade popular", identificando o povo com as formações sociais que vivem do seu próprio trabalho (Freinet, 1973: 24-30). Acrescentemos que, por sua práxis pedagógica libertadora, Freinet foi perseguido e transferido contra a vontade pela elite educacional francesa.

Rudolf Steiner parte de uma crítica cortante do que Marx havia chamado materialismo vulgar ou metafísico, assim como dos espiritualismos "extremos". Steiner rejeita tanto a absolutização do Eu quanto a redução do mundo espiritual ao mundo de ideias do indivíduo. A visão integral de Steiner se manifesta em pensamentos como "nós só podemos compreender a natureza fora de nós quando antes aprendemos a reconhecê-la *dentro* de nós" (Steiner, 1963: 53). A teoria do conhecimento proposta por Steiner converge com a que apreendemos em Marx e Gramsci. Steiner se afasta dos positivistas e também de Kant. Os primeiros consideram o conhecimento como o mero ordenamento de objetos em grupos, que passam a constituir no sujeito conceitos abstratos. Para eles o pensamento tem uma função exclusivamente utilitária de buscar fins econômicos (crematísticos, mais bem dito). Para Steiner o conhecimento humano não é um mero reflexo do mundo exterior ou uma repetição do que nos é apresentado pelos sentidos. *Através do conhecimento acrescentamos algo fundamentalmente novo à realidade, algo que vai além da mera percepção sensorial ou da experiência.* Ele também rejeita a concepção de Kant,[14] segundo a qual o conhecimento é um processo estreitamente subjetivo que projetamos no que é percebido ou na natureza. Segundo Steiner, o conhecimento atravessa o mundo dos fenômenos e expõe a verdadeira essência do mundo dos sentidos. Para ele o mundo se expressa para nós de duas maneiras – pela percepção sensorial e pelo conhecimento espiritual – e ambas são parte do mundo objetivo. Ele atribui o fato de o mundo objetivo não se apresentar para nós na sua integralidade ao fato de que os sentidos pelos quais percebemos imediatamente o mundo só nos permitem ter dele uma noção fragmentária (Steiner, 1963: 17-18). O pensamento é o mediador que nos permite desvendar a essência do mundo.

Steiner também reconhece como um atributo essencial do ato de conhecer o que chama de região da alma (na totalidade do nosso ser) ou vida da alma. Para ele o conhecimento espiritual não é próprio apenas do mundo subjetivo, mas também faz parte do mundo objetivo. Elevar a vida da alma significa aumentar nossa capacidade de captar a essência do mundo que nos chega pelos sentidos. Através da compreensão [não apenas racional] ou tomada de consciência e reconhecimento da realidade e das leis internas que regem sua trajetória, o sujeito a incorpora na sua esfera de comportamento, determinando *ideais morais* relacionados ao que quer realizar na vida através das suas ações. Ele observa que nossa ação também é parte do processo-mundo universal e obedece às leis gerais desse processo.[15] Ao reconhecer es-

---

[14] A formação epistemológica de Steiner tem como uma das suas fontes influentes os chamados filósofos da natureza, entre os quais Goethe tem um papel de destaque (ver Livro 1 da trilogia: 59, nota 5). A de doutorado de Steiner, *Verdade e Conhecimento*, contém uma reflexão crítica substancial ao agnosticismo idealista de Kant.

[15] No caso do *homo*, nossos instintos, por exemplo.

sas leis e apropriar-nos delas, nossas ações passam a ser nossa *própria criação*. Já não somos possuídos pelas leis, elas já não são um dado exterior a nós ou fora do alcance da nossa vontade, algo estranho a nós e que governa o nosso comportamento. Aquilo que nos compelia passa a fazer parte do nosso ser consciente e, assim, a estar sujeito à nossa vontade, e portanto à nossa liberdade. "Uma ação realizada segundo uma lei que reside dentro de quem a realiza é uma ação realizada em liberdade. *O sujeito que reconhece as leis das suas ações torna-se consciente da sua própria liberdade.* Assim, o processo de conhecimento é o processo de desenvolvimento no sentido da liberdade" (Steiner, 1963: 376). Ele distingue em cada indivíduo e na espécie humana uma esfera de ações realizadas com base na ignorância ou inconsciência das leis que as regem; elas não são, pois, ações livres. E aponta que a tarefa do desenvolvimento de cada um de nós e da humanidade como um todo consiste em *ampliar sempre mais a esfera da liberdade*, que corresponde ao *homo* moral, íntegro e integral.

Este é o corolário de toda a reflexão epistemológica de Steiner, o conteúdo essencial do seu precioso livro "A Filosofia da Atividade Espiritual", cujo título original em alemão é "A Filosofia da Liberdade". Sua ética é profundamente pragmática (no sentido que defini no Livro 1)[16] e coincide com o que chamo de Ética do Real (Arruda, 1991: 340-345). Ação e reflexão íntima e complementarmente relacionadas; o próprio conhecer como um ato que envolve esforço, trabalho, interação viva com o objeto do conhecimento, e que gera no sujeito a liberdade necessária para que tome decisões conscientes e livres sobre seu modo de agir sobre o mundo e sobre si próprio, [de maneira autônoma e autogestionária, podemos acrescentar]; o ser humano como autor da sua própria emancipação através da práxis, estes são alguns elementos de contribuição de Steiner à nossa discussão sobre a Filosofia e a Educação da Práxis. Esta concepção do *Homo* e do conhecer vieram marcar profundamente a vi-

---

[16] Ver Livro 1: 163, nota 22.

são de educação elaborada por Steiner e consubstanciada num sistema educativo coerente.

Interessante que Marx chamava seu sistema filosófico de "naturalismo humanista" ou "humanismo naturalista"; Steiner chama o seu de "idealismo concreto" ou "objetivo". Ambos escolheram o *fio da navalha*, ao fazer a ponte entre o materialismo e o idealismo.

Os fundamentos filosóficos da pedagogia do oprimido, de Paulo Freire, convergem com as que foram discutidas acima. Resumidamente, tomemos suas formulações "clássicas" relativas à questão do sujeito da educação e do sujeito da libertação. A primeira faz parte do Capítulo II (Freire, 1972: 103-107) e está sintetizada no aforismo "Ninguém educa ninguém. Ninguém se educa a si mesmo. Os homens se educam entre si, mediatizados pelo mundo". A segunda está expressa na parte final do Capítulo I (1972: 73-78): "Ninguém liberta ninguém, ninguém se liberta sozinho – os homens se libertam em comunhão". Estão presentes as dialéticas do *eu-e-tu* e do *eu-e-nós*, assim como a ação ou o trabalho sobre o mundo como a mediação necessária. Trata-se de uma filosofia da ação consciente, da práxis. Note-se que Freire é inovador, sobretudo ao formular o projeto educativo da práxis aplicado à realidade de jovens e adultos trabalhadores, quando até então o foco da filosofia e da prática da educação eram essencialmente as crianças. Com seu método emancipador de alfabetização de jovens e adultos, elaborado em conjunção com sua esposa e companheira Elza Freire e brilhantemente exposto em "Educação como Prática da Liberdade" (1980), ele revolucionou o ensino-aprendizagem de jovens e adultos no Brasil e, mais tarde, em todo o planeta. Seu trabalho teórico de maior relevo, "Pedagogia do Oprimido", ampliou o âmbito da reflexão para abranger todo o desafio da educação emancipadora de seres humanos oprimidos e alienados. Seu envolvimento com processos nacionais de educação de jovens e adultos no Brasil, no Chile, em diversos países africanos e, de passagem, na Nicarágua alimentou e fertilizou seu pensamento no sentido da superação *de todo dogmatismo* no campo teórico e *de todo modelismo* no campo prático-

-educativo.[17] Seus principais referenciais são, por um lado, a convicção de que todo ser humano, e a humanidade como um todo, tem uma *vocação ontológica e histórica* emancipadora; e, por outro, que é da pesquisa da situação objetiva e subjetiva do educando, em colaboração com ele próprio e em busca da compreensão da essência da sua realidade, que o educador – pessoa e instituição – deve partir para a construção metodológica do conteúdo e do processo educativo.

Gadotti (1983: cap. III) comenta que toda pedagogia tem por objetivo *nominal* a *autogestão pedagógica*, entendida como a combinação da autoridade do professor com a liberdade dos alunos. Educadores e pedagogos declaram quase unanimemente conceber a educação como um processo que visa o desenvolvimento autônomo do ser humano, respeitando a personalidade de cada um. Nenhum está disposto a reconhecer que seu trabalho "visa a fazer escravos ou a domesticar homens para a obediência e a submissão" (1983: 79). Gadotti resume o pensamento de Michel Lobrot e sua pedagogia institucional (Lobrot, 1972), que propõe modificar as mentalidades e instituições pedagógicas, mas também as outras instituições da sociedade a partir da aprendizagem da autogestão. Essa corrente é importante para o tema desta minha trilogia. A pedagogia de Lobrot se identifica em vários aspectos com a educação libertadora de Paulo Freire. A questão central para ele se situa na relação com o outro na escola. Critica a escola tradicional por mascarar e reprimir a energia vital existente em cada indivíduo. Insiste na promoção da autoestima e da atitude de não ameaça em relação ao outro, na empatia, no respeito ao outro, na cooperação e na liberdade de expressão. O professor é incentivado a não ser autoritário e mesmo *a renunciar à hierarquia*. Sua teoria de que todo autoritarismo é de natureza psicológica – desejos reprimidos, angústia, desconfiança em relação ao outro – leva-o a afirmar que a supressão dele passa necessariamente pelo indivíduo. Ele argumenta que o autoritarismo se transmite

---

[17] Conforme detalharei mais adiante, tive o privilégio de participar dos trabalhos de Paulo Freire na Guiné Bissau e no Cabo Verde, como membro da equipe do IDAC – Instituto de Ação Cultural, e de usufruir uma prolongada relação de amizade com ele e com Elza Freire.

essencialmente pela educação, na qual é preciso agir para formar seres humanos livres. Nessa perspectiva, o educador ganha um papel estratégico no trabalho de superar a cultura patriarcal!

Embora sua proposta de autogestão pedagógica seja positiva e convergente com a metodologia da práxis, parece-me equivocada a proposição de Lobrot de que é a partir da transformação da instituição escolar que se pode realizar a transformação da sociedade. "A autogestão pedagógica é apenas uma preparação para a autogestão social. Esta constitui o objetivo final" (Lobrot, 1972: 259). Tomada como estratégia educativa, essa proposta é coerente e transformadora. Tomada, porém, como estratégia política, ela é ingênua, pois ignora o que Freinet já apontava, que é a subordinação da instituição escolar ao modo dominante de divisão de trabalho e de poder. Os educadores populares latino-americanos[18] que considero mais inovadores têm insistido em atuar simultaneamente em várias frentes, pela via autogestionária, a começar pelas instituições econômicas – cooperativas e associações –, mas também nas educativas. É o próprio Gadotti quem observa que para tornar coletiva a autogestão como forma de governo dos indivíduos e de suas comunidades é necessária a democratização da sociedade (1983: 107). A escola pode contribuir para isso formando os sujeitos autogestionários, mas é improvável que venha a ocupar o lugar de protagonista dessa democratização. Só uma luta em todas as frentes ao mesmo tempo, e com uma estratégia adequadamente definida e planejada em cada frente, é que maximiza as probabilidades de uma vitória durável da autogestão sobre todo tipo de autoritarismo.

A meu ver Lobrot se equivoca em particular no campo metodológico. Primeiro, sua proposta autogestionária parece carecer de um contexto te-

---

[18] Menciono um, entre vários, que tem dedicado tempo e energia a sistematizar criticamente experiências autogestionárias de trabalhadores e, ao mesmo tempo, tem trabalhado para implantar a autogestão nos processos educativos da CUT (Central Única dos Trabalhadores) através da Escola Sul da CUT e, recentemente, da Secretaria Nacional de Economia Solidária (Ministério do Trabalho e Emprego). Trata-se de Cláudio Nascimento (1985, 1986 e 2000).

leológico coerente, o que denomino Práxis. Esse contexto implica tomar como referência subjetiva o ser humano integral dos educandos e construir com eles, a partir de uma pesquisa sobre eles próprios e seus contextos socioculturais, um programa de educação *omnilateral* e *omnidimensional*. Na perspectiva da Práxis, trata-se tanto de construir uma sociedade integralmente democrática e participativa quanto de contribuir para a edificação de indivíduos sociais capazes de gerir todos os aspectos e dimensões do seu próprio desenvolvimento, individual e coletivo. Segundo, sua proposta de "poder vacante" do professor exclui um elemento fundamental do processo educativo, que é o educador ou, na linguagem das artes orientais, o mestre. Uma parte do processo de ensino-aprendizagem que não pode ser negligenciada é feita mediante imitação e transferência de saber. Dependendo do objetivo e do modo de ensinar do educador, tais aprendizados podem conduzir a uma crescente autonomia do educando, como mostra eloquentemente o mestre japonês de tiro com arco Kenzo Awa. O pequeno e precioso livro de Eugen Herrigel (1975) revela que Awa é um exemplo consumado de Educador da Práxis! Eu próprio relatei, num texto amplamente difundido na época, o diálogo que estabeleci com o grupo de trabalhadores da Oposição Sindical Metalúrgica de Ipatinga, MG, sobre a importância e os limites do papel do Educador da Práxis, no contexto da *metodologia do empoderamento*, que é a Metodologia da Práxis. Entre os diversos ensinamentos que extraí do diálogo, estão dois que merecem referência aqui:

> O Educador [da Práxis] se reconhece simultaneamente como educando da sua própria Práxis e dos seus educandos; esta atitude lhe permite, além de orientar sem arrogância, descobrir com os educandos, construir e reconstruir com eles os antigos e os novos conhecimentos.
>
> Ao mesmo tempo, o Educador em momento algum renuncia à responsabilidade que o grupo lhe confere, na forma de *autoridade*, de *liderança*; ao contrário, no âmbito da autoridade que lhe foi conferida, *ele deve exercê-la plenamente*, como condição para o progresso do grupo no aprendizado da disciplina de pensar, de descobrir, de perceber, de teorizar, de integrar, de planejar a prática, a fim de poderem *juntos conquistar a liberdade da Práxis*.

Seu *papel de liderança*, neste processo é indispensável. Negar a autoridade e o poder que lhe confere sua escolaridade e sua condição de educador, mais que ingenuidade, é oportunismo, pois não há como deixar de exercê-los em toda relação que tem uma dimensão político-educativa – e todas têm – mesmo quando se tenta mascará-los. A menos que o educador se entregue a uma atitude de passividade, que resulta da mistificação do saber popular e da consciência espontânea do trabalhador. Tal educador não é um Educador, pois não colabora para que o trabalhador se ultrapasse e caminhe sempre mais além de onde já chegou (Arruda, 1988: 20).

Educação da Práxis é, a meu ver, a maneira mais concisa e completa de referir-me a educação emancipadora ou libertadora. Reduzida a sua expressão mais simples, ela significa ação de conduzir-me *sempre mais além de mim mesmo*. Envolve a permanente e humilde insatisfação comigo próprio, a sede de superar-me continuamente, de ir sempre mais além de onde já consegui chegar – a noção de *vocação ontológica e histórica de Ser Mais*, desenvolvida por Paulo Freire (1972: 73) –, a convicção de que todo o saber já acumulado é insignificante frente ao que nos desafia para ser conhecido, do mundo e de nós próprios – pois ambos *são* contínua mutação! Envolve o desenvolvimento de um espírito de pesquisa e o desafio de construirnos uma metodologia que nos instrumente para pesquisar continuamente, para fazer da nossa vida – individual e coletiva – um ato contínuo de pesquisar. Mas, acima de tudo, envolve o descobrimento de que *educação é uma questão de poder*. Na proporção em que ela empodera, ela instrumenta para a emancipação.

2. Situando biológica e historicamente o entendimento humano

O segundo passo deste capítulo consiste em situar biológica e historicamente a educação emancipadora. Para todos os que nos colocamos no campo da pedagogia crítica e da Educação da Práxis, a educação não pode ser compreendida fora do contexto socioeconômico, político e histórico em que se situa. E este contexto inclui o modo de configuração e de divisão social do trabalho. A educação está enraizada na própria história da atividade produtiva e reprodutiva da vida, portanto, *o trabalho* (Manacorda, 1975: 59-88). E é nesta perspectiva que Gramsci sintetiza a Filosofia da Práxis num princípio unificador: "O desenvolvimento dialético das contradições entre o ser humano e a matéria". Texier (1966: 47-48) esclarece o que quer dizer "matéria" para Gramsci: não a matéria no sentido das ciências físicas, nem no sentido metafísico, enquanto um absoluto, uma realidade suprema externa ao ser humano, mas como as condições práticas da atividade do *homo,* em relação dialética com ele. Portanto, objetividade e subjetividade *ao mesmo tempo* ou *o fio da navalha*! A aprendizagem faz parte da própria vida, e todos os organismos vivos, ao interagirem com seu ambiente, desenvolvem potenciais e modos de relação que acabam por incorporar-se a seu comportamento de forma mais ou menos "automática", conforme o grau evolutivo de sua consciência (Zohar, 1991: 209-211).

Nas espécies animais superiores, em particular os golfinhos, as baleias e os primatas superiores, o processo de ensino-aprendizagem, inclusive a linguagem, alcança níveis bastante sofisticados, conforme argumentamos no Livro 1 e conforme mostram Maturana e Varela (1984, especialmente os capítulos V a X). Esses autores mostram como a aparição da linguagem oral e ricamente semântica – especificamente humana – "tem a ver com sua história como animais sociais, com suas relações interpessoais afetivas estreitas, associadas ao coletar e compartilhar alimentos" (1984: 143). Esse vínculo revela que a emergência da consciência reflexiva, que acompanhou a evolução da linguagem, está estreitamente relacionada com a alteridade ou com a presença do Outro. E a partilha é o modo de relação que marca essa evolução. Outros elementos que vieram gradualmente distinguir os hominídeos e, depois de vários ensaios, o *Homo Sapiens Sapiens* dos outros primatas ao longo de cerca de 15 milhões de anos de deriva evolutiva, dando-lhes uma capacidade interativa e comunicativa superior, incluem: a substituição dos ciclos hormonais de fertilidade das fêmeas por mentruações com o desenvolvimento nelas de uma sexualidade sustentada, não sazonal; a confrontação dos rostos na relação sexual; e o andar bipedal, pois permitiu que com as mãos livres os humanos transportassem alimentos por longas distâncias, o que contribuiu para "a conformação de uma vida social na qual fêmea e macho, unidos por uma sexualidade permanente, e não sazonal como nos outros primatas, compartilhassem alimentos e cooperassem na criação dos jovens, no domínio das estreitas coordenações condutuais aprendidas (linguísticas) que se dão na contínua cooperação de uma família ampliada" (1984: 145). Fica explícito, assim, o fato de que a contínua cooperação e a aprendizagem coordenada de comportamentos produziram um ambiente propício para o aprofundamento da sociabilidade. E foi "o enriquecimento do domínio linguístico associado a uma sociabilidade recorrente [e sempre mais complexa que] levou à produção da linguagem" (Maturana e Varela, 1984: 143).

Essa pesquisa poderia desdobrar-se mais além, no contexto sobretudo contemporâneo de novas formas de sociabilidade, de linguagem, de confrontação e de colaboração, em particular as que emergiram com a cultura audiovisual que hoje prevalece, buscando responder a perguntas como: Nas condições que alteram os modos de sociabilização e a conduta linguística, sobretudo na era da informática, da telemática e do consumismo egoísta exacerbado, pode-se identificar uma nova deriva estrutural num sentido involutivo ou evolutivo específico? Os novos modos de sociabilização que têm prevalecido desde seis a dez mil anos para cá – marcados por crescente antagonismo, competição e violência, todos indicadores de um crescente predomínio do masculino – eliminaram ou bloquearam definitivamente aqueles que durante milhões de anos foram o ambiente propício e o fator determinante da individuação e da personalização, íntima e interativamente articulada à socialização?

Não pretendemos agora ir além da referência à discussão sobre essas questões, que desenvolvemos nos Livros 1 e 2. O que importa aqui é perceber que a cooperação, a solidariedade cada vez mais consciente, a aceitação e o respeito ao outro em sua diversidade estiveram presentes como fatores determinantes da emergência do *homo*. Foram esses fatores que fizeram da sociabilização um processo de criação de uma intimidade de interações individuais recorrentes em que se desenvolvem a personalização de cada um e, ao mesmo tempo, as coordenações condutuais cooperativas que se nutrem de colaboração, partilha e amor mútuos.

Decorre disso que a evolução ascendente teve no *homo* dois componentes essenciais: a individuação, que, na perspectiva do desenvolvimento de todos os potenciais presentes no indivíduo, chamamos de personalização,[19] e, *simultaneamente*, a socialização. Poderíamos intuir, ou talvez mesmo deduzir disso, que fatores de desagregação, como o egoísmo e a competição irrefreada entre os egos, fundada num interesse individual que ignora seus vínculos com o outro, a ponto de opor-se agressivamente a ele, são na verdade freios ou bloqueios ao prosseguimento ascendente da evolução ou, levados ao extremo, constituem-se em *fatores de involução*[20] da espécie humana. Conforme argumentaremos adiante, uma involução é possível justamente porque, com a evolução da consciência no *homo*, ele se torna responsável por sua própria evolução e desenvolvimento ontológico e histórico; a liberdade que lhe confere a consciência reflexiva permite que ele escolha avançar, parar ou retroceder.

> O processo que leva a nós como o elo crucial no círculo da consciência evolutiva (coerência ordenada em processo de evoluir) talvez afinal não seja a que sobreviverá (...). Se nossa existência levar a uma maior e superior coerência ordenada dentro do universo, teremos êxito enquanto espécie; se não, teremos fracassado (Zohar, 1991: 212).

Nesse contexto de incerteza – o único realista e pragmático –, nossa argumentação por uma socioeconomia solidária, por um desenvolvimento integral e autogestionário de nós como pessoas e coletividades e de nossas respectivas consciências e por uma educação desalienadora e emancipadora tem por objetivo, sobretudo, reforçar as probabilidades de êxito, que residem em cada um de nós e na Espécie, lado a lado, com um número ilimitado de probabilidades de fracasso.

---

[19] "A feminização das relações sociais se caraterizará, sem dúvida, na nossa época, pela passagem do indivíduo à pessoa, com todas as suas consequências para a política, a economia e a cultura (...)." Esta passagem consiste numa "(...) relação especificamente nova, vivida até aqui raramente, em comunidades onde cada um só se sente existir plena e pessoalmente através da relação com o outro excluindo todo constrangimento, toda hierarquia, toda dominação, toda lei exterior a esta relação, que é uma relação de amor, de serviço e de gratuidade" (Garaudy, 1981: 167-168).
[20] No sentido de movimento para trás, de perda de atributos mais evoluídos e mais complexos.

Educação da Práxis e evolução

Teilhard de Chardin desvela com claridade cristalina o papel central da educação no processo evolutivo. Ele nos convida a viajar para trás no tempo em nossa fantasia, a fim de imaginarmos o que seríamos se nos desfizéssemos do "meio educativo humano" em que estamos mergulhados desde que nascemos e nos despíssemos de todas as "camadas" de saber acumulado que fazem parte de nosso universo gnosiológico – os métodos mais recentes de comunicação, a cultura, a indústria, a agricultura, a história, a linguagem – até o estado quase inconcebível que seria, face ao Universo, nossa consciência absolutamente virgem de toda influência humana. Então, Teilhard propõe que façamos o percurso inverso, para visualizarmos e valorizarmos cada envelope educativo que envolve nosso espírito e que se construiu pacientemente *ao longo de um tempo e às custas do trabalho de milhões de seres humanos até chegar a nós*. Ele nos convida a reconhecer no "paciente e contínuo desenvolvimento das aquisições humanas os métodos e, portanto, o signo mesmo da Vida – a Vida *irreversível*, aquela cuja infalibilidade é feita de improvável e cuja consistência, de fragilidade" (Teilhard, 1938: 46-47). Com base nessa evidência ele postula que a Humanidade é *organicamente inseparável* dos crescimentos que ela lentamente acumulou e que propaga nela a educação. "Este meio aditivo, gradualmente formado e transmitido pela experiência coletiva, não é nada menos para cada um de nós que uma espécie de matriz, tão real no seu gênero quanto o seio das nossas mães. Ele é uma verdadeira *memória da espécie*, na qual bebem e se completam nossas memórias individuais" (grifo meu). E conclui: "a educação não é um 'subfenômeno', mas faz parte integrante da hereditariedade biológica" que na Terra culmina na espécie humana.

Como desbravador do futuro a partir do passado e do presente, Teilhard não hesita em identificar que,

> ao longo do tempo, um estado humano de *consciência coletiva* vai estabelecendo-se que cada geração nova de consciências individuais herda e leva um pouco mais longe. Apoiada, é claro, pelas pessoas individuais, mas ao mesmo tempo recobrindo sua multitude sucessiva e modelando-a, uma es-

pécie de *personalidade humana geral* está visivelmente em formação na terra através do tempo (1938: 48-49) (grifos meus).

A construção reflexiva de Teilhard desemboca então no que ele concebe como função específica da educação. Trata-se de uma vocação sublime, mais do que de uma tarefa funcional. E esta vocação da educação de contribuir para consolidar e desenvolver, para além das consciências individuais, a personalidade coletiva da Humanidade, faz parte do patrimônio positivo de oportunidades que a globalização abre à nossa espécie. Evidentemente, enquanto a globalização for marcada pelos divórcios entre capital e trabalho, indivíduo e sociedade, trabalho manual e trabalho intelectual, tomada de decisões e sua execução, enquanto ela se fundar na ideologia do Eu-sem-nós e na competição entre Eus individuais e coletivos, ela vai promover processos educativos geradores de malformações e desfigurações nas personalidades individuais e coletiva da nossa Espécie. A Educação da Práxis conclama a uma educação que emancipa, em vez de alienar e subordinar. Tarefas que Teilhard sintetiza assim:

> "a) Na educação, primeiramente, tem continuidade e emerge, sob uma forma reflexiva e nas suas dimensões sociais, o trabalho biológico hereditário que faz, desde as origens, emergir o mundo em zonas de consciência sempre superior. Colaborador imediato da criação, o educador deve imprimir o respeito e o gosto do seu esforço num sentido profundo e comunicativo dos desenvolvimentos já alcançados ou esperados pela natureza. Em cada uma das suas aulas, deve amar e fazer amar aquilo que há de mais invencível e de mais definitivo nas conquistas da Vida.
>
> b) Em segundo lugar, graças à difusão progressiva de perspectivas e de atitudes comuns, pela educação prossegue *a lenta convergência dos espíritos e dos corações* fora da qual não parecem ter saída, adiante de nós, os movimentos da Vida. Diretamente responsável por assegurar esta unanimidade humana, o educador, quer ele fale de literatura, de história, de ciência ou de filosofia, deve vivê-la constantemente e trabalhar conscientemente pela sua realização. Uma fé apaixonada na objetividade e na grandeza das esperanças humanas deve ser a chama contagiosa do seu ensinamento" (Teilhard de Chardin, 1938: 51-52).

Evidentemente, Teilhard está referindo-se a uma educação que parte do concreto como unidade da diversidade, que promove os valores humanizadores da cooperação e da solidariedade, que valoriza a diversidade e a complementaridade ontológica dos indivíduos e que promove o diálogo em busca da construção e da difusão de perspectivas e atitudes comuns, de projetos em comum, gerando unanimidades a partir da diversidade. Só tal processo educativo é capaz de operar a *lenta convergência dos espíritos e dos corações* e garantir a continuidade evolutiva da espécie humana num sentido de justiça, irmandade e paz sustentáveis.

Trabalho, Linguagem e Educação da Práxis

Retornemos, porém, à reflexão sobre a emergência da linguagem e da consciência reflexiva no *homo,* para examinar brevemente o vínculo destas com o trabalho e a Educação da Práxis. Naquele contexto evolutivo que desembocou no ser sociável e comunicante por excelência, é inescapavelmente evidente a correlação do trabalho, isto é, das ações cada vez mais complexas de recolher alimentos, cuidar das crias e comunicar-se, com a linguagem, enquanto expressão semântica (portadora de significados), de emoções, sentimentos, ideias, informações, declarações, afirmações, juízos. Estes diversos significados devem ter emergido na linguagem à medida que a consciência se complexificou e se tornou sempre mais reflexiva, ao longo de milhões de anos de ação colaborativa, crescente riqueza de meios comunicativos e sociabilização evolutiva. Trabalho e linguagem evoluíram interativamente, nutrindo-se mutuamente e, neste processo, elevando sempre mais a capacidade de ensino-aprendizagem do *homo*. Esta evolução se expressa com todo o vigor no aumento da capacidade craniana dos hominídios até o *Homo Sapiens Sapiens* e na crescente complexificação do cérebro. O mental e o consciente estão de tal maneira vinculados ao contexto social e histórico e à socialização que se dá por meio da ação transformadora e da linguagem, que Maturana e Varela afirmam que a aparição da linguagem no *homo* e de todo o contexto social em que aparece gera este fenômeno inédito – até onde sabemos – do mental e da consciência de si como a experiência mais íntima do humano. Sem o desenvolvimento histórico das estruturas adequadas, não é possível entrar neste domínio humano – como ocorre com a menina-lobo. Inversamente, como fenômeno na rede de acoplamento social e linguístico, o mental não é algo que está dentro do meu crânio, não é um fluido do meu cérebro: a consciência e o mental pertencem ao domínio do acoplamento social e é aí que se dá sua dinâmica (1984: 154).

Argumentando que a linguagem não foi inventada por um sujeito sozinho no ato de apreender um mundo externo, Maturana e Varela afirmam que

é dentro da linguagem mesma que o ato de conhecer, na coordenação condutual que é a linguagem, traz um mundo ao alcance do sujeito (...) somos na linguagem, num contínuo ser nos mundos linguísticos e semânticos que trazemos com outros ao nosso alcance. Neste acoplamento nos encontramos conosco mesmos (...) como um modo de contínua transformação no devir do mundo linguístico que construímos com os outros seres humanos (1984: 155).

Sendo a linguagem expressão da ação, e dado que também e principalmente somos na ação, então *somos na ação e na linguagem.*

A história da constituição da espécie *Homo Sapiens Sapiens* é também a história do trabalho, entendido como atividade transformadora do *homo*, que simultaneamente transforma o mundo e a si próprio. A evolução não linear do *homo* se dá *pari passu* com a evolução não linear de seu modo de produzir e reproduzir a vida, de transformar o mundo e a si mesmo. Os saltos qualitativos de consciência, que ocorrem desde que um hominídeo elaborou a primeira ferramenta para estender seu poder transformador mais além dos seus próprios braços, enunciam-se também hoje na etapa em que o *homo* cria a capacidade de telecomunicar-se em tempo real no espaço da Terra e mesmo no espaço sideral. Essa evolução, marcada por importantes revoluções epistemológicas e tecnológicas, *tem como força motriz a tríade trabalho-conhecimento-criatividade ou ação-saber-consciência.* Quando o *homo* se divorcia desses seus atributos, quando os instrumentos e os frutos de seu trabalho já não lhe pertencem, quando sua criatividade está subjugada a um mister repetitivo que lhe garante a mera sobrevivência e o enriquecimento do seu "senhor" ou patrão, dizemos que ele está alienado, reduzido a pensar com a cabeça alheia e a produzir o bem-estar alheio à custa do seu próprio. Politicamente, ele está desempoderado, posicionado subalternamente em relação aos que têm o poder e a hegemonia. Transformado em sistema político-econômico, este modo de organizar e dividir o trabalho humano e os recursos produtivos influi diretamente na maneira de conceber, organizar e implementar a educação. É aqui que retornamos à educação emancipadora.

> A pedagogia crítica é planejada para servir ao propósito de conferir poder aos professores, assim como de ensiná-los a conferir poder. Dentro desta perspectiva, pedagogia e cultura são vistas como campos interligados de luta, e o caráter contraditório do ensino, como atualmente é definida a natureza do trabalho do professor, está sujeito a formas mais críticas de análise (McLaren, 1997: 8-9).

É justamente nesse contexto que a educação desempenha um papel dialético de espantosa complexidade: se, por um lado, é condicionada por esse contexto e configurada de modo a servi-lo e a reproduzi-lo ao longo do tempo, por outro lado ela está situada simultaneamente "um degrau acima" ou "um passo adiante" desse contexto,[21] possuindo a perspectiva e os instrumentos para criticá-lo e elaborar os caminhos para subvertê-lo e, afinal, superá-lo. Através da reflexão, da teorização, da exploração sensitiva e intuitiva de caminhos alternativos, a educação permite visualizar novos horizontes sociais e humanos, definir novos objetivos, estimular novos desejos e aspirações, descobrir novas maneiras de desenvolver nossos potenciais. Noutras palavras, a educação está situada em posição virtualmente contraditória com relação ao contexto histórico a que pertence, sendo por ele condicionada e influenciada e, *simultaneamente*, sendo portadora do poder de criticá-lo e de exercer uma influência transformadora sobre ele.

---

[21] As aspas se devem ao cuidado com que devo utilizar essas expressões, dado que são apenas metáforas.

A profundidade dessa influência depende precisamente do conceito de educação que praticamos. A propósito, a Educação da Práxis, concebida justamente como aprendizagem ao mesmo tempo prática e teórica, social e conceitual, cotidiana e histórica, individual e coletiva, crítica e criativa, combinando conhecimento com ação transformadora, faz parte intrínseca da luta contra a opressão e a alienação e da construção de uma nova ordem local e global justa e solidária. Orientada para a emancipação do conhecimento, do trabalho e da criatividade do *homo*, a Educação da Práxis tem o potencial de afetar diretamente as relações de poder na sociedade, através de sua influência sobre os sujeitos atuais e potenciais da hegemonia.

É na dinâmica dessa relação com o contexto histórico-social e com a capacidade laboral e criativa do *homo* que a educação tem a difícil tríplice vocação: *denunciar* as estruturas e as relações de opressão e alienação; *anunciar* a possibilidade de empoderamento e emancipação dos oprimidos por eles mesmos; e *enunciar*, em colaboração com eles, uma metodologia de empoderamento e os caminhos concretos para realizá-la na prática.

Outro modo de definir a educação emancipadora é como "processo de construção da consciência, dos valores e das capacidades para o desenvolvimento progressivo e permanente das pessoas e das coletividades humanas enquanto sujeitos ativos e conscientes do seu próprio desenvolvimento pessoal e social e de sua própria educação, acolhendo e potenciando toda a diversidade humana" (PACS e CASA, 1998: 8). Ela é um elemento fundamental do processo de autoconstrução, de *autopoiese*, do ser humano integral.

O ponto de partida é o reconhecimento de que, *enquanto seres evolutivos, somos "seres educativos" por excelência*. O mesmo podemos dizer em relação ao fato de sermos *seres trabalhadores*, isto é, transformadores do mundo e de nós próprios, *coautores da realidade*. Toda a escalada de nosso cérebro e de nossa consciência está relacionada com o processo de aprendizagem, acumulação, transmissão e criação de saberes que vivenciamos enquanto indivíduos, sociedade e espécie. A educação ao longo da história humana se conforma com o contexto socioeconômico e cultural ao qual ela serve. A educação está sempre a serviço de uma visão de mundo e de *homo* e de um sistema de organização e desenvolvimento da sociedade. Eis porque nos tempos da globalização capitalista, segundo a qual o tempo de trabalho humano é uma mercadoria a ser comprada e vendida num mercado cada vez mais estreito, a educação está em geral reduzida a um processo de ajustamento dos indivíduos às demandas desse mercado, através do treinamento para a "eficiência econômica" e a "competitividade".

No esforço pela emancipação do trabalho humano que postulamos acima está incluída a luta pela *religação* do *homo*[22] com tudo aquilo que lhe é essencial e do qual ele vem sendo separado, apartado, dividido: seu direito à vida, o controle sobre seu trabalho, sua força criativa e o saber envolvido em empregá-la produtivamente; seus potenciais enquanto pessoa multidimensional; suas relações com a Natureza, com cada outra pessoa, com a Sociedade e com a Espécie humana.[23] A educação, reduzida a treinamento, a mera "capacitação" técnica, é um dos fatores mais eficazes de

---

[22] A origem da palavra *religião* é o verbo latino *re-ligare*. Com este espírito, em *The Ideal of Human Unity*, Sri Aurobindo propõe *uma religião da Humanidade* como "uma aspiração e uma regra de viver, e em parte o sinal, em parte a causa de uma mudança de alma na humanidade" (Aurobindo, 1949: 541-547). Não por acaso, no capítulo dedicado a esse tema, ele focaliza como elementos constituintes e inseparáveis desta mudança de alma a liberdade, a igualdade e a irmandade, que "não podem ser alcançadas através da maquinária externa da sociedade ou através do *homo* enquanto ele viver apenas no Eu individual e comunal (...). Para ele, a irmandade é a chave deste "evangelho triádico" da ideia de humanidade como espécie (ou organismo coletivo, no dizer de Teilhard). Para Aurobindo, a união da liberdade e da igualdade só pode realizar-se pela força da irmandade humana, e esta só existe na alma e pela alma. Através da irmandade se realiza a unidade da diversidade humana. A consciência disso e o esforço de viver da alma e não do ego – e este é o sentido profundo da religião da humanidade.

[23] Diversas obras de arte ilustram isso, desde desenhos e pinturas de Van Gogh e Käthe Kolwitz até filmes recentes, como "Bread and Roses", do diretor britânico Ken Loach (2000), que conta a história de uma imigrante mexicana que, como milhões de trabalhadores, penetrou ilegalmente nos EUA através do muro da vergonha. Ela consegue trabalho numa concessionária de limpeza num gigantesco edifício empresarial, onde vigoram condições semiescravas de trabalho. O filme, riquíssimo em sentimento e espírito crítico, ao mostrar os dramas humanos que se escondem por trás das contradições entre capital e trabalho e no seio do mundo do trabalho, relata a luta contraditória dos trabalhadores da limpeza para conquistar o direito de organizar-se no sindicato. Em pleno ano final do século 20 grande parte das empresas dos EUA mantêm condições de alta exploração da força de trabalho e perseguem os trabalhadores que tentam sindicalizar-se.

desagregação, subordinação e alienação, quando usada para manipular as pessoas a fim de ajustá-las ao sistema dominante. Mas pode ser também um dos fatores mais poderosos de religação, desalienação, emancipação, através do despertar da consciência das pessoas para os fatores de subordinação e alienação, assim como para seus próprios potenciais de autodeterminação, colaboração, reciprocidade e solidariedade enquanto indivíduos e coletividades.

Minha hipótese é que somente com uma concepção clara e bem fundada de quem é o *homo* que queremos educar e de que trabalho queremos promover para fomentar o desenvolvimento humano e social da espécie poderemos construir um projeto educativo positivo e emancipador. Para educar um ser humano cooperativo, capaz de adotar conscientemente atitudes de partilha, altruísmo, reciprocidade, convivialidade, comunicação e solidariedade, precisamos de uma educação sintonizada, inclusive no plano metodológico, com esse conceito de *homo* e essas atitudes essenciais. É sobre isso que discorremos nos capítulos mais experienciais deste livro.

Conceituando a Educação da Práxis

Uma breve referência à evolução do conceito de práxis e da relação prática-teoria cabe aqui. Schmied-Kowarzik (1974) faz uma erudita discussão sobre os caminhos do debate a respeito da relação prática-teoria nos diferentes filósofos que trataram da educação, da pedagogia e do conhecimento humano. Embora ele confronte seus interlocutores entre si no campo abstrato da relação entre os dois conceitos, eu só o sinto "agarrar" a questão quando ele introduz o debate fundamental da educação e do conhecimento, que é "quem é o ser humano que queremos educar?" O pressuposto antropológico é justamente a interrogação inicial desta minha obra e foi por isso que a iniciei com a busca de definir o ser humano e o contexto histórico-social em que ele existe enquanto relação e potencialidade, para só então discutir a educação. E não vejo como escapar da evidência de que a educação está sempre a serviço de um projeto de ser humano – indivíduo e sociedade – e de seu desenvolvimento. Schmied-Kowarzik se refere, então, à "visão racional da convivência humana" como guia da ação educativa e à "conscientização da práxis humana" como caminho para "conduzir a condições melhores pela transformação dos sujeitos" (1974: 131). A nós interessa este situar a educação no campo da construção crítica de um projeto de humanização. É de uma educação emancipadora que queremos falar aqui, e eis porque centramos na Práxis a nossa atenção.

Prática (gr. *Praksis, ews*) tem o sentido original de ação consciente no âmbito inter-humano.[24] A ação transformadora do mundo pelo ser humano é ontologicamente diferente da ação de um animal ou de outros seres da Natureza ("o rio erodiu a encosta", "o leão caçou o antílope", "a águia faz seu ninho no alto do penhasco", por exemplo). Essa distinção entre as ações de outros seres vivos e a prática humana como ação consciente e intencional do ser humano – portanto, trabalho criativo, exercício de colocar sua energia num ato transformador – já era feita na Grécia pré-socrática. Atividade humana diferenciada das ações da natureza, atividade cultural. Ação transformadora sobre o mundo pelo *Homo*, humanização da Natureza. Implica reflexão, intencionalidade, decisão consciente, portanto, teoria. Para Sócrates, a teoria está a serviço da prática virtuosa do indivíduo (como "revelação maiêutica da consciência"), estimulando-o a fazer o que lhe cabe na comunidade ética da pólis. Para Platão, é a teoria que tem a primazia, exigindo a transformação da prática a partir da ideia abstrata do bem e da justiça. É Aristóteles quem inicia a nítida separação e isolamento relativo dos dois conceitos. A teoria científica do conhecimento expressa um interesse puramente teórico pela verdade de enunciados factuais, enquanto a prática é inspirada não na teoria, mas "apenas" num ensinamento para a ação (*technê*), não tendo relação ou referência direta com a teoria. Seu mediador é a educação, vista mais como esse ensinamento técnico ou capacitação. Daí emergiu na modernidade o conceito estreito de práxis inter-humana, reduzida a *habilidade técnica*, e de trabalho como

---

[24] Para uma discussão minuciosa deste tema, ver Schmied-Kowarzik, 1974: 19-23.

exercício prático dessa habilidade. O Positivismo buscou a fundamentação de um entendimento lógico das ciências do conhecimento isento de toda referência prática. A medida absoluta de cientificidade são os critérios de comprobabilidade intersubjetiva e da consistência lógica. A prática é denunciada como espontânea, acientífica. Os materialismos vulgares, que discutiremos a seguir, aplicam ao inverso a lógica racionalista e utilitária, amalgamando abstratamente o mundo da matéria e o mundo humano e reduzindo a consciência humana a um mero reflexo do mundo "objetivo". A teoria seria, portanto, um reflexo da realidade material, e a prática em conformidade às leis da realidade estipuladas pela teoria seria o critério e a referência da verdade. Teoria (gr. *Theorein (olhar), theoria (visão, especulação)* tem vários significados:

1) um plano ou esquema que existe apenas na mente, mas baseado em princípios verificáveis por experimentação ou observação;

2) um corpo de princípios fundamentais subjacentes a uma ciência ou à aplicação de uma ciência;

3) conhecimento abstrato de alguma arte, em oposição à prática dela (Preble, 1959: 1302).

Na Grécia Antiga, o termo era usado para denominar a investigação dos locais dos sacrifícios pela delegação das festividades, a fim de formular um guia para a ação. Em Platão, contemplação das ideias. Em Aristóteles, reflexão científica desligada de qualquer intenção prática concreta. Da concepção original que articulava teoria com guia para a ação, até a concepção da Práxis que articula teoria à prática entendida como ação criativa ou transformadora do seu humano, um aparente círculo foi completado; na verdade, trata-se de uma espiral ascendente. A noção de Práxis como prática alimentada e guiada pela teoria, e teoria como o resultado do trabalho de desvendar a dimensão essencial que se esconde para além da face fenomênica do real, é um retorno ao sentido original, mas num plano ou numa dimensão qualitativamente superior e mais rica de sentido e de potencial transformador.

Na luta pela emancipação humana, é necessário qualificar a educação que pode contribuir para edificar o *Homo* que queremos, a fim de distingui-la da educação em abstrato, que pode ser entendida em qualquer sentido, ou da "educação" alienadora que hoje prevalece. Optei pela expressão *Educação da Práxis* porque ela corresponde à Metodologia e está informada pela Filosofia da Práxis. Trata-se da apropriação da educação como relação de mútuo ensino e aprendizagem e como caminho de construção de sujeitos históricos. A Educação da Práxis ultrapassa os conceitos meramente funcionais ou estruturais de educação. Reconhece a transmissão de informações e de habilidades como elementos indispensáveis do processo educativo. Porém critica a redução da educação a esses aspectos e a toda concepção e prática educativa que fragmenta o ser humano ou o conhecimento, em vez de integrá-los, tanto no plano teórico como no prático. E promove a práxis educativa, essencialmente, como ligada à luta contra o trabalho alienador, e por um trabalho criativo e transformador; e como um trabalho de construção de *sujeitos – individuais e coletivos – do seu próprio desenvolvimento e educação*, buscando o maior grau possível de autonomia em relação a seus mestres e a toda figura hierarquicamente superior. Vê o ser humano como uma totalidade em si e, ao mesmo tempo, um componente organicamente integrado em outras totalidades mais abrangentes, físicas, sociais, culturais e cósmicas.

Portanto, propõe uma práxis educativa de caráter permanente, que seja ao mesmo tempo *omnilateral* e *omnidimensional*. *Omnilateral* porque compreende todos os aspectos da vida do educando, desde os relacionados à sua pessoa até os que o situam nos contextos sociais e históricos mais abrangentes; ou pelo menos todos os campos que lhe permitam o desenvolvimento mais completo possível das forças produtivas, criativas e comunicativas enquanto ser humano e trabalhador, de suas necessidades e da capacidade de satisfazê-las. *Omnidimensional* porque abrange todos os modos e faculdades de conhecimento que o trabalhador[25] possui, todas as

---

[25] Trabalhador aqui refere-se a todo ser humano cuja ação consciente transforma a realidade. Refere-se também às classes sociais cujo meio de vida depende fundamentalmente do trabalho e não de ganhos de capital ou de rendas.

dimensões e todos os potenciais de seu ser, desde o corpo e seus sentidos até a mente e a psique com seus múltiplos atributos.

Examinemos com mais atenção as características do que chamamos Educação da Práxis – uma educação capaz de contribuir eficazmente para a viabilização de um desenvolvimento centrado no ser humano e uma democracia integral.[26] A concepção de conhecimento da Práxis postula a prática ou a ação transformadora do ser humano sobre o mundo e sobre si mesmo, como fonte primeira, embora não a única, do conhecimento humano; concebe que o ser humano concreto é, ao mesmo tempo, individual e social, e também simultaneamente físico, mental, psíquico e espiritual; portanto, que o conhecimento humano nasce de sua prática individual e social em todos os aspectos e dimensões da sua existência. Conhecer tem, por conseguinte, um sentido de experimentar, vivenciar e, a partir da teorização e da reflexão sobre a prática, conceituar, ganhar consciência para agir novamente. Desta concepção surgem os seguintes postulados fundamentais:

- O ato de conhecer é um caminho para a compreensão da realidade; em si, conhecer não transforma a realidade; só a conversão do conhecimento em ação transforma a realidade. Chamamos *Práxis* esta contínua conversão do conhecimento em ação transformadora e da ação transformadora em conhecimento.
- O ato de conhecer, portanto, não tem um fim em si; são *o ser e o fazer conscientes*, críticos e criativos, que dão sentido ao conhecer.
- O ato de conhecer, quando convertido pelo sujeito em ação transformadora, gera ao mesmo tempo uma transformação no próprio sujeito; a Práxis é também, portanto, o caminho de construção da consciência humana e universal.

---

[26] Esta reflexão se baseia na exposição feita por Boff e Arruda (2000: 21-24). O conceito de democracia integral envolve a plena realização dos direitos humanos em todos os seus aspectos e dimensões – econômicos, políticos, sociais, culturais, materiais, vitais, psíquicos e espirituais.

• O educando deve tornar-se desde o início sujeito do processo político-educativo, pois só aprenderá a sentir, sentindo, a agir, agindo, e a pensar sobre a ação e sobre o mundo, pensando.

• Portanto, o educador é apenas um guia, um apoio num processo de descobrimento permanente dos próprios sujeitos da aprendizagem. O desafio para ele é, em essência, tornar-se um sujeito entre sujeitos, potencializando as capacidades criativas de cada um na dinâmica do trabalho coletivo.

A criação do conhecimento não é um monopólio dos que estudaram nos livros e nas escolas; ao contrário, é um processo acessível a todos aqueles que têm uma prática. E todo ser humano tem uma prática. É a Práxis que faz de uma pessoa ou um grupo social o sujeito da criação de conhecimentos. O trabalhador, portanto, não precisa absorver, nem memorizar, nem assimilar linearmente uma quantidade ilimitada de conteúdos; o essencial é: primeiro, que ele saiba aplicar seu saber na ação transformadora do mundo e de si próprio; segundo, que aprenda a teorizar sua própria prática individual e social, em todos os campos e dimensões de seu trabalho e de sua vida, articulando o local, particular e imediato com o global, geral e mediato; terceiro, que domine a arte de, a partir dessa visão totalizante da realidade, extrair os elementos para o direcionamento estratégico e tático de sua ação transformadora.

Neste contexto, desenvolver o domínio da linguagem é fundamental para o trabalhador, ainda que, num primeiro momento, não necessariamente a linguagem escrita; o domínio da linguagem, enquanto mediador do conhecimento e da comunicação, é um poderoso instrumento de Poder; na perspectiva da Práxis, conhecer é dialogar com o mundo, comunicar é dialogar com outros seres humanos; a linguagem enquanto diálogo crítico e criativo é, portanto, um fator de democracia, de participação.

A Práxis, enquanto diálogo crítico e criativo – portanto questionador e edificador – no plano interpessoal e social, traduz-se, por um lado, em interação, contradição e, por outro, em comunicação, compaixão, solidariedade, comunhão, amor. Na verdade, *o amor é a Práxis por excelência*

(Arruda, 1989). Nele cada um é chamado a *ser* plenamente e, ao mesmo tempo, a *compartilhar* seu ser com o outro plenamente. O amor é unidade na diversidade.

Saber interpretar e transformar o mundo de modo consciente é fonte de grande poder. O caminho da Práxis vai da ação ao conhecimento e deste à ação transformadora; portanto, a Práxis é uma condição indispensável da constituição dos sujeitos sociais – da cidadania ativa – e de seu poder autolibertador.

Na perspectiva da democracia integral, a educação é a aprendizagem da Práxis. Portanto, a educação é uma aprendizagem de poder. Seus objetivos essenciais são:

1) A apropriação por cada cidadão e cada comunidade de todo conhecimento científico, político, social, cultural acumulado pela humanidade ao longo da História que possa servir para a satisfação das suas necessidades e aspirações.

2) A apropriação por cada cidadão e cada comunidade dos instrumentos de avaliação crítica do conhecimento universal acumulado, seja o conhecimento científico, seja o conhecimento histórico-social, seja o conhecimento de si próprio, de modo que os educandos possam identificar seu caráter histórico e cultural e se proponham renová-lo, atualizá-lo e mesmo recriá-lo. Tais instrumentos incluem a razão, mas também outras capacidades cognitivas do ser humano, como o corpo e seus sentidos materiais; a intuição; o sentimento; a vontade e os diversos sentidos imateriais, como o sentido da unidade, da beleza, da transcendência, do amor (Arruda, 1988: 6).

3) A apropriação por cada cidadão e cada comunidade dos instrumentos adequados para a criação de novos conhecimentos e para a teorização de sua própria prática individual e social; para a compreensão profunda desta prática em todas as suas dimensões e articulações, isto é, para o desenvolvimento de sua consciência social e universal; e para a criação de uma visão totalizante da realidade que lhes permita extrair dela os elementos necessários à orientação estra-

tégica e tática de suas ações e de suas alianças. Entre os elementos indispensáveis para esta busca da totalidade do Real estão a pesquisa, a experimentação, o processo de análise-síntese, a edificação de um universo conceitual coerente com a perspectiva da Práxis, o planejamento, a avaliação, a gestão e a comunicação.

Essas três tarefas da Educação da Práxis, sobre as quais discorreremos adiante, são ao mesmo tempo diferentes entre si e profundamente articuladas. São três componentes de uma teoria educativa que visa instrumentar o educando, em particular os jovens e adultos trabalhadores, para a *tomada de decisões*, isto é, para o pleno exercício da participação democrática, para a plena cidadania. O fato de a educação domesticadora só dar conta do primeiro e, mesmo assim, fragmentadamente não é casual. O sistema produtivo capitalista separa o ser humano de sua capacidade produtiva, reduzindo-o a ela; além disso, separa a tomada de decisões da execução das mesmas, reduzindo o trabalhador ao papel de mero executor de ordens vindas de cima. Em consequência, obrigatoriamente reduz a educação do trabalhador, e de seus filhos e filhas, à expressão mais simples: educa unilateralmente, funcionalmente ou somente na medida do que o trabalhador necessita para desempenhar uma determinada função no sistema produtivo. É contra essa tendência que Marx e Engels, e depois Gramsci, levantaram-se, ao sublinharem "a exigência da recuperação da unidade da sociedade humana no seu complexo e da omnilateralidade do homem singular numa perspectiva que una (...) os fins individuais e os fins sociais, homem e sociedade" (Manacorda, 1975: 28).

A proposta político-educativa da práxis, portanto, refere-se a uma educação *omnilateral* e *omnidimensional*. Introduzir os trabalhadores neste *conceito integral de conhecimento* e nesta *práxis integral de aprender,* no contexto de uma sociedade fragmentada em classes, como o Brasil, significa por um lado subverter o monopólio das minorias que não estão diretamente envolvidas no trabalho produtivo e são as únicas que têm a possibilidade e os recursos para passar 20 ou mais anos estudando. Só essa Educação da Práxis dá o estofo de saberes necessário para que os jovens e adultos trabalhadores cheguem a *sentir, pensar e agir com autonomia* – seja individual, seja coletivamente. E essa é a condição para que possam exercer com eficácia *o poder de tomar decisões*. Por outro lado, sua carência, em maior ou menor grau, é um dos fatores importantes de subordinação das maiorias trabalhadoras à condição subalterna de *meros executores* das decisões alheias, dependentes, portanto, daqueles que monopolizam o direito de saber, pensar e decidir.

Mas a proposta de uma Práxis político-educativa integral envolve imensas dificuldades. Primeiro, as *exteriores*, que são os obstáculos sociais, políticos, institucionais e culturais que o sistema dominante tem levantado contra ela, de forma aberta ou sutil. As classes subalternas, sobretudo quando sofrem de carências alimentares, afetivas e ambientais, tendem a produzir crianças e jovens com deficiências orgânicas (estrutura neurocerebral, recursos físicos, atenção) que lhes impedem de desenvolver adequadamente seus potenciais humanos. A estrutura de classes da sociedade, refletida intencionalmente ou não no sistema de ensino e nas relações socioeducativas, segrega e exclui, comparte e discrimina. A escola, sempre que se deixa marcar pela ética egocêntrica e segregativa, convida para dentro do espaço educativo os modos de relação competitivos que dominam os espaços econômico e social, induzindo a sua interiorização pelas crianças e jovens.

A escola e o que se entende correntemente por educação, ainda que se apresentem como simples transmissoras de destrezas e aptidões, têm *sempre* uma função que vai além do utilitário. O saber que difundem – não o *tipo de saber*, mas o *modo de difundi-lo* – tem por detrás dois estofos essenciais: um, *interesses específicos* que determinam os objetivos dessa relação educativa; o outro, uma *visão de mundo*, um "mapa" da realidade adotado como verdadeiro e difundido em função daqueles objetivos. Talvez um dos exemplos mais evidentes disso seja a maneira tradicional como é ensinada a História, em livros e em aulas. Por outro lado, a pretensão de transmitir conhecimentos *neutros* através de métodos unidirecionais desenvolve no/na estudante uma atitude de subordinação, produzindo alienação na sua pessoa, treinada que é a afastar-se sempre mais do seu eu-mesmo profundo, que anseia por interconexões geradoras de satisfação consigo própria, com o Outro, com a sociedade e com a Natureza. Essa política educacional também o/a condiciona a tomar a alienação como o padrão da *normalidade*.[27] Para ele ou ela, a superação da alienação torna-se sempre mais inconcebível, até sair completamente do seu *mapa da realidade*.

O segundo tipo de dificuldades são as *interiores*, que têm a ver com a subjetividade, a identidade, a autoestima, o modo de pensar e de ver o mundo do trabalhador. Têm a ver com a mulher e o homem "velhos" que nos habitam, nutridos diariamente pelos valores, atitudes, comportamentos e aspirações filtrados pela grande mídia, pela propaganda massificadora e por todos os veículos de que se utiliza o capital para nos persuadir de que é ele o absoluto, e nós não passamos de mercadoria barata e passageira. Tem a ver, pois, com o "meio ambiente" cultural criado pelos tipos de relação de trabalho, de saber e de poder dominantes na sociedade, que pende no sentido contrário ao do que propõe a Educação da Práxis, isto é, transmite uma visão mecânica, estreita e unilateral do mundo e do papel do trabalhador na sociedade e na produção. O resultado são trabalhadores acostumados a dobrar-se ao saber escolar, a desprezar e subestimar seu próprio saber experimental e sua própria capacidade de pensar; ainda mais, a executar, a obedecer, a conformar-se com o que fazem e com o que sabem. É a própria imagem dos valores e dos privilégios dos que têm riqueza, prestígio, escolaridade e poder que se infiltra no espírito dos trabalhadores, gerando aquele fatalismo, aquela passividade, aquele conformismo e, mais grave que tudo, aquela *autodesvalorização* e *descrença de si e de seus semelhantes*.[28] Problema este agravado *ad infinitum* no caso de todas e todos aqueles

---

[27] O conceito de *normose* aplica-se perfeitamente a esta enfermidade que, ao lado da neurose e da psicose, descreve o estado de uma pessoa "adaptada a uma sociedade doente, ela também doente por querer adaptar-se a uma loucura coletiva, entravando assim um desejo mais profundo" (Leloup, 2003: 216).

[28] Vale recordar a narrativa da minha própria vivência como operário metalúrgico, no capítulo 4 deste livro.

que perdem definitivamente o lugar no mercado de trabalho capitalista e não encontram vias alternativas de ocupação produtiva.

O ponto de partida comum desses obstáculos exteriores e interiores é a *divisão social do trabalho* no tipo atual de capitalismo, que precisa também se reproduzir no plano do saber e no plano do poder. É uma *cadeia de divisões*, que vai da divisão entre trabalhador, de um lado, os meios de produzir e os frutos do seu trabalho, do outro; passa pela divisão entre saber universal, de um lado, e saber especializado, compartimentado e funcional, do outro; até a divisão entre tomada de decisões, de um lado, e execução obediente e servil, do outro. E essas divisões tendem a reforçar-se e aprofundar-se reciprocamente, gerando uma *alienação multidimensional* do trabalhador: de si mesmo, de sua integralidade enquanto pessoa singular, enquanto parte da Natureza e enquanto membro de diversas comunidades de interesse, de uma determinada classe social, de uma nação e da própria espécie humana.

A Educação da Práxis rebela-se contra todas essas divisões. Se a educação, "quando apreendida no plano das determinações e relações sociais e, portanto, ela mesma constituída e constituinte dessas relações, apresenta-se historicamente como um campo da disputa hegemônica" (Frigotto, 1995: 25), a Educação da Práxis leva intencionalmente essa disputa a seu paroxismo. Ela instrumenta para o combate transformador tanto na esfera da objetividade das relações sociais quanto na esfera da subjetividade das relações intra e interpessoais. Postula que nossa interioridade, nosso universo de valores morais, nossas atitudes, nossos comportamentos e modos de relação *são terreno de luta tão importante quanto as frentes econômica, social e política*, nas quais trabalhamos pela transformação das instituições e das relações de produção, de propriedade e de gestão da vida. Não podemos ser bons gestores dos espaços coletivos se não somos capazes de bem gerir a complexidade que é nosso ser pessoal, assim como as nossas relações interpessoais. Observemos, de passagem, que talvez a carência de uma concepção integral do desafio político-educativo, sobretudo *da complexidade e da urgência da luta no campo da subjetividade*, seja um dos principais fatores do fracasso absoluto ou relativo de algumas abordagens críticas da pedagogia e da educação.[29] Mas certamente o são também no campo da luta pela transformação da sociedade, sobretudo quando movimentos revolucionários que tomaram o poder do Estado fracassam em fazer desse poder uma via de empoderamento da sociedade inteira para a gestão consciente e criativa do seu próprio desenvolvimento.[30]

A Educação da Práxis propõe-se desvendar *com* o trabalhador os mecanismos e a lógica deste processo alienador e desagregador, como ponto de partida para a criação de uma nova lógica, integradora e autonomizadora, e ao mesmo tempo colaborativa e solidária – a única capaz de servir de fundamento para a construção do *trabalhador-sujeito* da sua própria existência e da sua própria história individual e coletiva. Sem voluntarismos, pois partindo da concepção do trabalho humano como fator ontológico e histórico do *Homo*, e como confluência de ação transformadora, saber e criatividade, a Práxis político-educativa integral antecipa nos espaços do ensino-aprendizagem a emancipação do trabalho e de seu sujeito.

O alcance desse projeto emancipador representado pela Socioeconomia Solidária e pela Educação da Práxis vai muito além desses breves milênios em que prevalecem sociedades estruturadas em classes sociais, lançadas umas contra as outras por relações de natureza injusta e desagregadora, que alimentam as desigualdades e as opõem de modo ao mesmo tempo subordinador, cooptador e alienador. Ao burilar o conceito de trabalho como fator ontopoiético e antropopoiético, estou referindo-me ao trabalho emancipado, de que tratei minuciosamente nos capítulos 4 e 5 do livro 2 desta trilogia. A você que me lê, eu convido a colocar-se mentalmente numa era em que o *homo* terá sido capaz de colocar em prática a socializa-

---

[29] As críticas de Gadotti a diferentes abordagens da pedagogia crítica são relevantes neste contexto. Ver Gadotti, 1983: 96-107.
[30] Apenas alguns exemplos hauridos da minha própria experiência de intelectual militante: a Guiné Bissau de Luís Cabral em diante, a Nicarágua Sandinista, a França de Mitterand, a Espanha de Felipe Gonzalez, o Brasil de Lula (ver, a este propósito, ARRUDA, Marcos, "Cartas a Lula 2002-2004: Um Outro Brasil é Possível". Rio de Janeiro: Editora Documenta Historica, 2006).

ção dos ganhos da produtividade gerados pelos trabalho social, partilhando não apenas riquezas e recursos naturais de acordo com as necessidades de cada cidadã e cidadão, mas também partilhando tempo disponível para o trabalho de desenvolver as dimensões superiores de si mesmos, os sentidos da estética, da ética, da comunicação, da compaixão, da transcendência, da solidariedade consciente. Este é o tipo de trabalho que permite ao *homo* transcender sempre mais conscientemente sua infra-humanidade; este é o projeto de *homo* para o qual a Educação da Práxis se orienta.

A Educação da Práxis é harmônica e coerente com o projeto de desenvolvimento e de democracia integrais. Os três objetivos da Educação da Práxis que enunciamos a tornam, inescapavelmente, educação integral, ao visarem abranger: a) todos os cidadãos das diversas comunidades, unidades produtivas e espaços sociais que constituem a sociedade, a Nação e o Mundo; b) todos os aspectos da existência material e social; e c) todas as dimensões do Ser-Sendo Humano. É evidente que se trata de uma educação de vida inteira. Nela o educador tem por tarefa guiar cada educando – pessoa, classe, comunidade – na busca de seu próprio caminho, de sua própria identidade e singularidade, na arte de construir unidades a partir da diversidade, e a tarefa de contribuir com cada um deles em sua constituição enquanto sujeito do desenvolvimento, da democracia e da sua própria educação.

Tais concepções informam programas e currículos muito mais amplos e complexos do que aqueles que estamos acostumados a conceber e aplicar. Obrigam a escola e os processos educativos de jovens e adultos a sair do confinamento das salas de aula para conectar-se com o mundo e com a vida, a redefinir-se como reflexão sobre elas, instrumentação para responder aos desafios que elas propõem, educação para geri-las e transformá-las. E obrigam educadores e instituições educativas a colocar a *pesquisa* do universo social e cultural dos educandos como um componente básico e indispensável da elaboração de currículos e programas. Visam ainda edificar cada educando como um *pesquisador permanente* de sua própria realidade.

Este aspecto envolve a elaboração de novos tipos de *indicadores*, centrados muito menos na eficiência econômica e nos benefícios puramente materiais da atividade produtiva, e mais na *eficiência socioeconômica, cultural e ambiental*. Se partimos da proposta, feita nos volumes anteriores desta obra, de que o fim último da atividade econômica e da convivência social é o máximo grau de liberdade individual e coletiva para viabilizar o máximo desenvolvimento dos potenciais especificamente humanos do indivíduo social, então podemos chamá-los de *indicadores de bem-estar e de felicidade* individual e coletiva. Tal balanço da realidade dos educandos, realizado pelo educador com a participação ativa deles, já será em si uma aprendizagem preciosa e fornecerá o fundamento para currículos e programas coerentes e de grande potencial crítico e criativo.

Esta proposição tem duas implicações que devem ser sublinhadas. Uma, no plano ético: a exigência de que cada agente educativo, seja o educador, sejam os educandos, reconhecendo-se e assumindo-se enquanto sujeito e centro de criação de conhecimento e de transformação do mundo, *reconheça igualmente* cada outro *como sujeito e centro, estabelecendo com ele uma relação dialógica e colaborativa, numa busca de articulação e integração sinergética de conhecimentos*, em vez de um fechamento de caráter dogmático e estreitamente autossuficiente. A outra, no plano político: a exigência de *partilha do poder e do saber, numa relação crescentemente cooperativa e participativa, que se irradia da sala de aula ou do espaço familiar e laboral até as relações macroculturais e macrossocioeconômicas.*

O aprofundamento dessa discussão exige o exame dos fundamentos filosóficos e gnosiológicos da Educação da Práxis. É o que faremos no próximo capítulo.

2
Educação e Teoria do Conhecimento da Práxis

Colocada a questão da educação no seu contexto histórico-social e da Educação da Práxis como uma abordagem consistente com o projeto de um *homo* em processo de empoderamento para a autogestão solidária de seu próprio desenvolvimento, dedico-me a seguir à discussão dos fundamentos teórico-filosóficos do conhecimento, sobre os quais se constrói toda práxis educativa.

Divido o capítulo em três itens. No primeiro, analiso criticamente as três abordagens principais sobre o ato de conhecer humano, para em seguida elaborar sobre a proposta da teoria do conhecimento da Práxis. No segundo, desenvolvo a crítica a toda compreensão dogmática e doutrinária do conhecimento. No terceiro, explicito pelo ângulo da educação os fundamentos filosóficos da obra, elaborando sobre o conceito de Filosofia da Práxis.

1. Teoria do Conhecimento da Práxis

O debate teórico sobre a natureza do conhecimento humano e sua relação com a prática deve ser tomado como uma discussão relacionada com o próprio sentido da filosofia. Se, como postulam Marx e Gramsci, a *filosofia*[31] é: conhecimento reflexivo (conhecimento do *homo* por si mesmo, conhecimento da Natureza por si mesma no *homo*); ação (criação do que

---

[31] Estes autores hauriram de Hegel a noção de filosofia como história da filosofia. Gramsci explicitou esta concepção falando em filosofia como história da teoria do conhecimento humano. Reconhece a contribuição de Hegel, mas busca esclarecer com vigor a radical superação do pensamento deste pelo filósofo da Práxis – Karl Marx.

ainda não é); e concepção (conhecimento daquilo que é),[32] então a reflexão sobre a Educação da Práxis tem de se fundar solidamente na filosofia ou na teoria do conhecimento da Práxis.

Desde já é preciso fazer referência ao comentário de Marx (1844: 385-386):

> A grandeza da *Fenomenologia* de Hegel e do seu resultado final – a dialética da negatividade como princípio motor e criador – consiste (...) em que Hegel capta a autopoiese (autocriação) do *homo* por si próprio como um processo (...) em que, portanto, ele capta a essência do *trabalho* e concebe o *homo* objetivo, verdadeiro porque real, como o resultado do seu *próprio trabalho*.

Apesar disso, a maior parte do Livro 3 dos *Manuscritos de Paris* é dedicada à crítica da *Fenomenologia* e da *Lógica* de Hegel.

Filosofia, História e o ato de conhecer

No sentido apontado por Marx, a filosofia é a busca de compreender a história da ação transformadora do *homo* e do pensamento que se desenvolveu a partir dela; ela é a própria história deste desenvolvimento. Para Gramsci, do ponto de vista teórico, a filosofia que se expressa no conhecimento da história feita (conhecimento daquilo que é) se chamaria *historiografia*,[33] para fazer clara sua distinção da Filosofia

---

[32] O conjunto unificado desses três fatores do conceito de filosofia que aqui enunciamos, nós o denominamos Práxis. Daí o nome Filosofia da Práxis.

[33] O termo *historiografia* não me parece o mais adequado, porque reduz o estudo da História à mera descrição. Para não cunharmos um termo híbrido – historiologia –, seria justo falar em Noologia, o estudo do ser pensante, do ser-consciência reflexiva, do ser-conhecimento. A Noologia seria a gnosiologia de todo conhecimento humano. Já a ciência da Natureza seria mais propriamente chamada de "Fisiologia" (o sentido vulgar é restrito à parte da biologia que estuda as funções orgânicas, processos ou atividades vitais. Mas *Fusis, fuseos* em grego quer dizer Natureza). A diferença entre estes dois campos de conhecimento estaria no fato de que o *homo* não cria a Natureza, mas a conhece (através da pesquisa e da experimentação científica) e a transforma (através das aplicações técnicas da ciência viabilizadas pelo trabalho).

como história da práxis (ação criadora daquilo que não é e concepção da ação) humana ou *historicismo* (Texier, 1966: 13). A Filosofia para Gramsci também pode ser concebida, mais propriamente, como a metodologia da historiografia.

Atrás do aparente paradoxo, esta definição

> marca a vontade de acabar com a antiga filosofia concebida como ciência fora e acima do saber concreto, voltada para uma realidade suprema, transcendente à experiência, pretendendo ou renunciando segundo o caso a conhecê-la pela via racional, ou recorrendo a qualquer intuição mística se a razão é julgada como insuficiente (Texier, 1966: 15).

Este comentário constitui uma crítica aguda à metafísica, que entrou em crise no século 18 e veio afundando à medida que o Iluminismo e o Racionalismo se espalharam e se tornaram o paradigma filosófico dominante. Mas o próprio Iluminismo foi revelando suas deficiências, enquanto o Racionalismo cientificista, fundado na visão de mundo apelidada de *cartesiana*, no plano filosófico-teológico, e *newtoniana*, no plano científico, explodiu como cosmologia e epistemologia. Mas essa crise também fez emergir um pensamento científico sempre mais preocupado com o sentido profundo do próprio ser humano no seio da Natureza, com a relatividade, a incerteza e a contingência espaço-temporal (histórica) do saber humano (que eliminou pela raiz a concepção racionalista de "ciência exata"), e com a questão essencial que se esconde por trás de toda interrogação científica *e* filosófica, a saber: que misteriosa força empolga a energia/matéria a ponto de fazê-la evoluir no sentido do sempre mais improvável, isto é, no sentido ascendente do mais simples para o mais complexo, do inorgânico para o orgânico, do vivo para o consciente reflexivo, do mais material para o mais espiritual, do competitivo e adverso para o cooperativo e amoroso?

Retomando a última referência de Texier, nesta caminhada a ciência ocidental tem-se redescoberto, para sua própria surpresa, numa vertente convergente com a dos saberes fundados nas místicas não ocidentais.³⁴ Apesar desse processo de convergência ter-se desenrolado ao longo de todo o século 20, a importância da Razão para a ciência ocidental começa apenas a ser relativizada, na medida em que outros atributos do conhecimento ganham relevância para teóricos do conhecimento, psicólogos e educadores.

Na perspectiva da Práxis, o nexo se dá na íntima relação entre filosofia e história, pensamento e ação, educação e trabalho. Fazer-se é a autopoiese de que falamos antes. E ela se dá através da ação do *homo* sobre o mundo e sobre si mesmo, isto é, através do *trabalho* entendido como toda ação transformadora e criativa do *homo* enquanto relação consigo mesmo, com a Natureza, com a sociedade sincrônica a ela e a humanidade diacrônica, e com cada outra pessoa e cada outro ser. Note-se que essa relação implica, como já dissemos, duas esferas da realidade do sujeito, a dos diversos aspectos de sua existência concreta enquanto relação com o mundo e a das diversas dimensões de seu ser enquanto relação consigo próprio. Daí a proposta marxiana de uma educação *omnilateral*, a que eu acrescentei: *e omnidimensional*. Esta *integralidade* do ser humano nem sempre é captada a partir das formulações de Gramsci e do próprio Marx. Educar-se para *este* trabalho transformador e criativo, eis o sentido da Educação da Práxis.

Para o marxismo tradicional, a superação da filosofia como metafísica, entendida como conhecimento absoluto de uma realidade transcendente e definitiva, implica que ela é *saber*, entendido como conhecimento racional concreto da realidade histórica. Gramsci ultrapassa esta visão postulando que o saber "será racional, efetuando-se pela realização dialética das 'categorias lógicas' ou filosóficas. Será concreto, não separando o conceito da intuição, a ideia do fato. Em suma, será *Ciência da história*"

---

[34] Um dos pesquisadores contemporâneos desta convergência é o físico teórico Fritjof Capra, cujo primeiro livro, *O Tao da Física*, tornou-o mundialmente conhecido. Ver Capra, 1975, sobretudo o Livro III. Ele foi precedido por outros, como o escritor contemplativo estadunidense Thomas Merton, cujo livro *Mystics and the Zen Masters* é todo dedicado à exploração das convergências mencionadas (1993, 8ª. edição; original publicado em 1961).

(Gramsci, 1959: 129) ou ciência da práxis humana e do conhecimento da práxis humana. É preciso compreender que a própria práxis humana, assim como a práxis científica, revelam os limites do saber racional e a necessidade de *educarmos todos os nossos sentidos e atributos do conhecimento* para o ato de conhecer e para a consequente transformação da realidade em sua atual configuração que aquele conhecer permite realizar. Revelam também que a realidade é tão mais complexa do que parecia às filosofias aprisionadas no racionalismo, que é necessário *redefinir os métodos e o próprio território de interesse da pesquisa científica*. As correlações entre as dimensões aparentemente infinitas do micro e do macro da matéria, da psique e do espírito humano, a multidimensionalidade dos fluxos e interações energéticos, os fenômenos chamados "paranormais", a compreensão mais profunda e refinada sobre o papel dos atributos "femininos" do conhecimento (sentimento, emoção, intuição)[35] são apenas alguns dos indicadores de que a ciência estaria sendo empurrada para além de seus próprios limites, no sentido de uma radical reconfiguração e, quem sabe, até mesmo de uma redefinição de si própria, de seu paradigma, portanto, de sua filosofia e de sua metodologia. Observemos que todos esses descobrimentos são posteriores a Marx, que sua obra está inserida no contexto do combate à velha metafísica presente na filosofia clássica e neoclássica e nas ciências.

A meu ver, essas observações abrem perspectivas que empurram para adiante e para cima a Filosofia da Práxis, ampliando seus horizontes sem arriscar invalidá-la historicamente.

Enfeixemos esta discussão com a proposta de que a gnosiologia historicista – ou noologia, na minha nomenclatura – tem como princípio fundamental *a unidade entre prática e teoria, ação e pensamento*. Todo conhecimento ou teoria é inseparável da transformação do real ou da criação de uma nova realidade pela intervenção humana. Aqui está colo-

---

[35] Para uma exposição sofisticada dos atributos do feminino e do masculino e da dinâmica interativa contraditória entre os tipos estático e dinâmico de cada um dos dois gêneros, ver os dois psicólogos junguianos Hill, 1992, e Johnson, 1976, 1983 e 1987.

cada a praticidade da teoria, a historicidade do conhecimento. A práxis é histórica, transforma-se com a história e tem sua própria história. O conhecimento não a inicia, mas a acompanha, tendo como referência que todo conhecimento resulta de uma prática anterior (própria ou de outros). Daí se conclui que *não existe verdade definitiva* e que *todo dogmatismo está fadado ao fracasso*, pois não consegue casar-se com a realidade. Durante um tempo mais ou menos extenso tentará enquadrar a realidade até que ela se rebele contra esta "desnaturalização" e derrube o dogmatismo e sua ingênua arrogância. Se se pode falar em primazia, no campo do conhecimento, esta primazia é da prática sobre a teoria. O conhecimento é válido em função da sua relação dialética com uma práxis histórica, e esta ninguém fixa nem congela definitivamente. Para Gramsci, toda teoria é, pois, "superestrutural" ou "ideológica". A racionalidade ou a verdade de qualquer proposição não é jamais eterna.

A teoria metafísica do conhecimento afirma que existe uma realidade eterna criada por Deus e um mundo que existe em si e por si, independente (fora) da ação e do conhecimento humanos. Esta discussão é complexa e tem atravessado os séculos. Ela nos interessa na medida em que toca o conceito de ser humano e de como o ser humano conhece. A crítica à metafísica enquanto teoria das verdades eternas foi abundante e eloquente, sobretudo entre os séculos 16 e 19. No Ocidente, a Igreja Católica institucional teve um papel dominante na imposição, inclusive pela força bruta e assassina, deste dogmatismo teocêntrico. A luta ideológica para superá-lo envolveu o sacrifício ou o castigo rigoroso de pensadores, cientistas, filósofos e até teólogos, rebeldes ao monarquismo doutrinário que tem imperado no Ocidente durante quase dois milênios: Giordano Bruno, Copérnico, Galileu, Spinoza, Teilhard de Chardin, Leonardo Boff, Hans Küng e Tissa Balassurya são alguns nomes de relevo. Na história do pensamento tem ocorrido, aparentemente, uma oscilação pendular entre dois pontos extremos, que costumam ser chamados *materialismo* ou *realismo*, de um lado, e *idealismo* ou *solipsismo*, do outro. Vamos examiná-los na perspectiva do *fio da navalha*.

Três modos de conceber a realidade e o conhecimento

Qual o embasamento gnosiológico e epistemológico da Educação da Práxis? Em que a Filosofia da Práxis difere e supera aquelas duas concepções da realidade e do conhecimento humano? O ponto de referência diferenciador está justamente na questão do sujeito do conhecimento e da natureza de sua *subjetividade* em relação ao mundo como objeto de conhecimento. Examinemos, para começar, o essencial daquelas duas abordagens gnosiológicas.

Primeiramente, a *materialista* consistiria em afirmar a existência objetiva do mundo exterior independente do *Homo* e da sua consciência; o ser humano a conheceria, portanto, a partir de observá-la racionalmente desde sua posição externa ao mundo objetivo. Esta concepção marcou o pensamento filosófico alemão sobretudo na primeira metade do século 19. Texier (1966: 64) aponta que a principal característica dessa visão não é afirmar a *objetividade* do real, mas separar o Ser do Pensamento, a Matéria da História. Ela concebe a essência do real como sendo o próprio fenômeno; como se fosse possível separar o fenômeno, a Matéria, do Espírito, do sujeito que a engendra, tomando-a como se fosse a única e "autêntica" realidade. Seu equívoco está não tanto em crer que o real não necessita do *homo* e de sua ação para existir, mas de abstrair do *homo*, de sua consciência, ação e história para *afirmar* a existência objetiva do real (daí esta abordagem ser também qualificada de *realista*[36]). Em consequência, tem-se a ilusão de que o conhecimento ou a verdade sobre o real consiste em

---

[36] O termo *realista* não me parece adequado, pois se refere a uma concepção equivocada, porque a-histórica, da realidade. Igualmente eu critico a terminologia *socialismo real* dizendo que não é porque o estatismo chamado "socialista" prevaleceu durante algumas décadas, portanto foi *atual* naquele período histórico, que ele é plenamente *real*. Foi justamente por afastar-se do *real* do *homo* e da sua história que ele fracassou. Prefiro chamá-lo de *socialismo nominal* ou socialismo enquanto nome, ou estatismo enquanto realidade. Em outras palavras, a realidade dessa forma de estatismo negava o nome *socialismo*; ou, na *realidade*, não se tratava de socialismo na sua integridade. Já o emprego do termo em Frigotto (1995), cujo livro ele entitulou "Educação e a Crise do *Capitalismo Real*" [grifo meu] me parece próprio. Frigotto tem êxito em desvendar a face real do capitalismo, para além das suas aparências.

observar o real em si mesmo, independentemente do observador; como se a consciência refletisse o real como um fiel espelho, adaptando-se passiva e fatalisticamente a ele. Para enfatizar a crítica ao idealismo hegeliano, esses pensadores *materialistas* conceberam a consciência como um mero reflexo do mundo exterior, portanto, retiraram dela a capacidade de pensar de maneira crítica. O conhecimento ficou reduzido, como diz Gramsci, a uma "atividade receptora" apenas. Não percebendo a realidade histórica como o resultado da atividade transformadora do *homo*, tal concepção engendra uma atitude passiva e fatalista frente ao mundo.

Na primeira tese sobre Feuerbach (Marx, 1845: 421), Marx critica os materialismos "passados" e ultrapassados: o mundo real, o concreto, o sensível, tomados apenas sob a forma de objetos, sob o prisma da intuição (termo empregado aqui no sentido de *especulação* ou *contemplação*), e não como atividade humana sensível, como prática; não subjetivamente. Interpreto que esta crítica envolve uma negação e uma afirmação. Nega a abordagem puramente contemplativa do mundo ou a possibilidade de o *homo* relacionar-se com o mundo "exterior", objetivo, sem interagir com ele, sem atuar sobre ele mediante a prática humana, o trabalho. O próprio observar, perscrutar, já é uma ação sobre o mundo. Nega a dicotomia entre o *homo* e o universo, e a possibilidade da apreensão da exterioridade que não envolva a interioridade, a subjetividade do *homo*, num processo de objetivação ou exteriorização que gera uma nova unidade e um movimento recíproco, isto é, de subjetivação e interiorização do próprio universo. Nega ainda a concepção puramente abstrata ou metafísica, "realista" ou "objetivista" do concreto. Curioso é que essa concepção – Marx aponta isso com clareza desde os *Manuscritos de 1844* – apareça vestida de materialismo. A este ele chama *materialismo metafísico* ou *vulgar*, pois pretende afirmar que a matéria é a única realidade e que o espírito humano não é mais que um reflexo – inerte, determinado – da matéria. Esse materialismo perde de vista justamente o que Marx afirma como a peculiaridade do *homo* em relação ao resto do universo conhecido, que é sua *subjetividade* – não uma subjetividade desligada do corpo e da matéria, abstrata e puramente especulativa ou apenas "receptiva", mas sim a capacidade de *conhecer* através da atividade sensível, da *prática como ação projetiva, intencional* característica do *homo* enquanto ser noológico.

Rudolf Steiner acrescenta alguns elementos a essa crítica. Ele comenta que o materialista [metafísico] acredita que

> o pensamento ocorre no cérebro da mesma maneira que a digestão ocorre nos órgãos animais. Assim como ele atribui à matéria efeitos mecânicos e orgânicos, ele também atribui à matéria, em certas circunstâncias, a habilidade de pensar. Ele esquece que ao fazer isso ele apenas transferiu o problema para outro lugar. Em vez de a si mesmo, ele atribui a habilidade de pensar à matéria. E assim está de volta ao ponto de partida. Como é que a matéria chega a refletir sobre sua própria natureza? Por que não está simplesmente satisfeita consigo e com sua existência? (Steiner, 1963: 50)

Em outras palavras, como a matéria conseguiu evoluir do simples para o complexo, do inorgânico para o orgânico? Buscaremos a resposta a essas perguntas mais adiante.

A segunda abordagem é a *subjetivista* ou *idealista*. Ela é o reverso da teoria materialista do conhecimento. Para ela, a verdade e o conhecimento, em vez de serem contemplação de um ser que existe em si, são concebidos como uma construção do espírito humano, uma criação do Espírito no próprio ato de conhecer. Inversamente ao materialismo, ela concebe o fenômeno como sendo a própria essência, sem distinção ou diferença; toma a essência como absoluta, isolando-a do fenômeno e afirmando-a como a única e "autêntica" realidade. Ela concebe a realidade apenas como objeto de conhecimento, de análise, de teorização, oposta ao sujeito abstrato do conhecimento que se encontra dentro (enquanto ideia que faz parte da Ideia) e fora (enquanto projetor da ideia) do mundo. Esta concepção da atividade de conhecer apreende o lado ativo do *homo* de maneira unilateral, reduzindo a práxis à atividade teórica e ignorando a prática concreta ou concebendo-a como um prolongamento da atividade teórica.

É importante observar que a discussão que estamos fazendo não consiste num debate filosófico que especula no espaço, no mundo abstrato das ideias. Ela parte do concreto cotidiano da vida das pessoas, de sua práxis ao longo da história. Ela traduz diferentes formas de expressão do que Gramsci chama de *senso comum*. O que estamos criticando e, nas pegadas de outros pensadores, procurando desconstruir são os *mundos do pseudoconcreto* que têm servido para conservar o *homo* numa situação de alienação de si próprio enquanto ser-relação. A alienação não reside apenas na dimensão da clássica relação senhor-escravo, mas também na dimensão de uma práxis imediatamente utilitária em contraste com as estruturas internas e as *leis* que regem os fenômenos, seu núcleo interno *essencial*. Tais mundos do *pseudoconcreto* resultam

> da práxis fragmentária e unilateral dos indivíduos, fundada na divisão do trabalho, na articulação da sociedade em classes e na hierarquização das funções sociais. Essa práxis suscita tanto o meio material determinado do indivíduo histórico, quanto a atmosfera espiritual que apresenta a aparência superficial da realidade como um mundo familiar e íntimo, em que o *homo* evolui "naturalmente" e leva sua vida cotidiana (Kosik, 1978: 10).

Esta conexão que Kosik faz entre a visão de mundo alienada e a vida cotidiana é de grande importância. Ele realça a importância das superestruturas políticas e ideológicas que trabalham para legitimar cotidianamente ("normalizar" ou "naturalizar") as relações sociais que estão na raiz da alienação. Quando as relações sociais se globalizam, também o fazem as superestruturas políticas e ideológicas – o Banco Mundial, o FMI, a CNN, a BBC, a *Sony Entertainment Television*, a Rede Globo são alguns exemplos disso. Seu objetivo é manter aos olhos do Mundo do Trabalho planetário a ilusão de que a essência da realidade se esgota no *pseudoconcreto* da globalização capitalista neoliberal, que este é o único caminho, que a opção é adaptar-se às suas leis e dinâmicas ou se excluir. O sistema consuma o processo de alienação responsabilizando o alienado por ela: não se responsabiliza por essa exclusão, mas a atribui à incompetência ou à opção individual dos próprios excluídos.

Para os filósofos da Práxis o modo espontâneo e imediato de apreensão do real pelos nossos sentidos materiais revela apenas o fenômeno. Ele se revela primeiro, em oposição à essência escondida, a qual não se manifesta à percepção imediata, mas só é possível apreender através de um esforço, de um trabalho analítico e sintético, reflexivo. Aqui emerge com toda a força a importância da Pesquisa! Kosik (1978: 11-12), investigando a natureza deste "véu" que esconde a essência do real à nossa percepção imediata e espontânea, indica que antes de tudo, para que o *homo* se disponha a pesquisar a estrutura e as inter-relações em busca da essência, é preciso que exista *certo* conhecimento prévio, uma *intuição* da existência desta mesma essência.[37] Em segundo lugar, há que reconhecer que a estrutura e a essência escondidas do real pertencem a uma ordem de realidade diferente daquela a que pertencem os fenômenos, e representam uma realidade que se encontra *atrás* deles. Isso não tira que haja uma relação "ontológica" entre o fenômeno e a essência da realidade. Ciência e filosofia resultam do fato de que o fundo escondido da realidade *tem de ser descoberto através de uma atividade particular* – o trabalho de pesquisa, a reflexão crítica e a meditação ou contemplação para as pessoas de fé.

À sua maneira de homem de ciência e de fé, Teilhard escreve:

> A pesquisa durante muito tempo entre os seres humanos passou por um acessório, uma coisa estranha ou um perigo. Aproxima-se o momento em que nos aperceberemos que ela é a mais alta das funções humanas – absorvendo em si o espírito da Guerra e resplandecendo do brilho das Religiões. Fazer continuamente pressão sobre toda a superfície do Real, não é este o gesto por excelência de fidelidade ao Ser, e portanto de adoração? Todo isso, se sabemos não estrangular em nós o Espírito da Terra.

E completa chamando-nos a assumir os riscos implicados na pesquisa aberta e não dogmática, a pesquisa da Práxis:

> Aquele que vai participar deste Espírito deve morrer, depois renascer, para os outros e para si próprio. É preciso, para ascender a este plano superior de Humanidade, não somente refletir, ver intelectualmente uma situação particular, mas operar no fundo mesmo da sua maneira de apreciar

---

[37] Metaforicamente, desejo citar o aforismo de Blaise Pascal, para fazer entender melhor este ponto: "Não me buscarias, se já não me tivesses encontrado".

e agir uma total transformação. Em si, *um novo plano* (individual, social e religioso) *deve eliminar um outro*. Isto significa tormentos interiores e perseguições. *A Terra só se conscientizará de si mesma através da crise da Conversão* (Teilhard, 1931: 47) [grifos do autor].

Teilhard está falando da transformação interior operada por uma práxis crescentemente consciente e integral, da mudança de paradigma de *ver*, *pensar* e *sentir* o mundo implicada na ação transformadora do mundo e de nós próprios – a esta verdadeira *revolução intelectual e moral*, no dizer de Gramsci. E está referindo-se às resistências do velho mundo em ceder lugar ao novo, aos sofrimentos e perseguições que os que temos lutado por essa transformação temos enfrentado, inclusive o próprio Teilhard.

Neste momento uma referência à Educação da Práxis se faz imprescindível. Em diversos momentos tenho insistido na importância da Pesquisa como caminho para a apreensão do real. Recordo-me da saudosa amiga e colega Professora Circe Navarro Vital Brasil, professora de Filosofia do Departamento de Filosofia do IESAE – Instituto de Estudos Avançados em Educação –, que leu um texto meu sobre Metodologia da Práxis e, surpreendida, perguntou: "Então você, que trabalha com educação popular, que defende a primazia da prática na construção do conhecimento e se opõe tão fortemente à lógica formal e ao racionalismo que a informa, defende a teoria e o trabalho analítico?". Sua pergunta reflete justamente a suposição equivocada de que para o educador popular a prática se opõe à teoria, e que a apreensão do real pode acontecer de forma direta e imediata, sem o trabalho de pesquisa e reflexão teórica que permita desvendar a essência dos fenômenos que educador e educandos buscam captar. Ao contrário, todo o meu ensinamento de Filosofia da Práxis fundou-se no trabalho analítico, no procedimento de dividir, decompor o real, buscando compreender os diversos elementos que o compõem e suas interconexões, para compreender sua estrutura profunda e os fatores determinantes do seu movimento. Mas, à diferença da lógica formal e do pensamento puramente dedutivo, o caminho da Práxis realiza uma combinação dos percursos indutivo e dedutivo, e o mediador entre ambos é o exercício da sín, através do qual restabelecemos a unidade do real no plano da consciência para, a partir da compreensão mais aproximativa (seria ilusório pretender que seja exata) da essência do real e do seu movimento, planejar os modos de investir nele nosso saber e energia, isto é, definir caminhos e estratégias de ação transformadora.

Ao longo de minha longa práxis de educador, tenho defendido que os rudimentos do pensamento genuinamente filosófico e científico (refiro-me à Filosofia e à Ciência da Práxis) precisam constar dos currículos educativos desde a educação fundamental. Crianças e jovens precisam *aprender a formular e a interpretar perguntas* – a começar, sobre si próprias e seu entorno –, a desafiar as aparências do real, a desconfiar dos fenômenos e ir buscar – dentro de si e no contexto de suas interações – a gênese, a estrutura e o sentido profundo da sua existência. Elas precisam depois aprender a converter as perguntas em procedimentos de pesquisa em busca de respostas e colocar em prática essas respostas, que inevitavelmente vão gerar *novas perguntas*. Este encadeamento a que chamo de *espiral ascendente do conhecimento* é um caminho de aprendizagem por descobrimento, complemento indispensável da aprendizagem por transmissão. Voltaremos a ele no capítulo sobre Metodologia da Práxis.

A *Filosofia da Práxis* consiste numa teoria do conhecimento segundo a qual a apreensão do mundo pela consciência humana é fruto da prática, da atividade humana sensível sobre o mundo, e não de mera especulação (de *speculum* – espelho, em latim) contemplativa. Este é, de fato, o núcleo teórico da Filosofia da Práxis, que vai ter consequências para todo o seu universo conceitual, sobretudo para sua concepção de *Homo* e de história. A relação do *Homo* com o mundo é concebida como uma *inter-ação*, um matrimônio indissociável da objetividade com a subjetividade, da matéria com o espírito humano. Uma interação que tem efeito recíproco: ao conhecer por meio de sua atividade concreta, o *Homo* transforma o mundo e, ao mesmo tempo, transforma-se a si próprio. Portanto, a atividade do *Homo* não é atividade apenas subjetiva; é também, e indissociavelmente, objetiva, é atividade *prática*, e não só teórica. Na Tese 2 sobre Feuerbach Marx enuncia sua crítica ao materialismo vulgar e afirma o primado da prática na relação dialética entre ação e conhecimento.[38] Na Tese 3 ele mostra que a consequência do equívoco de Feuerbach é fatal (Marx, 1845: 422): ele não compreende a significação da atividade "revolucionária", da atividade "praticamente crítica" e se contenta com uma atividade apenas retórica e nominal de transformação do mundo. Não há dúvida de que recai no mesmo espaço idealista de que pretendeu ser crítico. Sua concepção materialista é como uma âncora plantada nas nuvens. Por isso, Marx a apelida de *materialismo metafísico*.[39]

Comentando a Tese 3, Rubel (1982: 1716) observa que o "novo materialismo" de Karl Marx se propõe não como "nova filosofia", mas como "nova Práxis", da qual "ele [o novo materialismo] é ao mesmo tempo a teoria no duplo sentido de crítica do existente e de intuição racional do futuro. Portanto, não é nem um materialismo 'histórico', nem 'dialético', fórmulas que Marx ignorou e devia ignorar para evitar a armadilha da ideologia: qualquer tipo de 'marxismo' como doutrina definitiva está, por isso, condenado *a priori* e sem apelação. Tendo violado o direito de respeitar esta interdição, Engels acabou por assumir, à revelia, o papel ambíguo de *fundador*".[40]

Não deve passar despercebida a referência de Feuerbach à pratica como manifestação de "judaísmo sórdido" – prática concebida como expressão de um individualismo egocêntrico, voltado para o autointeresse. O adjetivo se refere não só à "prática judaica" (egoísmo monoteísta, disfarçado em religião,

---

[38] "A questão se a verdade objetiva pode ser atribuída ao pensamento humano não é uma questão teórica, mas é uma questão *prática*. O *Homo* deve provar a verdade, isto é, a realidade e o poder, esta 'fidelidade ao real' do seu pensamento, na prática. A disputa sobre a realidade ou não realidade do pensamento que é isolada da prática é uma questão puramente *escolástica"* (Marx, 1845: 422) [grifos do autor].

[39] "A doutrina materialista a respeito da mudança das circunstâncias e da educação esquece que as circunstâncias são mudadas pelo *Homo* e que é essencial educar o próprio educador. Essa doutrina deve, portanto, dividir a sociedade em duas partes, uma das quais é superior à sociedade. A coincidência da mudança das circunstâncias e da atividade humana ou automudança só pode ser concebida e racionalmente compreendida como *prática revolucionária"* (Marx, 1845: 422) [grifos do autor].

[40] Engels teria modificado a forma original de Marx na Tese 10, *humanidade social*, substituindo-a por *humanidade socializada*. Para Rubel, essa "correção" é injustificada, pois destrói o equilíbrio semântico intencionado por Marx.

que não vê na Natureza senão um meio, resultado de um decreto divino). Para ele, como para Hegel, só a atividade teórica, do pensamento, é de fato humana. Em consequência, o mundo real exterior ao *Homo*, "as coisas sensíveis", cuja existência independente é reconhecida por Feuerbach (ao contrário de Hegel), passa a ser *uma entidade à parte do mundo humano*, e a tarefa da filosofia e da ciência consiste em "ir em direção" a elas, como se elas não fossem o próprio meio e modo de existência do *homo*.

Trata-se, na verdade, de uma relação ao mesmo tempo intrínseca e extrínseca do *homo* com o mundo sensível. Aqui, novamente, estamos diante da necessidade de afirmar um paradigma distante do que prevalece na filosofia e na ciência da contemporaneidade: o *homo* é ao mesmo tempo Natureza e ultranatureza; o conhecimento é constituído ao mesmo tempo pela prática e pela teoria. A dialética do real é ao mesmo tempo diacrônica e sincrônica. A ação do *homo* sobre o mundo é sempre e ao mesmo tempo uma ação sobre si próprio. Para Marx, a prática humana constrói o *homo* e constrói também seus sentidos, que não estão, portanto, dados, mas em processo permanente de constituição e recriação... Gramsci, criticando Plekhanov e seu manual sobre o materialismo, aponta que a raiz de todos os erros do manual e de seu autor consiste na pretensão de "dividir a filosofia da práxis em duas partes: uma 'sociologia' e uma filosofia sistemática. Separada da teoria da história e da política, a filosofia só pode ser metafísica, ao passo que a grande conquista na história do pensamento moderno, representada pela Filosofia da Práxis, é exatamente a historicização concreta da filosofia e a sua identificação com a história" (Gramsci, II, QII, 1426).

Isso abre possibilidades "infinitas" para a Evolução e, em particular, para nosso ser enquanto relação (conosco mesmos, com a Natureza, com a espécie humana/consciente-reflexiva, com cada outro).

2. Uma filosofia antidogmática e não doutrinária

Para a Filosofia da Práxis, portanto, o *Homo* é prática e consciência, ação e pensamento, matéria e espírito *ao mesmo tempo*. Mas ao longo do século 20 diferentes interpretações do pensamento de Marx levaram a uma diversidade de percepções, de tal forma que hoje só faz sentido falar de "marxismos" no plural. Este é o lugar de fazer uma breve referência à recusa de Marx à ideia de ser o criador de uma nova doutrina, o marxismo. Sua ideia era que ele tinha elaborado um modo *aberto* de pesquisar e compreender a realidade e seu movimento; seu acento na dimensão prática da filosofia, não apenas como um pensar o mundo, mas sobretudo como um agir para transformá-lo (11),[41] tem um vigor antidogmático que não cabe no conceito de doutrina. Se o pensamento emerge da interação do *homo* com o mundo sensível, e esta é um processo em contínua evolução, então não há como aprisionar o real em caixas ou pacotes doutrinários preconcebidos, fixos ou definitivos. Marx não formulou as condições mais importantes de toda forma de existência humana como "uma descoberta científica", diz Rubel (1982: 1723). Foi Engels quem lhe deu este estatuto, chamando-as de "leis da evolução da História humana", comparáveis às "leis da evolução da natureza orgânica", de Darwin. Marx se apresenta apenas "como herdeiro de uma tradição filosófica e, no máximo, depurador das suas escórias especulativas". O apelo de Marx aos que sobrevivemos a ele é que sejamos, essencialmente, pesquisadores de um real em movimento permanente; que não nos deixemos aprisionar numa atitude puramente especulativa e contemplativa (Teses 5 e 9 sobre Feuerbach),[42] que toma o mundo como um dado do Espírito ou como um absoluto da Matéria; que sejamos os sujeitos conscientes e ativos de nossa própria emancipação, enquanto indivíduos, enquanto classe trabalhadora, enquanto espécie humana. E foi Gramsci

---

[41] Na sua Tese 11 sobre Feuerbach ele diz: "XI – Os filósofos só têm *interpretado* o mundo de várias maneiras; a questão é *transformá-lo*" (Marx, 1845: 423).
[42] "V – Feuerbach, não satisfeito com o *pensamento abstrato*, quer *contemplação*; mas ele não concebe a apreensão pelos sentidos como atividade humana-sensível *prática*."
   "IX – O ponto mais alto alcançado pelo materialismo contemplativo, isto é, o materialismo que não compreende a sensibilidade como atividade prática, é a contemplação de indivíduos isolados e da sociedade civil" (Marx, 1845: 22-423). Lembremos o sentido filosófico de *prática*: ação do ser consciente e intencional, e não ação instintiva e meramente impulsiva.

quem veio explicitar com maior clareza e radicalidade esta dialeticidade da proposição gnosiológica e epistemológica de Marx.

Realcemos aqui outros dois aspectos da reflexão de Marx, expressos nas Teses 8 e 10.[43] Na Tese 8 está manifesta a proposição do tipo *fio da navalha*. Por um lado, a prática é afirmada como *o critério da verdade*, pois é ela que comprova a realidade das ideias, do pensamento, da teoria. No mundo da física quântica – e já começam a esboçar-se sinais apontando para a sua superação –, trata-se de um universo de probabilidades e incertezas – a probabilidade que se concretiza é uma entre um sem-número de possibilidades do real de "desencadear-se". É infinitamente importante que tenha sido *esta* a probabilidade a concretizar-se. Meu filho, Pablo, é *a* probabilidade que se concretizou, entre algo como seis bilhões de probabilidades (o número aproximado de espematozoides que participam da aventura da concepção atraídos pelo óvulo materno)! Este mistério está "resolvido racionalmente" na prática da concepção do Pablo, e não na especulação sobre qualquer outro dos prováveis filhos que Catherine e eu poderíamos ter concebido. Apesar disso, basta olhar o Pablo para eu ver que uma dimensão do mistério ultrapassa a razão e está ali presente naquele meu encantamento. A "solução racional" de Marx é aquela do concreto. Mas os caminhos para que se tenha constituído *este* e nenhum outro dos concretos prováveis permanece um mistério insondável.

Na Tese 10, Marx manifesta outra vez seu profundo humanismo. Aqui estão explícitas, por um lado, sua concepção do ser humano como *indivíduo social*, um termo que ele vai utilizar ao longo de toda a sua obra, a partir, creio, de *A Ideologia Alemã*. Sua proposição, sublinhemos, é a superação da sociedade civil não pela sociedade de classes dominada pelo proletaria-

---

[43] "VIII – Toda vida social é essencialmente *prática*. Todos os mistérios que levam a teoria ao misticismo encontram sua solução racional na prática humana e na compreensão desta prática."

"X – O ponto de vista do velho materialismo é a sociedade civil; o ponto de vista do novo é a sociedade humana ou a humanidade social" (Marx, 1845: 423). Este é para Marx o coletivo de *indivíduo social*. Mais uma vez ele confirma jamais se haver afastado da visão do *homo* como sendo ao mesmo tempo pessoal e social.

do, mas pela *sociedade humana*, que ele identifica como *humanidade social*. A emancipação é a superação da sociedade de classes e o estabelecimento das condições para o pleno desenvolvimento do indivíduo social. Está claro nessa Tese que Marx intenciona enunciar, com a colaboração de outros autores, as bases de um *novo materialismo*. Mas este materialismo que nega todo dogmatismo e todo doutrinarismo situa-se entre e acima do materialismo vulgar e do idealismo metafísico; portanto... no *fio da navalha*. É o que explica sua crítica ao materialismo *ateu* ("ateísmo") como

> *negação de Deus*, através de cuja negação ele afirma a *existência do homo*. O socialismo como tal não precisa mais desta mediação. Seu ponto de partida é *a consciência teórica e praticamente sensorial* do *homo* e da natureza como *seres essenciais*. É a *autoconsciência positiva* do *homo*, não mais mediada pela abolição da religião, assim como a *vida real* é realidade positiva não mais mediada pela abolição da propriedade privada, através do *comunismo*. O comunismo é o ato de postular-se como negação da negação, e é portanto uma fase *real*, necessária para o próximo período do desenvolvimento histórico, na emancipação e recuperação da espécie humana. *O comunismo é a forma necessária e o princípio dinâmico do futuro imediato, mas o comunismo* como tal não é o fim do desenvolvimento humano – a forma da sociedade *humana* (Marx, 1844: 357-358).

Para entendermos o pensamento de Marx temos de nos situar em seu contexto de existência: antes da *experiência do comunismo "real"*, que se converteu em algo muito distante das proposições do seu principal postulador. Com suas palavras, Marx esboça em linhas gerais uma etapa vindoura e necessária de coletivização da existência humana. É preciso desligar este enunciado marxiano daquelas práticas denominadas *socialismo "real" ou comunismo "real"*, para entender o que Marx está querendo dizer. Que sua pontuação de que nem mesmo o comunismo que ele anuncia pretende ser o fim do desenvolvimento humano, a forma plenamente *humana* de sociedade, sirva de evidência da abertura não dogmática da sua Filosofia da Práxis.

Segundo Texier, na obra de Marx permanece sem solução o problema de *como* a prática e a consciência se ligam organicamente, dando lugar ao devir histórico. A contribuição decisiva de Gramsci para essa questão estaria em ele ter identificado mais geralmente as relações íntimas e indissociáveis entre infraestrutura e superestruturas, entre objetividade e sujetividade, apreendendo a subjetividade e a criatividade do *homo* como sujeito do ato de conhecer. O mediador desse ato de conhecer é a ação transformadora do mundo e de si mesmo – o *trabalho*, no seu sentido mais amplo, de práxis. O próprio Gramsci não pretende, porém, que isto seja mais que uma explicitação do que já está implícito no pensamento de Marx.

Compreender essa interconexão orgânica entre prática e teoria, entre ação e pensamento, entre objetividade e subjetividade, é fazer da Filosofia da Práxis, enquanto teoria do *homo* e da história, *uma filosofia da liberdade*: o *homo* concebido como aquele ser capaz de escolher construir-se um caminho, a partir da tomada de consciência sobre uma dada situação histórica, da elaboração teórica sobre ela e da nova prática que a transforma em algo novo, qualitativamente superior ao anterior. Este "momento catártico" (Gramsci, 1959: 64) é, na verdade, um processo por etapas – prática-teoria-prática –, sobre o qual elaboraremos com maior minúcia no capítulo sobre Metodologia da Práxis, adiante. Desta teoria do conhecimento da práxis emerge com todo o vigor a compreensão do ser humano como ser-relação ou centro subjetivo de um conjunto de relações com a Natureza e com o Outro. Este ser é autopoiético na medida em que toma consciência daquilo que é (sua realidade atual), daquilo que pode ser (sua realidade potencial) e daquilo que deseja (sua realidade emocional). O *homo* (genericamente compreendido como conjunto das relações sociais que existem entre os indivíduos de uma dada sociedade) "é um ser subjetivo cuja criatividade é inseparável da consciência que ele tem desta 'materialidade' social e histórica, e dos fins pelos quais ele as supera" (Gramsci, 1959: 52).

3. Filosofia da Práxis como Filosofia da Liberdade

A percepção da Filosofia da Práxis como uma *filosofia da liberdade* é enriquecida pela reflexão de Rudolf Steiner, Aurobindo e outros autores, em particular Enrique Dussel.

Discutindo a relação entre nossa "personalidade cognitiva" e o mundo objetivo, Steiner pergunta o que a posse do conhecimento e da ciência significam para nós. Ele mostra que "o núcleo mais íntimo do mundo se expressa através do nosso conhecimento. A harmonia das leis que regem o universo irradiam através da cognição humana". Sua visão da relação entre fenômeno e essência da realidade converge com as de Marx, Gramsci e Kosic. "A natureza do conhecimento é que o embasamento do mundo, que não é visível na realidade objetiva, está presente nela. Nosso conhecimento – expresso pictorialmente – é uma penetração gradual e viva nesse embasamento do mundo" (Steiner, 1963: 374). Steiner também reflete sobre nossa compreensão da vida prática. Ele define nossas *ideias morais* como aquelas que determinam o caráter de nossa conduta na vida, as que definem nossa tarefa na vida, as que nos guiam a respeito do que queremos criar com nossas ações. Para ele, tudo o que acontece no universo tem duas dimensões: o curso *externo* do evento no espaço-tempo e a lei *interna* que o rege. O reconhecimento desta lei na esfera da conduta humana é apenas uma instância especial do conhecer.

> Saber-se identificado com suas próprias ações significa possuir, como conhecimento, os conceitos e ideias morais que correspondem às ações. Se reconhecemos estas leis, então nossas ações são também criações *nossas*. Nestas circunstâncias, as leis não são algo dado, não estão fora do objeto em que a atividade se exerce; são o conteúdo do próprio objeto, dedicadas à atividade viva. O objeto, neste caso, é nosso próprio Eu. Se o Eu realmente penetrou na ação com plena invisão[44] [consciência], em conformidade com sua natureza [e a do objeto da ação], então ele se sente o senhor [ou o *sujeito*]. Enquanto isto não acontece, as leis que regem a ação nos confrontam como algo estrangeiro, são *elas* que *nos* regem; o que fazemos resulta da compulsão que elas exercem sobre nós (Steiner, 1963: 375).

Encontramos aqui uma interpretação profunda do papel de sujeito. Enquanto não penetramos na ação com plena consciência (práxis) e em

---

[44] Invisão é o termo em português que corresponde a *insight*, em inglês.

conformidade com nossa natureza complexa, pluridimensional, são as leis que regem a ação que predominam. Podemos dizer que essas leis são também os objetivos (explícitos ou implícitos, conscientes ou inconscientes) da ação. Ao predomínio das leis sobre o sujeito da ação Steiner chama de compulsão. O sujeito está, de fato, alienado, porque reduzido a objeto e mobilizado por uma compulsão, um impulso superior à sua consciência e à sua vontade. Esta percepção se identifica com o pensamento de Aurobindo exposto no Livro 1 desta trilogia. A espiritualização estaria justamente em ir ganhando consciência, conhecimento e controle sobre nós mesmos e sobre a natureza do mundo, para assim irmos tornando-nos sujeitos de nossas próprias escolhas e de nossos próprios atos – enfim, poder escolher de fato com liberdade!

Steiner continua:

> Se elas [as leis que regem a ação] são transformadas em algo alheio a nós [aqui o conceito de *alienação* cabe perfeitamente] em uma ação completamente originada do interior do nosso Eu, então a compulsão cessa. Aquilo que nos compelia tornou-se nosso próprio ser. As leis não mais *nos* regem; *em* nós elas regem a ação que se origina em nós. Agir sob a influência de uma lei externa à pessoa que realiza a ação é uma ação feita em não liberdade. Realizar uma ação regida por uma lei que reside dentro da pessoa que a realiza é uma ação feita em liberdade. *Reconhecer as leis que regem nossa ação significa tornar-se consciente da própria liberdade*. Assim, o processo do conhecimento é o processo de desenvolvimento no sentido da liberdade (Steiner, 1963: 395-396) [grifos do autor].

Esta percepção está também presente em meu conceito de *ética do Real*, que postula que tudo aquilo que fazemos em consonância com as leis da natureza e do movimento do objeto da nossa ação é bom, e tudo aquilo que fazemos em contrário a essas leis é mau ou resulta em prejuízo, dá maus frutos (Arruda, 1991: 344). Quero dizer com isso que a ética é um sistema de valores subjetivos inspirados no mundo objetivo, um sistema de valores sempre em construção e jamais definitivo, pois é função do grau de aproximação que alcançamos do *real* ou da essência da realidade. Esta essência está muito além do fenômeno, algo parecido com o intercâmbio de potenciais energéticos entre as placas continentais que constitui o coração dos tsunamis!

Aurobindo vai no mesmo sentido, a partir de seu universo cultural hindu:

> A existência é um infinito e, portanto, uma Realidade indefinível e ilimitável (...). A lei é que todas as coisas são uma no seu ser e origem, uma na sua lei geral de existência, uma na sua interdependência e no padrão universal de suas relações; mas cada uma realiza sua unidade de propósito e de ser segundo suas próprias linhas e tem sua própria lei de variação, pela qual enriquece a existência universal. Na Matéria a variação é limitada; existe variação de tipo, mas, no conjunto, uniformidade dos indivíduos de cada tipo (...). No desenvolvimento da Vida, antes que a mente se tornasse autoconsciente, a mesma lei predomina; mas à proporção que a vida cresce e ainda mais quando a mente emerge, o indivíduo também chega a um poder vital de variação maior e mais elevado. Adquire a *liberdade* de se desenvolver segundo, sem dúvida, a lei geral da natureza e a lei geral do seu tipo, mas também segundo a lei individual do seu ser. O *Homo*, o ser mental na Natureza, distingue-se especialmente das suas criaturas menos desenvolvidas pelo maior poder da individualidade, pela libertação da consciência mental que o capacita finalmente para compreender mais e mais a si próprio, *à lei do seu ser e do seu desenvolvimento, pela libertação da vontade mental que o capacita, sob o controle secreto da Vontade universal, para gerir mais e mais os materiais e as linhas do seu desenvolvimento, e pela capacidade enfim de ir além de si próprio, além de sua mente e abrir sua consciência para aquilo de onde a mente, a vida e o corpo se originam* (Aurobindo, 1949: 56-57) [grifos meus].

É impressionante constatar as convergências entre autores ocidentais e orientais cuja experiência sociocultural é tão profundamente diversa. O fato de suas reflexões sobre a essência e o conhecimento do *Homo* e da Realidade confluírem é evidência de que seu fundamento ontológico e gnosiológico independe do contexto cultural ou, melhor dito, que essas constatações estão relacionadas às dimensões comuns a todo ser humano e à realidade do mundo. Notemos que ele também identifica a caminhada evolutiva como direcionada para uma crescente diversidade; no caso humano, noodiversidade. A etapa seguinte é a de uma gradual reconstrução da unidade, na forma de unanimidades conscientes e reflexivas, esta escolha cotidiana de gerar convergências, acordos, comunhões com base na diversidade e na unicidade das consciências individuais. A globalização da consciência de espécie, na expressão de Marx, ou o Espírito da Terra, no dizer de Teilhard, consistiria nesta crescente convergência consensuada através do respeito ao outro, do entendimento dialógico, da complementaridade, da reciprocidade, da cooperação e da solidariedade consciente. Sobre a unidade da diversidade Aurobindo também tem ricas reflexões.

O *Homo* pode,

> mesmo que imperfeitamente no presente, alcançar o mais elevado nível de consciência da Realidade que é o seu próprio ser (...) e tornar-se assim o senhor da sua própria natureza e, cada vez mais, o senhor da Natureza, e não, como agora, um lutador com as circunstâncias dominantes. Para fazê-lo, para chegar ao Eu mesmo (*Self*) pela mente e para além da mente, o Espírito que se expressa em toda a Natureza, tornando-se um com ele no seu ser, na sua força, na sua consciência, na sua vontade, no seu conhecimento, possuir humana e divinamente ao mesmo tempo (...) a si próprio e ao mundo, eis o destino [a *vocação ontológica e histórica*] do *Homo* e o objeto da sua existência individual e social [parênteses e grifos meus].

Quanto a Dussel, quero enfatizar aqui sua proposição do método dialético positivo, ou do *momento analético*, sobre o qual discorrerei no capítulo sobre Metodologia da Práxis. A invisão de Dussel a respeito da criatividade da filosofia da práxis latino-americana tem o infinito valor de afirmar *algo mais* do que o que está contido na reflexão e na prática da montanha de formações noológicas (em analogia com *geológicas, fisiológicas, psicológicas*) de pensamento dos autores europeus. A essência dessa filosofia inovadora está na alteridade e no altruísmo, no Outro e *no rosto do Outro*.

> Dizemos sincera e simplesmente: o rosto do pobre índio dominado, do mestiço oprimido, do povo latino-americano é o "tema" da filosofia latino-americana. Este pensar analético, porque parte da revelação do outro e pensa sua palavra, é a filosofia latino-americana, única e nova, a primeira realmente pós-moderna e superadora da europeidade. Nem Schelling, nem Feuerbach, nem Marx, nem Kierkegaard, nem Levinas puderam transcen-

der a Europa. Nós nascemos fora, e a temos sofrido. Abruptamente a miséria se transforma em riqueza! Esta é a autêntica filosofia da miséria que Proudhon teria querido escrever. "É toda uma crítica de Deus e do gênero humano." É uma *filosofia da libertação* da miséria do homem latino-americano, mas e ao mesmo tempo é *ateísmo do deus burguês e possibilidade de pensar um Deus criador, fonte da própria libertação* (Dussel, 1974: 197) [grifos meus].

A proposição de Dussel converge com as conclusões de Maturana e Varela, de Teilhard de Chardin e de Sri Aurobindo a respeito do *amor como lei evolutiva* elevada à dimensão consciente-reflexiva no ser do *Homo*. A aceitação do outro como outro, não a partir de minha existência nem da totalidade da espécie, mas a partir do outro, de sua própria alteridade e subjetividade, de seu próprio direito de ser único – sua singularidade –, plenamente único; o trabalho como *trabalho-criador* a "serviço" do outro; o eu-e-nós ao mesmo tempo e o tu-e-vós ao mesmo tempo, complementos indispensáveis uns dos outros, um enriquecimento relativamente desconhecido dos grandes debates histórico-filosóficos dos últimos dois séculos e do início do século 21. Retomo-o aqui com a esperança de contribuir para a liberação de sua potência emancipadora.

Retornando a Gramsci, cabe ainda nos perguntar criticamente sobre o conceito de matéria, em contraste e em conexão orgânica com a subjetividade. Para Gramsci, matéria seria o conjunto das forças naturais socialmente organizadas para a produção, o mundo dos produtos humanos e das relações sociais de produção. Não haveria, pois, como separar este do conjunto das forças espirituais ou superestruturais pelas quais os seres humanos tomam consciência de sua situação para vivê-la e transformá-la. Nem haveria como separar qualidade de quantidade, liberdade de necessidade, superestruturas de infraestrutura, teoria de prática (Gramsci, 1959: 60).

Texier (1966: 95) coloca, neste contexto, com toda a propriedade, as seguintes questões:

> • A Filosofia da Práxis afirmaria o primado da matéria ou o do espírito, seria um materialismo ou um idealismo?

- Por outro lado, ela colocaria a unidade ou a dualidade de natureza desta realidade, ela seria um monismo ou um dualismo?
- Ou, enfim, estaria a sua originalidade, conforme Marx (1844) e Gramsci o dizem, precisamente na superação da oposição entre materialismo e espiritualismo?

A reconstrução da síntese, que é a *unidade dialética* entre matéria e espírito, prática e teoria, ação e pensamento, objeto e sujeito, significa apreender as dimensões de unidade e de conflito *ao mesmo tempo*, isto é, compreender a essência da *complementaridade* das duas dimensões. Texier aponta que o espiritualismo só apreende a oposição, enquanto o materialismo desconhece a oposição (1966: 95-96).

De fato, a oposição gera o movimento, a dinâmica, a evolução, no caso da Natureza, e a possibilidade de compreensão, intervenção e transformação, no caso do *Homo*-relação. Mas a oposição consciência reflexiva x matéria tem uma especificidade única: ela ocorre a partir do *nõus* ou das capacidades teleológica (isto é, de dar-se objetivos), de pensamento e desejo, de projeção, de visualização do *Homo*. Para Gramsci a Filosofia da Práxis é um monismo: não um monismo materialista nem idealista, mas sim "a identidade dos contrários no ato histórico concreto, isto é, a atividade humana concreta (história-espírito), indissoluvelmente ligada a uma 'matéria' determinada, que foi organizada (historicizada): a natureza transformada pelo *Homo*" (Gramsci, 1959: 69). Nesta capacidade de visualizar o invisível, de querer, de agir conscientemente, de transformar e de criar, reside a essência da sua liberdade.

Filosofia da Práxis ou a superação das ideologias

A meu ver, porém, é preciso dar um passo mais. Recordemos que, nessa perspectiva unificadora, o *Homo* é, ele próprio, Natureza, e não o criador dela. O *Homo* é a Natureza "dobrando-se sobre si mesma" para conhecer-se, entender-se, governar-se, desenvolver-se enquanto Práxis, enquanto consciência reflexiva, criadora, criticamente transformadora. Portanto, *nem o próprio ser humano é definitivo*. Ele é passagem, etapa consciente-reflexiva da evolução da Natureza num sentido ascendente. A questão volta a ser, portanto, o que faz a Natureza evoluir num sentido ascendente, do simples para o complexo, do inorgânico para o orgânico, do provável para o cada vez mais improvável, do infra-humano para o sobre-humano. A questão não é exatamente se existiria uma realidade exterior ao *Homo* e a seu conhecimento (imanentismo), nem se a única realidade seria a transcendência e se o mundo não seria senão uma projeção do pensamento do Ser único e absoluto. Só existe *uma* realidade, da qual o *Homo* é parte integrante e integradora ou *parte imanente e transcendente* ao mesmo tempo.

Como argumentei no Livro 1 desta trilogia, o *Homo* é como uma síntese da evolução de toda a Natureza – para trás e para a frente no espaço-tempo! (E isso em relação à única realidade que conhecemos, pois pode ser que existam outras dimensões da realidade que estão [ainda?] fora do alcance de nossos sentidos e atributos do conhecimento. Algo como o que a humanidade concebia como real até descobrirmos que o espectro da luz é muito mais amplo do que a visão humana consegue captar). É preciso evocar aqui a concepção de *Estofo da Matéria* postulada por Teilhard[45] e discutida no Livro 1.

A ideia da superação das abordagens pseudoconcretas do materialismo e do espiritualismo pela Filosofia da Práxis me parece contraditória com a identificação desta com o materialismo ou mesmo sua qualificação de *materialismo histórico*. Texier (1966: 98) explica que, num sentido mais amplo, o termo materialismo veio a ser empregado como oposição a espiritualismo religioso: "É aquele que quer encontrar nesta terra e não no paraíso o sentido da vida, que rejeita a transcendência religiosa". Tal materialismo, diz o autor, vai traduzir-se no domínio dos valores e da ação. Certamente existe

---

[45] Duas instâncias de reflexão preciosas sobre o tema se encontram em Teilhard, 1955, cap. II e III, e 1950: 353-364.

uma concepção "religiosa" da existência que é alienadora, por sua natureza unilateralmente transcendentalista e fatalista. Esse materialismo tem a ver com a rejeição do conceito de religião como "crença na existência de um poder ordenador sobrenatural, o criador e controlador do universo, que deu ao *Homo* uma natureza espiritual que continua a existir depois da morte do corpo" (Hornby, 1984: 712). Mas outras definições podem ser identificadas, pois há uma grande diversidade de noções do divino e do *Homo*.

A crença em um deus *exterior* ao *Homo* e à Natureza teve, ao longo dos séculos, o papel alienador de justificar as classes e os povos que se autodenominam representantes exclusivos daquele deus; e de transferir para "a outra vida" a felicidade e a igualdade intuídas e desejadas pelo espírito humano, reduzindo-o à passividade frente ao seu devir histórico. Sou materialista, se por isto se entende aquele que valoriza a Matéria e seu misterioso papel de evoluir num sentido sempre mais espiritual. Sinto-me ateu em relação ao deus – e a todos os deuses – das classes opressoras. Essa religião filosoficamente metafísica tem marcado a história humana e polarizado a energia crítica dos pensadores e ativistas historicistas, que concebem a libertação do "reino" das necessidades e das opressões como obra do próprio *Homo*.

Mas se, seguindo o provável sentido etimológico do vocábulo, definimos *religião* como o ato de religar aquilo que está artificialmente separado, dividido, então a Filosofia da Práxis realiza exatamente esta religação! Ela é caminho para a superação de todas as divisões e alienações (do indivíduo consigo próprio, com a Natureza, com a Sociedade e a Humanidade, e com cada Outro), de todas as ideologias que distanciam o *Homo* da essência mesma da Realidade.

Compreendo a Filosofia da Práxis justamente como o ponto de convergência e de reencontro entre espiritualistas e materialistas! "O significado da dialética só pode ser concebido em toda a sua fundamentalidade se a Filosofia da Práxis é concebida como uma filosofia integral e original que inicia uma nova fase na história e no desenvolvimento mundial do pensamento, enquanto supera (e superando inclui em si os elementos vitais do que é superado) seja o idealismo, seja o materialismo tradicional, expressões das velhas sociedades" (Gramsci, II, QII: 1425).

A Filosofia da Práxis é a abordagem aberta, que nega todo dogmatismo, toda verdade definitiva; portanto, nela cabe a compreensão do *Homo* e de sua história como ser e processo em construção, em autoconstrução. Cabe a concepção de um conhecimento sempre em processo de construir-se, à medida que o *Homo* evolui e desenvolve seus sentidos materiais e imateriais e o próprio universo em que habita. Cabe também o reconhecimento da "Vida" como fator do Real, independentemente da vontade humana. *O Real histórico seria, então, o resultado da conjugação da Práxis humana com o movimento da Vida.*[46] Sintonizar com o movimento da Vida e ao mesmo tempo influenciar esse movimento, contribuindo ativamente para o desenvolvimento dos atributos e potenciais superiores da humanidade,[47] este seria o desafio para os ativistas sociais e políticos que professam uma fé, mesmo que seja a fé imanente no *Homo* e em seu devir.

Não surpreende que nos últimos 50 anos um grande número de movimentos sociais e mesmo de insurreições populares tenha sido iniciado, animado ou liderado por ativistas e intelectuais orgânicos que professam alguma fé. Em vez de esta fé (no sentido de *re-ligação*) impedir-nos de agir, ela nos impulsiona à ação transformadora da história, concebida como a caminhada de construção da humanidade e de cada indivíduo humano – autopoiese – de sua etapa infra-humana em direção ao plenamente huma-

---

[46] Vale citar aqui um intelectual orgânico do Socialismo, Landauer, que foi muito atacado pelos *marxistas* do início do século 20. Primeiro, Buber (1986: 68) comenta a ideia de Landauer do que é ser socialista: "Ser socialista significa estar em contato vital com a vida e o espírito comunitário da época, estar alerta e reconhecer, com olhar imperturbável, o que deles ainda se encontra na profundidade de nossa vida desprovida de comunidade e, sempre que for possível, enlaçar fortemente ao perdurável as novas formas criadas (...) o verdadeiro caminho para a realidade socialista não se deduz apenas do que sabemos e planejamos, mas também do desconhecido e do incompreensível, do inesperado e do que não se pode esperar". E cita Landauer, em 1907: "Em detalhe nada sabemos realmente sobre o nosso caminho imediato (...). A única coisa que podemos saber é que o nosso caminho não passa pelas tendências e lutas do dia-a-dia, mas pelo desconhecido, pelo que jaz na profundidade e pelo repentino".
[47] Tais atributos e potenciais se expressam na conjugação de dois movimentos: o de crescente liberdade, igualdade e irmandade e o de crescente personalização, socialização, espiritualização e amorização.

no (Marx), ao sobre-humano (Aurobindo), ao ultra-humano (Teilhard). Tal ação transformadora se opõe à globalização neoliberal promovida pelo capital mundial (Livro 2 da trilogia), à concepção vulgarmente materialista do sentido do ser humano, expressa no modo produtivista e consumista de organizar a economia, ou melhor, de reduzir a economia à crematística, e de destruição autofágica da Natureza por um sistema que a concebe como oposição à Humanidade. Tal ação transformadora parte da crítica do materialismo utópico e vulgar dessa concepção de mundo para a construção de um outro paradigma, um outro projeto de sociedade e de humanidade, um outro projeto de devir histórico.

Essa proposta se revigora com aquele *materialismo* que, segundo Texier, "é hoje inseparável de toda concepção moderna da vida e do mundo, do movimento de reforma intelectual e moral que se inicia com a Renascença e a Reforma, que desemboca nas filosofias modernas da imanência cujo ponto culminante é Hegel e das quais o marxismo é o coroamento crítico" (Texier, 1966: 99). Mas também se distancia dele. O *humanismo* supera vigorosamente os teocentrismos obscurantistas. Mas a ciência contemporânea evidencia que ele não esgota a realidade do movimento evolutivo. Conforme vimos em Teilhard, Maturana e Varela, o *Homo* surgiu como uma espécie de coroamento inescapável de uma evolução direcionada para a espiritualização e a amorização. Quem pode afirmar inequivocamente que sua emergência enquanto gênero e espécie biológica resulta de uma série de "acasos", num processo puramente aleatório de interações físicas, geológicas e biológicas? Se na história evolutiva é possível identificar *ex-post* um direcionamento,[48] então é também possível visualizar a continuidade dessa história! E isso, mesmo que o *Homo* optasse pelo *demens* em oposição

---

[48] A identificação de um direcionamento não significa necessariamente um determinismo! A liberdade – um dos atributos mais desconcertantes da espécie humana – é uma evidência demolidora de todo determinismo naturalista ou historicista. A argumentação de cientistas como Maturana e Varela, Marx – com a Filosofia da Práxis – e também Teilhard de Chardin, entre outros, evidencia que esse direcionamento pode constituir a própria essência da realidade em contínua evolução. A cada um buscar uma explicação que lhe satisfaça da gênese desta essência da realidade.

ao *sapiens* e cometesse o supremo ecocídio, suprimindo-se irresponsavelmente junto com as outras formas de vida da Terra.[49]

> ## *Amor e Evolução*
>
> Se o Universo se transforma continuamente
> em busca do mais complexo
> Se esta busca, tentativa,
> com frustrações e sucessos,
> desaguou na **vida.**
>
> Se esta aventura prosseguiu,
> sempre tentativa,
> com frustrações e sucessos,
> em busca de formas mais complexas de vida,
> até desaguar no **Homo.**
>
> Se esta evolução
> no sentido do mais improvável
> foi, ao mesmo tempo,
> fisiológica e psicológica,
> biológica e noológica.
> Se o Estofo do Universo,
> a Consciência Cósmica – a alma da vida –
> Evoluiu com a matéria,
> do simples para o complexo
> até desaguar no **nós**,
> depois no **Eu**, e agora no **Nós**...

[49] "A terra é como um organismo em que de repente aparece um vírus, uma bactéria, e ele tem que eliminá-la, senão ela acaba com o organismo. Então, diz-se, esse organismo terra vai ter que eliminar esse vírus que é o ser humano (...) a terra vai ter que nos eliminar para deixar que as outras espécies continuem a sua aventura milenar e histórica, e talvez daqui a milhões e milhões de anos de outro ser complexo, portador de inteligibilidade, de amorização, faça-se um novo ensaio do *Homo*, talvez não só *sapiens*, mas um pouco mais sábio do que hoje" (Boff, 1995: 12).

> Então tudo é possível...
> Então pode a reflexão individual
> saltar para a **correflexão**.
> Então pode haver outras vidas no Universo,
> pode haver outros **Homos**
> nos mais diversos graus de evolução,
> sincrônica e diacrônica,
> da Matéria e da Consciência...
>
> Então, se o **Homo** desperdiçar sua chance
> e se autodestruir,
> nem por isso o Universo
> deixará de seguir
> buscando formas ainda mais
> complexas e espiritualizadas
> de organização da Matéria,
> da Vida,
> da Consciência.
>
> Então o Amor é possível.
> Com ou sem o **Homo**!
>
> *Marcos Arruda*
> Rio de Janeiro, 18 de outubro de 1998.
> Inspirado na leitura de Teilhard de Chardin,
> "Barrière de la Mort et Co-Réfléxion" (*em L'activation de l'energie*)

Ilya Prigogine e Michel Serres corroboram esta percepção.

O puro acaso é tanto negação da realidade e da nossa exigência de compreender o mundo quanto o determinismo. O que procuramos construir é uma via estreita entre estas duas concepções que levam, ambas, à alienação, uma, de um mundo regido por leis que não deixam lugar à novidade, a outra, de um mundo absurdo, acausal, onde nada pode ser previsto nem descrito em termos gerais (Prigogine, 1996: 222).

Segundo Prigogine, o "fio da navalha" é possível e é o único caminho realista. Serres concorda e convoca:

> Volta à natureza! Isto significa: ao contrato exclusivamente social juntar o estabelecimento de um contrato natural de simbiose e de reciprocidade em que a nossa relação com as coisas deixaria domínio e posse pela escuta admirativa, pela reciprocidade, pela contemplação e pelo respeito, em que o conhecimento não mais suporia a propriedade nem a ação, a dominação, nem estas os seus resultados ou condições estercorárias. Contrato de armistício na guerra objetiva, contrato de simbiose: o simbiota admite o direito do hospedeiro, enquanto o parasita – nosso estatuto atual – condena à morte aquele que pilha e que habita, sem tomar consciência de que no final se condena a desaparecer (Serres, 1991: 51).

Concluo recordando a associação que Teilhard faz entre o compreender e o amar. Num escrito sobre a ética em Spinoza, mencionei que *o amor é a práxis por excelência,* uma vez que ele é ação reflexiva de acolhimento do Outro como outro, o encontro com o outro num terreno comum das linguagens (a palavra, o gesto, o toque, o som, o odor e o sabor, mais as linguagens dos sentidos não materiais) e o ato de doação recíproca, ato de mútua *poiese* que corrobora a *autopoiese* de cada um. A Filosofia da Práxis convida a este conhecer a essência do Real, pois, conhecendo-a, já não mais se resiste a amá-la concreta e integralmente.

> O que importa, no extremo, é saber como, neste turbilhão, orientarmo-nos e comportarmo-nos espiritualmente de tal maneira que a compressão totalizante [a socialização compressiva que vivencia a Terra e a Humanidade na etapa atual da sua evolução] a que estamos submetidos tenha por efeito não mais nos desumanizar por mecanização, mas sim (como parece possível) sobre-humanizar-nos por intensificação de nossas potências de compreender e de amar (Teilhard, 1950: 360).

3
Educação da Práxis e Desenvolvimento

A conexão entre desenvolvimento e educação, que é uma das hipóteses de trabalho da obra, começa a explicitar-se neste capítulo. O tema do desenvolvimento, conforme enunciei no Livro 1, está presente como um traço ontológico da própria Natureza. No *Homo* a evolução ganha uma dimensão nova, tornando-se Evolução Consciente. O *Homo* torna-se, então, responsável por gerir o processo evolutivo de si próprio e de seu entorno. Ele pode involuir ou evoluir, está em suas mãos o que fazer de seu destino e do Planeta.

Ser mais é a expressão usada por Paulo Freire para falar do sentido evolutivo do *Homo* e da própria finalidade da educação. A Educação da Práxis oferece visão e metodologia para o educando e o educador que desejam construir-se sempre mais além. É uma educação voltada para à integralidade do *Homo* e de seu ecossistema. Está referida não apenas à sua realidade atual, mas a seus potenciais e atributos subjetivos e objetivos a desenvolver, enquanto indivíduo e coletividade. A diversidade de aspectos e dimensões de seu ser pessoa e sociedade abre possibilidades infinitas a seu *ser mais*, porém é também fonte de conflito e contradição. Neste capítulo elaboro com especial atenção essas contradições e como construir uma filosofia que as incorpore e instrumente o sujeito para superá-las criativamente. Uma atenção especial é dada à *contradição* Masculino-Feminino, que considero transversal a todo o existir humano e ao desafio socioeconômico e educativo.

Retorno então ao tema do desenvolvimento econômico e à educação, situando-os no contexto do desenvolvimento humano numa perspectiva integradora dos gêneros. Retorno também à questão do sujeito, articulando a dimensão política tratada anteriormente com a ética do conhecer e do poder.

1. Desenvolvimento integral como vocação ontológica e histórica para "ser mais"

*Ninguém
educa,
desenvolve,
empodera
ninguém,
e, ao mesmo tempo,
niguém
se educa,
se desenvolve,
se empodera
sozinho.*

Paráfrase da frase original
de Paulo Freire sobre a educação.

Interessa-nos neste item examinar o nexo que existe entre a educação e o desenvolvimento dos diversos aspectos e dimensões que configuram o *Homo* em seu contexto histórico-social concreto.

A proposta de uma democracia integral começa pela afirmação de que cada um e todos os cidadãos e cidadãs[50] têm o potencial de tornar-se sujeitos do seu próprio desenvolvimento, enquanto pessoa e coletividade. Este "tornar-se sujeito" representa um processo de emancipação do qual só o indivíduo ou a coletividade pode ser o sujeito. Parece tautológico dizer que para tornar-se sujeito pleno é preciso que cada cidadã/cidadão assuma o papel e a responsabilidade de ser *sujeito do processo de fazer-se sujeito*. Esta formulação, porém, justifica-se se atribuimos à expressão "sujeito pleno" a conotação de estado e direito adquirido, conquistado, e à expressão "fazer-se ou tornar-se sujeito" a conotação de processo, ação intencional de autoeducação e autoconquista. Em outras palavras, não se trata de esperar que alguém me desenvolva, me liberte, me eduque. Sou eu quem tenho de *me* desenvolver, *me* libertar, *me* educar. Isto é tanto mais verdadeiro

---

[50] Todos, bem entendido, que estão em posse das suas faculdades.

quanto maior a idade dos educandos, em relação à educação da infância. Esta ideia, tão presente em Paulo Freire, está ligada à noção do ser humano como *ser cultural* e como *ser histórico*. Se todo e cada ser humano tem por *vocação ontológica e histórica Ser Mais* (Freire, 1972: 73; Vanucchi, 1983: 27-28), fazer o mundo e, no mesmo ato, fazer-se a si mesmo, então todo e cada ser humano é *autopoiético* – enquanto pessoa, enquanto sociedade e enquanto espécie. Autopoiese é outro nome para autodesenvolvimento, autolibertação, autoeducação do ser humano. Implica um superar-se, um ir além de si mesmo, um ativar os potenciais latentes em seu ser.

Lembremos que *desenvolvimento*[51] significa o desdobramento de potenciais e virtudes inerentes ao próprio sujeito. Portanto, é um processo *endógeno*, que precisa de condições ambientais propícias, mas cuja força motriz está no próprio sujeito, e não no exterior dele. Isso vale para o desenvolvimento tanto de um organismo na Biosfera, quanto o de um ser humano, e o da Noosfera como um todo. Ao potencial inerente ao *Homo* de ser sempre mais, isto é, de desenvolver-se sempre mais além, é que Freire chama de *vocação ontológica e histórica*.

Aurobindo identifica três estágios na evolução do indivíduo e da sociedade humanos. A evolução começa com um *estágio infrarracional*,

> no qual o *Homo* ainda não aprendeu a referir sua vida e ação nos seus princípios e formas ao julgamento da inteligência esclarecida; ele ainda age principalmente a partir dos seus instintos, impulsos, ideias espontâneas, intuições vitais ou então obedece a uma resposta consuetudinária ao desejo, à necessidade e circunstância.

E suas instituições sociais cristalizam ou canalizam esses mesmos comportamentos. Seguem-se diversos estágios intermediários,

> até a *idade racional*, na qual sua inteligência está mais ou menos desenvolvida e se torna o juiz, árbitro e matriz que preside seu pensamento, sentimento e ação, que molda, destrói ou recria suas ideias-força, objetivos e intuições.

---

[51] Desenvolver significa tirar do invólucro, do envelope. Ao fazer essa discussão, não desejo ignorar argumentos em favor de uma era *pós-desenvolvimento*, defendidos por colegas como Susan George e Sandra Quintela.

Finalmente, se nossa análise e previsão estão corretas, a evolução humana deve atravessar uma etapa subjetiva a caminho de uma *idade suprarracional ou espiritual*, na qual ele desenvolve progressivamente uma consciência mais espiritual, supra intelectual e intuitiva, talvez finalmente, mais que intuitiva, uma *consciência gnóstica*.[52] (...) Isto não ocorrerá (...) senão por uma vivência espiritual superior para a qual as luzes da razão são uma preparação necessária e à qual serão incorporadas, transformadas, elevadas à sua fonte invisível (Aurobindo, 1949: 173).

Aurobindo adverte do risco de o desenvolvimento espiritual, num contexto histórico dominado por uma sociedade infrarracional, tender a "queimar" a etapa do desenvolvimento racional e intelectual. E refere-se ao fato de que para o conjunto da Humanidade "a mente e o intelecto devem desenvolver-se integralmente de modo que a espiritualidade da espécie possa elevar-se sustentavelmente sobre a base ampla da natureza inferior já desenvolvida do *Homo*".[53]

Por qualquer ângulo que se olhe o desenvolvimento do *Homo*, ele tende a uma ascenção da consciência e, portanto, a um grau sempre maior de liberdade.[54] Isto não quer dizer que esta evolução se dê automaticamente. As probabilidades de fracasso são grandes, sobretudo se se considera que

---

[52] Do grego *gnósis*, conhecimento, especialmente conhecimento dos mistérios do espírito. Este vocábulo está na origem da disciplina da *gnosiologia*, ramo da filosofia que trata das fontes, limites e validade do conhecimento; tratamento sistemático e crítico dos princípios filosóficos subjacentes às atividades das faculdades do conhecimento (Preble, 1959: 540).

[53] Notemos um pressuposto importante de Aurobindo: a autopoiese se faz como processo de trabalho individual, coletivo e de espécie para ultrapassar a etapa infra-humana, através do desenvolvimento da consciência e das qualidades e potenciais que lhe são naturais e específicas enquanto pessoa e espécie. Ao referir-se a outra etapa desse desenvolvimento, a supra-humana, Aurobindo partilha com Teilhard um horizonte que sobrepassa espiritualmente a humanidade que conhecemos hoje, num sentido bem diferente do de Nietsche, para quem o *super-homem* deve ser construído pela vontade do poder de cada um, da qual o autor deriva uma ética individualista e uma política aristocrática.

[54] Temos consciência da complexidade da liberdade como desafio permanente. É evidente que, quanto mais consciente de si, dos seus atributos e potenciais individuais e sociais, materiais e imateriais, maior liberdade tem o ser humano para desenvolver-se. Ao mesmo tempo, a consciência de si e dos seus potenciais implica também a consciência dos limites inerentes à teia do espaço-tempo em que estamos metidos.

elas residem não nos "automatismos" da Natureza, mas nas escolhas feitas pelo *Homo*. Enquanto a probabilidade positiva se desenrola, esse desenvolvimento libertador envolve as várias relações do *Homo*, desde as que têm a ver com as necessidades materiais até as que são ligadas ao desenvolvimento de seus potenciais de personalização e socialização, no sentido de uma consciência pessoal e coletiva sempre superior (Zohar, 1991, cap. 13). Conforme mostramos em Boff e Arruda (2000: 20), tornar-se sujeito implica três processos. Um, de

> *empoderamento*, por cada cidadão e cada coletividade, ou o tornar-se sujeito de todos os processos relacionados com o seu desenvolvimento pessoal (portanto, unificador) e coletivo (portanto, diversificador). O segundo é a *cooperação*, acima e para além da competição; eis porque as formas comunitárias cooperativas de organização da economia terão crescente preferência às formas privadas e excludentes. O terceiro é a *educação* contínua e ininterrupta, prática e teórica, para o exercício dessa subjetividade.

O desenvolvimento humano só é viável, continuam os autores, se vinculado à construção de uma democracia integral, na qual toda a cidadania se empodera,[55] individual e coletivamente, para ser sujeito desse desenvolvimento. A democracia integral é o único meio ambiente apropriado para o empoderamento pessoal e coletivo, e este é a única via para a realização plena da democracia integral. Portanto, há uma relação de mutualidade que depassa a lógica da causa e efeito. Além disso, essa democracia só pode ser realizada se se apoia num processo educativo permanente, que alcança toda a cidadania e abrange todos os aspectos e dimensões de sua existência pessoal e coletiva, visando educá-la "para o exercício sempre mais pleno e integral do poder, tanto na esfera de sua subjetividade e de sua singularidade, quanto na de suas relações interpessoais, sociais e políticas".

---

[55] Recordemos aqui o sentido do termo *empoderar-se*. Ele é um verbo intransitivo, que começa e termina no sujeito e denota um processo de construir o poder a partir de dentro de si, em contraste com *apoderar-se*, um verbo transitivo que significa conquistar, apropriar-se do poder ou de instrumentos e objetos que dão poder a partir de fora da pessoa ou da coletividade.

2. Educação da Práxis: Empoderamento para "ser mais"

Se o poder de desenvolver-se parte de cada pessoa e, nos espaços coletivos, articula-se equitativamente com o poder de cada outra para construir sinergias na forma de comunidades empoderadas, então temos aqui um tipo de poder muito diferente daquele que estamos acostumados a conceber e experimentar na ordem mundial masculina. Ouçamos a sabedoria de Jung:

> **AMOR E PODER**
>
> Onde o amor prevalece,
> não há desejo de poder.
> Onde o poder domina,
> falta amor.
> Um é a sombra do outro.
>
> *Karl G. Jung*

Nesse trecho, Jung opõe o amor não ao ódio, nem mesmo ao poder, mas ao *desejo de poder*. E isto, não por acaso. Pelo lado negativo, ele bem sabe que a mais brutal forma de desamor é o desempoderamento de si mesmo ou do outro. O trabalho assalariado e as formas precarizadas de trabalho no capitalismo são experiências de desempoderamento e manifestam a tendência do sistema a dividir o mundo entre poderosos e submissos. O "desenvolvimento" subordinado que experimentam os países empobrecidos, cujas elites os mantêm atrelados a valores culturais alheios, a empresas sediadas nos países ricos, às prioridades e políticas econômicas, financeiras e comerciais desses países e às decisões exógenas das instituições financeiras multilaterais, também se define como modo de relação que desempodera e subordina – *um desenvolvimento "desamoroso"*. Pelo lado positivo, uma referência preciosa: se o amor é o fundamento da vida social, como postulam

Maturana e Varela, e também de uma economia emancipadora, segundo eu tenho modestamente postulado,[56] ao lado de sábios como Rudolph Steiner, Gandhi e Teilhard de Chardin, e se cada pessoa e coletividade humana só pode desenvolver seu sentido amoroso por si própria, a partir do seu próprio poder e subjetividade, então *amor é sinônimo de empoderamento de si próprio e, igualmente, respeito, reconhecimento do direito do Outro ao seu próprio empoderamento e apoio ao Outro nesse processo.*

Altruísmo significa estar disponível e disposto a compartilhar recursos, saber e poder e não se sentir intimidado pelo encontro com o poder do Outro. Evidentemente, o pressuposto para que essa relação funcione é que vigore entre ambos a atitude de *reciprocidade*. Geralmente, porém, esta é uma situação ideal, uma ocorrência relativamente rara. Trata-se, pois, de estabelecer processos de construção da reciprocidade, através do cultivo da confiança mútua, o que vai ocorrer somente através da práxis do altruísmo pelo parceiro que tem a consciência mais evoluída na relação. Há risco? Certamente. É, de novo, andar sobre *o fio da navalha*. Mas é a única atitude efetivamente transformadora. A Filosofia da Práxis é a filosofia do *fio da navalha*. Na metodologia analética de Dussel, ela postula essa posição como a única a partir da qual a criação de algo novo – no caso uma parceria reciprocamente altruísta – é possível. O algo novo é a superação da bipolaridade que existia em tensão até o salto para esta síntese. Em palavras mais diretas: é a superação dos medos – medo do empoderamento do outro, medo do sofrimento, medo da perda e medo da morte.

Isso pareceria contrariar o que propõe Jung? Estaríamos advogando o empoderamento em oposição à amorização e, portanto, em contradição com um dos eixos normativos que atravessa toda esta obra? A resposta é *não*, se entendemos que, quando toda a sociedade se empodera e exerce conscientemente seu poder, temos ao mesmo tempo uma situação de *poder* e de *não poder*, isto é, "a dissolução do poder centralizado e autocrático",

---

[56] Recentemente descobri que não estou só ao falar em Economia Amorosa! Outra economista que usa este mesmo conceito é a estadunidense Hazel Henderson, a quem cito nesta obra.

opressor e alienador, "num experimento sempre renovado de poder socializado, que é ao mesmo tempo *poder e não poder*" (Boff e Arruda, 2000: 200). Amor é a recusa do poder como centralização, autocracia, egocentrismo, opressão e alienação; é também a afirmação do poder como descentralização, democracia – e, para além dela, "panencracia"[57] –, partilha, reconhecimento pleno de si próprio *e* do outro como sujeitos. No texto citado, postulo que "a *autopoiese* exige o reconhecimento pleno do Outro, e o respeito a ele, e a *autopráxis* exige a ação coordenada e coordenadora das interações, dos significantes e dos significados, a ação cooperativa, a dissolução do poder centralizado e autocrático...". Todo o argumento é tecido no sentido de construir a noção de que o grande desafio é "transformar cada espaço social que nos define em genuína comunidade", a partir da consciência de que, "além de interdependentes, somos *interconstituintes*. Misteriosa conjunção, que nos permite dizer, como Maturana, que "se é indivíduo na medida em que se é social, e o social surge na medida em que seus componentes são indivíduos". Não há como escapar de retornar sempre à percepção de que somos por natureza *indivíduos sociais*. E que esta realidade nos coloca diante do belíssimo desafio de transformar todas as relações que *sou*, enquanto ser social, portanto, enquanto ser amoroso,[58] em relações amorosas. A Educação da Práxis é a educação para a construção de relações amorosas consigo mesmo, com os outros, com a Natureza e com o Cosmos inteiro. Ela está intimamente conectada, portanto, com a formação de sujeitos conscientes e ativos para a gestão solidária da *Economia da Práxis*.

---

[57] Etimologicamente: sistema de poder que emerge do interior de todos.
[58] "(...) como humanos só temos o mundo que criamos com outros. A este ato de ampliar nosso domínio cognoscitivo reflexivo, que sempre implica uma experiência nova, podemos chegar quer porque raciocinamos neste sentido, quer, e mais diretamente, porque alguma circunstância nos leva a olhar o outro como um igual, no ato que habitualmente chamamos de *amor*. Mas, mais ainda, isto mesmo nos permite dar-nos conta de que o amor, ou se não queremos usar uma palavra tão forte, *a aceitação do outro junto a si* na convivência, é o fundamento biológico do fenômeno social: sem amor, sem aceitação do outro junto a si não há socialização, e sem socialização não há humanidade" (Maturana e Varela, 1984: 163).

Estão em jogo, então, dois processos interconectados de construção, um não podendo ser realizado sem o outro. Um é o das instituições, mecanismos e relações socioeconômicas que estejam sintonizados com os objetivos do desenvolvimento humano. Este é o espaço da sociedade civil, política e militar. E nosso postulado é que, na perspectiva de uma democracia integral, é a sociedade civil quem deve ser o principal protagonista e, portanto, exercer a hegemonia sobre as duas outras sociedades. Para Gramsci, a sociedade civil "é o terreno onde indivíduos 'privados' de sua dignidade e pulverizados em suas vidas podem encontrar condições para construir uma subjetividade social, podem chegar a ser sujeitos quando, livre e criativamente organizados, se propõem a desenvolver juntamente com as potencialidades individuais as suas dimensões públicas e coletivas" (Semeraro, 1997: 11). O outro é o da elaboração dos sujeitos responsáveis pela gestão daquelas instituições e pela dinâmica de relações socioeconômicas justas, colaborativas e solidárias. A interatividade desses dois processos não precisa ser demonstrada. É transformando as velhas instituições, mecanismos e relações sociais que nos construímos como sujeitos das mesmas; e sem nos transformarmos, superando a velha mulher e o velho homem representados pela presença ativa em nós da ideologia do egoísmo individual e coletivo, não conseguiremos conformar novas instituições e relações sociais emancipadoras. O papel nuclear que deve desempenhar a educação emancipadora a serviço de ambos os processos também não precisa ser demonstrado.

Toda sala de aula e toda instância educativa são espaço para o exercício desta forma de poder, a da partilha, do serviço, da responsabilidade compartilhada. Paulo Freire, evocando Gramsci, insistia sempre que toda relação política é simultaneamente uma relação educativa. Este postulado, que tem valor de aforismo, é biunívoco, pois o inverso também é verdadeiro. O dirigente político está sempre ensinando, por suas palavras e atos. E o faz consciente ou inconscientemente. Os setores populares também ensinam aos dirigentes, quer saibam, quer não. Todo ato político que gera ou perpetua subordinação e dependência é alienador e, portanto, deseducador. Deseducar é instruir para a alienação. Por outro lado, todo educador estabelece com o educando uma relação de poder. Esta relação tem apenas dois desdobramentos possíveis: ou ela se desenvolve no sentido da partilha do saber e do poder e, portanto, do empoderamento do educando para alcançar e mesmo ultrapassar o educador, ou ela serve para subordinar e oprimir. A primeira opção é a da educação libertadora, na qual o educador e o educando ensinam e aprendem reciprocamente. Aí, educar é apoiar o educando em seu processo de desalienação e de empoderamento para o pleno autodesenvolvimento. E, ao mesmo tempo, estar aberto a aprender continuamente, do educando e de todas as relações e circunstâncias da vida.

3. O alcance da Educação da Práxis

É a partir dessa noção de Educação como um processo cuja finalidade é servir ao *desenvolvimento integral* do *Homo* que vamos examinar *os aspectos e dimensões a desenvolver e os atributos a educar*. A totalidade do *Homo* compreende seus sentidos materiais e imateriais. Os primeiros são bem conhecidos, mas os sentidos imateriais merecem ser mencionados com ênfase especial, dado que seu desenvolvimento também está sob nossa responsabilidade ao longo de toda a nossa existência: Sentido Sexual (no contexto humano-amoroso e não somente animal-reprodutivo), Sentido Humano, Sentido de Espécie, Sentido da Vida e da Morte, Sentido Evolutivo, Sentido da Transcendência, Sentido Cósmico, Sentido da Totalidade ou da Unidade da Diversidade, Sentido do Amor, Sentido do Futuro. Esses aspectos e dimensões do conhecer e do desenvolver-se deveriam ser objetos de um processo educativo desde a mais tenra idade, atravessando longitudinalmente toda a vida de cada pessoa. Servem de roteiro para o planejamento de processos e programas educativos que cubram toda a duração da vida do ser humano. São os seguintes os campos que constituem o que chamamos o desafio de uma educação *omnilateral:*

- CAMPO ECONÔMICO: a produção e reprodução da vida, o cuidado das diversas casas que habitamos – o corpo, a família, a comunidade..., a nação, o Planeta, o planejamento, a gestão, a ciência, a tecnologia.

• CAMPO SOCIAL: a gestão individual e coletiva do bem-estar de todos.

• CAMPO POLÍTICO: a visão de conjunto e de processo, a definição de objetivos, estratégias e táticas de ação concertada, a partilha das decisões, a promoção de espaços genuinamente participativos, a gestão das instâncias de representação superestrutural.

• CAMPO CULTURAL: a formação da consciência crítica e criativa a partir da prática e da teoria, a edificação dos valores, atitudes, comportamentos, modos de relação de acordo com a *ética do Real, do suficiente e da solidariedade consciente*, a estética e a espiritualidade.[59]

• CAMPO SOCIOAMBIENTAL: a visão ecossistêmica, a sustentabilidade fundada no respeito à Natureza e na solidariedade recíproca e com as gerações futuras.

No campo das relações interiores, o *Homo* é diversas dimensões: seu corpo físico e seu corpo energético, seus sentidos materiais e imateriais, seu Eu inconsciente, seu Eu consciente e seu Eu supraconsciente, cada um com uma diversidade de aspectos e funções.[60] Em seguida, os campos do desafio de uma educação *omnidimensional*:

• CAMPO VITAL: o do corpo físico (mineral e animal), o da manutenção da vida, o da "economia do *Eu mesmo* (*Self*)", o da manutenção da unidade orgânica do ser cuja existência é um contínuo

---

[59] Por espiritualidade entendo o modo de cada um viver conscientemente seu próprio caminho de espiritualização. Ocorre-me citar o contraste explícito que faz Matthew Fox (1983: 267) entre a tradição espiritual de direita, representada com relevo por Agostinho de Hippo, e que tão profundamente tem influenciado a cultura ocidental, e a espiritualidade dos oprimidos, dos povos mais fracos da terra, protagonizada por inúmeras mulheres e homens ao longo da história, quase todos perseguidos e punidos por sua opção pelos pobres, pelo desapego e pela solidariedade consciente, tais como Mahatma Gandhi, Martin Luther King, Dom Helder Câmara, Dom Pedro Casaldáliga, Dom Fragoso e outros, assim como os protagonistas da filosofia e da teologia da libertação.
[60] Referência necessária a três autores que contribuem na explicitação e no aprofundamento do conhecimento sobre essa diversidade de dimensões do *Homo*: Bercot (1999), Von Franz (1988) e Andrews (2001).

estar sendo; o da ligação ontológica com a Terra – a grande Mãe; o da educação e desenvolvimento dos sentidos materiais – audição, gosto, tato, odor, visão.

• Campo mental: o da realidade pensante, da racionalidade, da intenção, do sentimento, da vontade, do desígnio, da ideia, *todos estes situados em seu contexto histórico-social, em seu ecossistema*. Assman, refletindo sobre o conceito de *ecologia da mente* de Gregory Bateson, define a mente como *o indivíduo cognoscente enquanto participante ativo de ecologias cognitivas* (Assman, 1998: 36).

• Campo sentimental: "o que fixa ou 'escolhe' hierarquias de valores racionais, que correspondem às normas gerais da razão (isto é mais agradável, mais importante etc. que aquilo)" (Von Franz, 1988: 62); o que desempenha o papel de "sinapse" entre o campo mental e o emocional; o da educação e desenvolvimento dos sentidos imateriais.[61]

• Campo psíquico: o do conjunto dos fenômenos psíquicos – consciente e subconsciente – que formam a unidade da personalidade, a intuição, as diversas aptidões do conhecimento; o da ética e da estética suprarracionais.

• Campo espiritual: o campo em que a linguagem cria e comunica significados; o campo do vivenciar e do conhecer a dimensão invisível do Real; o campo profundo em que se dá a emancipação, a libertação das dependências e dos apegos; o campo da relação com o divino que se manifesta subjetiva e objetivamente no próprio sujeito, no Outro e no mundo.

Não é difícil perceber que existem interações múltiplas e complexas entre o campo das relações interiores e o das relações exteriores do *Homo*, e

---

[61] Na verdade, a educação e o desenvolvimento dos sentidos imateriais – Sexual, Humano, da Espécie, da Vida e da Morte, Evolutivo, Cósmico, da Totalidade ou da Unidade da Diversidade, do Amor, do Futuro – fazem parte de todos os campos. O sentido sexual, ainda que tenha uma expressão claramente física, é portador de um conteúdo profundamente mental, psíquico e espiritual (Teilhard, 1936: 91-96).

existem também interações complexas e contraditórias no interior de cada campo. No primeiro caso, os polos em tensão e equilíbrio sempre instável são o indivíduo e a coletividade. O *Homo* é, dos seres conhecidos até agora, aquele no qual a individualidade, ou o processo de personalização, chegou ao nível mais complexo e sofisticado. Na linha de argumento de Maturana e Varela, isto indica uma correlação entre o grau de personalização, por um lado, e o grau de liberdade e a capacidade de amar, por outro. Duas das leis que regem o desenvolvimento ontológico do *Homo* são, justamente: a da crescente individuação ou, na linguagem de Teilhard, *personalização* e, ao mesmo tempo, a da crescente *socialização*. No *Homo* se desenvolve, então, a compreensão sempre maior de si próprio e das leis de seu desenvolvimento e a consciência do espaço-tempo. A libertação de sua vontade lhe permite um poder crescente sobre esse desenvolvimento. Junto com a consciência e o poder, cresce em idêntica proporção a responsabilidade e a exigência ética de bem gerir a si próprio e a seu desenvolvimento. Seu Eu infrarracional contém "sementes" de um Eu racional, e este contém "sementes" do seu Eu suprarracional; assim como o infrarracional desdobrou-se *misteriosamente* no sentido do crescentemente mental e complexo ao longo de milhões de anos, assim também o racional e o suprarracional percorrem uma longa caminhada para desabrochar. Na verdade, todos e cada um somos uma combinação desses três Eus, em etapas diferenciadas de desenvolvimento. Este desenvolvimento pode ser relacionado com a flecha diacrônica da evolução.

Mas o ser humano individual não é o começo nem o fim do caminho. Existe, simultaneamente, uma flecha sincrônica da evolução, que tem a ver com a tendência à crescente socialização consciente do ser humano, que envolve o reconhecimento e o acolhimento do Outro e sua compreensão de que uma dimensão do seu ser é social, existe no social, alimenta-se do social e está a serviço do social. O objetivo de toda sociedade seria oferecer as condições para que cada um e todos os seres humanos que a compõem desenvolvam o mais plenamente possível seus sentidos materiais e imateriais, seu conhecer, seu agir, suas potencialidades mais sublimes – crescente consciência de si, do Outro, da espécie, crescente compreensão de seu poder de agir solidariamente com as forças da Natureza e também de transcender-se, de ir sempre além de si próprio, crescente senso do bom e do belo, crescente criatividade, crescente liberdade e amorosidade, crescente alegria e felicidade.

A unidade dos sentidos no organismo e dos organismos no social/cósmico

A liberdade e a harmonia expressam os princípios da diversidade e da unidade:

> liberdade do indivíduo, do grupo, da unidade cultural, harmonia coordenada das forças individuais e dos esforços de todos os indivíduos no grupo, de todos os grupos na raça, de todas as raças na espécie – estas são as duas condições para a progressão saudável e a chegada exitosa (Aurobindo, 1949: 58-59).

A harmonia é uma das tarefas mais difíceis para esta Humanidade ainda na infância,[62] e sua precariedade está na raiz de tantos conflitos e tantas tragédias vividas pelo *Homo* ao longo dos milênios recentes. Discutindo esta contradição/desafio no contexto da construção democrática, Teilhard a situa no contexto das leis sincrônicas da personalização e da socialização e mostra que o individualismo e o totalitarismo,

> formas aparentemente contraditórias de ideal social, correspondem simplesmente a dois componentes naturais (personalização e totalização), cuja conjugação define biologicamente a essência e os progressos da Antropogênese (...). Biologicamente, repito, não há Democracia verdadeira sem combinação equilibrada dos dois fatores complementares que se exprimem, em

---

[62] Uma referência geológica para compreender esta afirmação: se relacionamos a história da Terra, com seus 4,5 a 5 bilhões de anos ao tempo de um ano, marcado em dias, horas, minutos e segundos, o *Homo Sapiens* teria aparecido nos últimos dez segundos do dia 31 de dezembro... Mas há também as referências ética, estética, psíquica e espiritual, que indicam que a Humanidade como espécie ainda vive tempos de barbárie.

estado puro, um em regimes individualistas, o outro em regimes totalitários (Teilhard, 1949: 313).

Aurobindo aponta para o desafio educativo como condição para que o ser humano se desenvolva em autoconhecimento e autocontrole para realizar *a união espiritual e psíquica* com suas irmãs e irmãos humanos (Aurobindo, 1949: 59).

A articulação entre a gnosiologia e a neurofisiologia é importante porque desvela uma nova percepção do conhecimento muito mais como diálogo entre o organismo vivo e as diversas esferas ambientais que o circundam do que o resultado de uma recepção passiva daquilo que recebe através dos seus atributos de percepção. Esta discussão ganha uma dimensão relevante no caso do *Homo* como ser consciente-reflexivo e como ser-relação por excelência.

No contexto deste livro, duas ideias-chave a reter são:

1) Os sentidos têm de ser educados em si e, ao mesmo tempo, em inter-relação com os outros sentidos e com o sujeito como um todo, *nos seus respectivos contextos.*

2) Com a educação e a evolução dos sentidos, transforma-se o sujeito como um todo *e os seus contextos.*

Discutindo o que significa *aprender*, Assman (1998: 36ss.) comenta o conceito de Gregory Bateson, segundo o qual "a unidade de sobrevivência é o organismo mais o ambiente que o circunda. A unidade de sobrevivência é idêntica à unidade enquanto mente". A primeira ideia converge com aquilo que temos defendido ao longo deste trabalho – que existe uma continuidade ontológica e orgânica entre o educando e todas as esferas do ecossistema a que pertence. A partir daí Assman interpreta a noção de *mente* como "o indivíduo cognoscente enquanto participante ativo de ecologias cognitivas". Todas as autonomias de sistemas dentro de metassistemas são necessariamente relativas: todo subsistema só existe como coexistência com outros dentro do conjunto da dinâmica do sistema. Ele cita um trabalho em elaboração de Timo Järvilehto (Assman 1998: 37), que vai ao cerne da questão:

> Segundo a teoria do *sistema unificado organismo/entorno*, o surgimento das formas de conhecimento não está baseado em nenhum processo de transferência do entorno para dentro do organismo, porque não existem dois sistemas entre os quais pudesse ocorrer essa transferência. O conhecimento é a forma de existência do sistema (melhor: é o conhecimento que o faz existir nessa forma) e o conhecimento novo é criado quando se estão verificando mudanças na estrutura do sistema. O aumento do conhecimento representa uma ampliação do sistema e sua reorganização, o que torna possíveis novas formas de ação e novos resultados. Segue daí que o conhecimento como tal não está baseado em qualquer ação direta dos sentidos.

Assman se baseia nesta proposição para argumentar que os sentidos não funcionam como janelas do conhecimento, nem o processo do conhecimento é naturalmente "rachado em dois subsistemas: o indivíduo e o meio, o receptor e o emissor, o aluno e o professor etc.". Ele postula que "existe um sistema unificado organismo-e-entorno, e (...) isso não vale apenas para reações vitais primárias no plano biofísico, mas se aplica igualmente ao mundo das linguagens". Isto implica que os sentidos não são apenas janelas pelas quais entra o mundo, mas sim *"interlocutores ativos do meio circundante"*.

Duas noções precisam ser retidas dessa discussão. A primeira, que no caso humano os sentidos e todo o sistema nervoso formam no sujeito uma unidade dinâmica; a segunda, que nós e o entorno formamos um metassistema, então temos de encontrar a forma adequada de atuar enquanto sistemas que coexistem no interior desse metassistema – enquanto seres conscientes e reflexivos, somos responsáveis por esta tripla relação, uns com os outros, de cada um com o entorno e do coletivo com o entorno. Se reconhecemos que todo sistema humano precisa *conhecer* o ambiente natural e social em que vive para continuar vivo e ativo, então nos damos conta da importância da educação dos sentidos como *faculdades de diálogo com o ambiente* e da educação do sujeito como *gestor consciente dessas inter-relações*. Assman aponta que "a *percepção* acontece como propriedade emergente no subsistema corporeidade, enquanto inserido no sistema unificado organismo/entorno". Propriedade emergente, porque em contínua evolução junto com os sentidos. Esta emergência resulta daquele *diálogo*, isto é, da mútua influência resultante da ação do sujeito sobre o mundo e da ação desta ação sobre o sujeito. Não é o mundo *per se* que influi no sujeito, mas o mundo sob a ação do sujeito. É esta *interação* que constitui o *diálogo*. Se "o organismo vivo não é um mero receptor de estímulos, reagindo em seguida aos mesmos", mas sim, e acima de tudo, "um criador ativo enquanto copartícipe ativo do sistema conjunto organismo/entorno", muito mais o *Homo* com sua consciência reflexiva e crítica. Podemos dizer que ele é "o criador ativo *por excelência*", porque copartícipe ativo e reflexivo (e, então, crítico e criativo) do sistema conjunto – ou metassistema – organismo/entorno. Daí podemos deduzir que os sentidos humanos são importantes atributos do desenvolvimento *eferente* (de dentro para fora) do *Homo*.

Outro elemento importante a respeito da relação entre cérebro e conhecimento é que o cérebro, ao contrário do que o senso comum acredita, não faz operações apenas racionais. Ele opera simultaneamente a partir dos diversos atributos de conhecimento do *Homo*, inclusive a emoção e a intuição. Ele não é "sede da razão" apenas, mas *um órgão essencial do processo integral de pensar, sentir, perceber e intuir do ser humano, em colaboração com outros órgãos*, cada um desempenhando uma função em articulação com os outros e, o conjunto, com o entorno. As hipóteses aqui são as seguintes:

> A partir dos estudos neurológicos e neurolinguísticos recentes, podemos afirmar que o processo de conhecer, de aprender, é um processo unificado para o qual concorrem simultaneamente as diversas dimensões e os diversos atributos do indivíduo, e também os diversos órgãos orientados para essas atividades. E o corpo inteiro, o ser inteiro do *Homo,* é o ponto de convergência que unifica e personifica esta diversidade.[63] É na situação de instabilidade e incerteza, isto é, na situação do *fio da navalha*, que o *Homo* é estimulado a operar criativamente.

---

[63] Referências bibliográficas a respeito incluem Goleman, 1995: 228-245; Bercot, 1999: 73-92.

A nossa tese é que o cérebro humano é fundamentalmente um sistema auto-organizativo formador de padrões, governado por leis não lineares e dinâmicas. Em vez de computar, nosso cérebro "in-habita" [*reside em*] – ao menos por breves momentos – estados instáveis; e é quando transita por esses limiares de instabilidade que o cérebro pode realizar conexões flexíveis e rápidas. Por encontrar-se nessa beira de estados críticos é que o cérebro é capaz de *antecipar o futuro*, e *não simplesmente de reagir ao presente*. Isso implica numa nova física da auto-organização na qual, incidentalmente, nenhum dos níveis (ou dimensões) tem importância maior ou menor que qualquer outro (Assman [citando Järvilehto], 1998: 39) [grifos meus].[64]

Seria interessante que os neurofisiologistas pesquisassem com maior afinco a relação entre cérebro e coração nos processos de aprender e conhecer. Vão certamente se surpreender com a incidência sistemática nas operações do cérebro de impulsos remetidos pelo coração.

Toda a discussão se remete ao conceito de organismo, que recebe de Bercot (1999: 365) uma síntese brilhante:

> Conjunto de órgãos integrados de tal forma que seu todo, o organismo, seja mais que a soma dos volumes (...). Conceito próximo de *global: fractal e holograma*. Pode ser aplicado à escala de um corpo animal, de um sistema planetário ou solar. Todo organismo apresenta dois aspectos *de vida*: uma vida interior – feita de correntes de energia ou de matéria que unem os diferentes órgãos e sintetizam o funcionamento do conjunto (exemplo: os sistemas nervoso e circulatório no nosso organismo biológico), e uma vida exterior que depende de seus órgãos sensoriais, de assimilação e de criação, colocando-o em relação com o ambiente.

Notemos que este conceito vale para todo o Cosmos, do mais micro ao mais macro, passando pelo indivíduo e por sociedades humanas. Recordemos também a distinção conceitual que fazem Maturana e Varela entre organismo e sociedade (que não deixa de ser um metaorganismo), indican-

---

[64] Esta tese de Järvilehto tem implicações não apenas para o cérebro ou para o *Homo* que ele conforma, mas também, por homotetia ontogenética, para os coletivos humanos, as sociedades, a espécie humana. Minha proposição é que *é na beira de estados críticos que os conjuntos humanos são capazes de* anticipar o futuro, e não simplesmente reagir ao presente.

do que no primeiro caso seus componentes têm um mínimo de autonomia e individualidade e existem em função do todo e do seu desenvolvimento, ao passo que na sociedade, sobretudo na humana, seus componentes têm um máximo de autonomia e unicidade, e é para eles e para o seu desenvolvimento que se orienta o todo social (Maturana e Varela, 1984: 132).

Essas visões são carregadas de implicações para a Educação da Práxis. Trata-se de aprender com todo o corpo, com todos os sentidos, utilizando plenamente os potenciais de cada órgão e de cada sentido material e imaterial. Trata-se de educar o corpo e os sentidos para que se desenvolvam ao longo de toda a vida, que adquiram maior sensibilidade e percepção. Trata-se, por um lado, de educar e desenvolver os *sentidos individuais*, isto é, cada dimensão interior do nosso ser/sendo – o sentimento, a intuição, a razão, a vontade. Na esfera coletiva, por outro lado, trata-se de desenvolver os *sentidos coletivos* do *Homo* – sentido de espécie, sentido de unidade na diversidade, sentido da Terra ou ecológico (pertencimento e transcendência em relação à Natureza), sentido de solidariedade, sentido de futuro, sentido do amor etc. Tal aprendizagem pode e deve iniciar-se como parte intrínseca do processo de socialização, desde a etapa da creche e do ensino básico. Mas é igualmente essencial para a educação de jovens e adultos. E o referencial metodológico é, inescapavelmente, a articulação da vivência com a reflexão, da prática com a teoria, da extroversão com a introversão.

Resumamos brevemente este aspecto da Educação da Práxis a partir de dois pontos. O primeiro, o da unidade entre os sentidos materiais e os imateriais. O segundo, o da negação dos mesmos ou o do estado de alienação ou de doença.

O primeiro é fácil de identificar. No campo da negatividade, a violência contra os sentidos materiais tem repercussões inegáveis sobre o estado mental, psíquico e espiritual do sujeito. Na nossa cultura a competição predatória está intrinsecamente vinculada à violência, e esta a diversas agressões, a começar pelas agressões que as mulheres sofrem dos homens e as crianças, dos adultos; depois, as que o trabalhador sofre no emprego e as que as pessoas sofrem no desemprego ou na inatividade forçada; as carências de alimento suficiente e de qualidade, de condições dignas de moradia, vestimenta e higiene, do acesso à água e ao esgoto canalizados, da convivência com um meio ambiente acolhedor. Existe maior violência no plano físico do que a fome? Todas essas violências, que eu denomino de *sistêmicas* (ver Livro 2, capítulos 3 e 4), começam afetando os sentidos do corpo. É por eles que a violência chega a afetar a alma das pessoas, e até mesmo a distorcer seu sentimento, seu sentido de identidade, sua consciência de si mesma e do mundo.

No campo da positividade, é também através dos sentidos materiais que se produzem sensações, emoções, sentimentos e pensamentos. Por mais que a ciência cartesiana procure restringir-se aos fenômenos e às evidências materiais do operar dos sentidos, existe uma consciência crescente de que os sentidos operam no contexto da sua interconexão uns com os outros, com o conjunto do organismo e com o metassistema. No caso humano, a semiótica de cada gesto tem profunda importância na maneira como ele é apreendido. Um toque afetuoso provoca uma emoção, esta emoção provoca um aumento da circulação sanguínea e dos batimentos cardíacos. Uma música pode gerar emoção e lágrimas ou uma invisão intuitiva que nenhum raciocínio permitiria desencadear. Uma bela pintura pode fazer o espírito "viajar", desencadeando a imaginação e acendendo a sensibilidade. O perfume de uma rosa ou do ser amado ou o sabor de uma refeição podem gerar um prazer sensual e espiritual ou uma lembrança para além dos sentidos. Em todos os casos, o que aparece é aquilo que chega ao sujeito através dos sentidos materiais. Mas o oculto é que ocorre sempre um diálogo do sujeito com o ponto de origem das sensações, e este diálogo é cheio de significado, justamente porque ele envolve o significante, o sujeito semiótico.

Compreender os sentidos a partir da sua negação é outra via válida para discuti-los. Lowen (1985: 47-48) aponta dois modos de interromper os sentidos: pela via da inibição do movimento, da ação, do exercício deles, e pela via do bloqueio da função de percepção. Nos dois casos o sentir é negado. Quantas crianças já chegam à escola com algum campo de seu mundo emocional bloqueado! Quantas adotam uma atitude narcisística, empurradas pela compulsão de projetar e manter uma imagem que as afasta do seu próprio sentir, na ânsia de compensarem suas carências, inclusive de autoestima! Jovens e adultos muitas vezes chegam a estágios mais avançados de alienação de seu próprio sentir e mesmo de seus sentidos materiais. No hemisfério Norte, o tato é um dos mais afetados, em consequência do quase tabu relacionado ao toque entre as pessoas. Em casos extremos, comuns aos dois hemisférios, homens chegam à situação aberrante de não conseguirem mais chorar (Lowen, 1985: 43)!

A Educação da Práxis exige a educação dos sentidos. Lembremos a discussão de Marx sobre a verdadeira riqueza, que está relacionada com as "potencialidades essenciais do *Homo*" e seu pleno desenvolvimento. Ele aponta que o ser humano é afirmado no mundo objetivo não só em pensamento, mas com *todos* os sentidos.

> Só através da riqueza objetivamente desenvolvida da natureza humana é que a riqueza da sensibilidade subjetiva *humana* – um ouvido musical, um olho para a beleza da forma, em suma, *sentidos* capazes de gratificação humana – pode ser cultivada ou criada. Pois não só os cinco sentidos, mas também os chamados sentidos espirituais, os sentidos práticos (vontade, amor etc.) numa palavra, o sentido *humano*, a humanidade dos sentidos – todos estes só vêm a existir através da existência dos *seus* objetivos, através da natureza *humanizada* (1844: 353-355) [grifos do autor].

Em resumo, todas estas faculdades, sentidos, atributos do conhecer, do comunicar, do socializar-se e do viver devem fazer parte da educação. Quando este amplo panorama se descortina, torna-se impossível continuar a conceber o programa educativo como restrito a língua, matemática, geografia, história, ciências, educação física, na forma como são concebidos hoje. Não que essas disciplinas não sejam importantes, mas elas passam a fazer parte de um *sistema* educativo que tem duas características essenciais: é orgânico, cada parte dele estando dinamicamente articulada com o todo; e está planejado em função do projeto de desenvolvimento que tem como sujeito o próprio educando – pessoa e coletividade. Um tal sistema educativo da práxis contempla a integralidade do educando e situa cada matéria no contexto mais abrangente do sistema de vida do educando (sincrônico) e no contexto dinâmico do processo de autodesenvolvimento do educando (diacrônico). Talvez o sistema escolar facilite esse empreendimento que chamamos Educação da Práxis. Mas a educação de jovens e adultos, sobretudo quando são trabalhadores, exige o mesmo tipo de esforço, somado à adequação ao seu universo de vida e trabalho.

Focalizemos nossa atenção sobre os sentidos materiais, isto é, diretamente ligados ao nosso corpo físico.

Sentidos materiais

A Educação da Práxis tem como ponto de partida a realidade como ela se apresenta e, através da desconstrução de uma visão ou consciência superficial, fenomênica e fragmentada daquilo que se vê, constrói dialogicamente uma visão ou consciência profunda e unificada do Real e, assim, lança as bases teóricas e críticas sobre as quais o sujeito vai agir de modo transformador sobre o Real. A dimensão mais evidente da nossa realidade de seres humanos é o nosso corpo. A Educação da Práxis começa com a educação do próprio corpo. Recordemos que no Livro 2 postulamos um conceito profundo de economia – Economia da Práxis –, referindo-nos a seu sentido etimológico – "gestão da casa" – e à proposta de gerir nossas várias casas a partir da realidade atual e potencial de seus habitantes, e de um crescente empoderamento deles para se tornarem os plenos gestores das mesmas. A primeira de nossas casas é o corpo que nos "abriga" durante nossa existência terrena. Mais precisamente, nesta existência nós *somos* corpo, como *somos* tudo o mais que nos faz seres/sendos *humanos*. A aprendizagem da *gestão do corpo* é, portanto, indispensável para todo ser humano.

A primeira observação crítica refere-se ao paradigma da separatividade que distorce a compreensão do corpo concreto. Trata-se do lugar inferior que a cultura ocidental dedica ao corpo, por meio de dois artifícios. Um, o de superficializá-lo, dessacralizá-lo, transformá-lo em mercadoria, em pseudoconcreto! Não é outra coisa o corpo tornado puro objeto de desejo, pura objetividade, materialidade, separado do ser inteiro que lhe dá vida e sentido. O materialismo capitalista, ao desagregar artificial e falsamente a Matéria e o Espírito, reduz o corpo a um objeto em si. Que são a escravidão, a servidão ou o trabalho assalariado senão diferentes formas de privar o corpo de toda subjetividade, de usar e abusar dele como se o trabalhador fosse apenas corpo, materialidade e, assim, não alma, não desejo, não paixão, não aspiração, não devir? Uma mera máquina ou, pior ainda, apêndice de máquina. Quando se objetifica alguém, priva-se este alguém de sua subjetividade, de sua singularidade e unicidade, de sua sacralidade. Que são as imagens de mulheres nuas ou seminuas invadindo nossa interioridade a partir de *outdoors*, revistas nas bancas de jornais e propagandas de TV, senão a mulher reduzida a mero instrumento de aliciamento para o consumo? A semiótica desses anúncios grita a nossos olhos: "Consumindo este produto você terá o mesmo prazer que o de consumir esta mulher!". Mulher reduzida a seu corpo, a sua aparência, numa cruel metonímia[65] em que seu pseudoconcreto é tomado como se fosse a totalidade daquele ser humano feminino que está ali. O corpo, no entanto, "tem razões que a própria razão desconhece...", sugere Rubem Alves parafraseando Pascal (Alves, 1986: 19). E lembra que Nietzsche batizou o corpo de a *Grande Razão*, "por oposição àquela razão pequena e acessória, que parece residir dentro da caixa craniana..." E afirma, radical: "É em volta do corpo que giram todos os sóis e planetas, em volta do corpo gira o Universo inteiro".

O outro artifício usado pelo Ocidente para desvalorizar o corpo foi realizado pela religião, sobretudo o Cristianismo institucional, que tem levado ao extremo a separação entre Matéria e Espírito ao ameaçar Galileu com fogueira, ao queimar vivos Giordano Bruno e tantos outros, sobretudo mulheres, em nome de "verdades" absolutas, como de que a Terra é o centro do universo, que o Papa é infalível em matéria de fé, que os padres não podem casar-se e as mulheres não podem ser dignatárias da Igreja; e outros tantos dogmas engendrados na cozinha do Vaticano para garantir

---

[65] Recordando, *metonímia* é o tropo que consiste em chamar um objeto por uma palavra que designa outro objeto (ou sujeito) que tem com o primeiro uma relação de fator determinante. Por exemplo, *Belo Portinari*, para designar uma pintura dele, ou *que magnífico Pedro Tierra*, para designar um poema de Pedro Tierra.

sua escandalosa riqueza e seu poder de perpetuação do pseudoconcreto nas consciências humanas. Discutindo o paradigma "queda-redenção" do Cristianismo Ocidental, Matthew Fox contrasta criativamente as concepções do dogma cristão com as que se fundam no paradigma "centrado na Criação": para o primeiro, patriarcalismo, para o segundo, feminismo; para o primeiro, mortificação do corpo e dos sentidos, para o segundo, disciplina para renascer livre; para o primeiro, paixão é praga, para o segundo, paixão é bênção; para o primeiro, a cruz, o sofrimento do corpo, para o segundo, a ressurreição, a transfiguração do corpo pela liberdade e pelo prazer; o primeiro é *egológico*, o segundo, *ecológico* ou *cósmico*; o primeiro é dualista (ou/ou), o segundo, dialético (ambos/ao mesmo tempo); o primeiro tende para a abstração, o segundo, para os sentidos (Fox, 1983: 316-319).

McLaren (1997: 302-303) postula uma política que vá "da representação para a participação, reconhecendo significados fora da linguagem de significação linguística, ou seja, reconhecendo o corpo como o local primário de significado e resistência". A política da representação é também a da delegação. No universo educativo fragmentado, utilitário e funcionalista, a gestão do corpo é domínio exclusivo dos especialistas ou simplesmente é um não problema... até surgirem os problemas. Médicos, farmacêuticos, dentistas, centros de musculação, dermatologistas, cirurgiões plásticos, psicanalistas, psiquiatras, até sexólogos, além das insaciáveis corporações transnacionais farmacêuticas, somadas à onipresente publicidade (talvez seu principal produto!), encarregam-se de gerir nosso corpo por nós. Na sociedade do consumismo, somos ensinados a depender sem precisar, a delegar, e assim não precisar pensar nem assumir as responsabilidades que nos cabem. A definição de corpo em nossa cultura exprime a concepção fragmentada do mundo e do Real: "a parte material, animal, ou a carne, do ser humano, *por oposição* à alma, ao espírito" (Aurélio, 1986: 482) – grifo meu, já que até para o Aurélio Buarque de Holanda e para os pesquisadores que o ajudaram a construir seu famoso dicionário parece natural e única essa definição de corpo estreita e reducionista.

McLaren cita Joel Kovel para reforçar sua noção de significado como "incorporação":

O corpo é matéria que também se constitui na presença da subjetividade. É matéria como sujeito-objeto: o sujeito que sente, o objeto que é sentido e, ao mesmo tempo, o local do sentimento. O corpo é mais do que o organismo "fisiologicamente" descritível, apesar de ser isto também. O corpo também constitui o sujeito.

Em seguida, McLaren diz que

os professores esquecem, com frequência, que o corpo é o sítio da subjetividade, da identidade – individual e coletiva – tanto quanto a linguagem. Na verdade, eu iria tão longe quanto Kovel ao considerar a carne – o corpo como espiritual. Kovel nota que "o corpo é inerentemente espiritual e aberto ao Outro, e somente deixa de ser espiritual através da repressão". Sendo assim, a libertação [emancipação, desalienação] da mente e do espírito significa, antes de tudo, libertação do corpo e daqueles impedimentos materiais e linguísticos que formam as práticas de dominação (McLaren 1997: 302-303).

Concepção convergente com a do cardiologista, cirurgião e escritor, Michel Bercot que comenta, a respeito da identificação do corpo com a matéria e em oposição ao espírito:

De um ponto de vista trivial, "material" designa tudo o que se refere à matéria física em dois registros, denso e energético, por oposição ao que é de natureza suprafísica (as dimensões interiores identificadas presentemente como "espírito").

Este, para Bercot, é o pseudoconcreto da matéria. A compreensão profunda é a que lhe interessa:

De um ponto de vista oculto,[66] tudo é material. Só difere o nível de condensação da matéria (ou de liberdade da energia): no seio destes níveis, *matéria* designa os estados mais condensados, *espírito*, os estados menos condensados. *Materialista* designa a atitude psicológica que reconhece da realidade apenas sua aparência objetiva e mensurável; limita todas as

---

[66] Bercot (1999: 364) esclarece que usa o termo *oculto* no sentido de "'aquilo que está escondido' atrás do visível (aparência exterior), aquilo que constitui o coração das coisas".

manifestações da vida pela única referência a esse nível de realidade. Ela caracteriza a ciência em geral. Esta atitude é dita reducionista. A concepção esotérica[67] associa a toda matéria dois outros aspectos da realidade que são inseparáveis dela: a consciência e o movimento, fatores de organização (Bercot, 1999: 364).

Essa discussão exige uma breve referência ao sentido de *espírito, espiritual*. Para Bercot, espírito envolve uma diversidade de sentidos diferentes. Ele escolhe concebê-lo como "formas e estados de consciência, pertencentes aos níveis suprafísicos de realidade, desde os planos sensíveis ou emocionais a jusante, até os planos ditos 'espirituais' a montante, e que podem ser apenas astrais ou mentais". Sem perder de vista que espírito refere-se aos estados menos condensados da matéria, ele postula que o termo "designa a parte puramente espiritual destes níveis [suprafísicos da realidade] caracterizados em primeiro lugar pela consciência objetiva da Unidade (amor)" (1999: 363). Portanto, o *Homo sendo* (por oposição a *tendo*) corpo e espírito ao mesmo tempo está – através dos sentidos e atributos do conhecer e do comunicar-se – naturalmente em estado *dialogal* com o Outro – indivíduo, sociedade, espécie – e com o mundo. E mais, está desafiado a realizar esta sua "*vocação*" *altruísta* pondo em ação um sentido que chamo da unidade, ao qual Bercot se refere como "consciência objetiva da Unidade (amor)".

McLaren usa Kovel outra vez para definir espírito como

> "um compromisso com uma filosofia do tornar-se, na qual o ser pode tornar-se Outro para si próprio e, desta posição, continuar alienado ou transcender"; é "manifestar-se a respeito de um desejo prático de ser livre". O desejo de ser não é um princípio universal abstrato, mas "um desejo de dissolver o ser com relação ao Outro, porque vê no Outro uma abertura para ser".

---

[67] Esotérico, para Bercot, "designa a parte do que está oculto que é de natureza espiritual (consciência da unidade), aquilo que tem relação com o coração e a dinâmica da expansão da consciência. Sob este ângulo, muito do que se refere ao oculto não é esotérico" (1999: 362). A conotação clássica do termo refere-se a "ensinamento ministrado a um círculo restrito de educandos ou aos já iniciados", dada a complexidade do tema da aprendizagem.

Ele comenta que os pessoas vivem "na especificidade sensual de suas relações sociais através de 'uma dialética histórica concretamente manifestada'". Em consequência, o espírito

> exige emancipação, e isto implica não somente uma revolução política e econômica, mas também uma revolução total em todas as esferas de dominação. Não existe libertação do espírito sem libertação material. De acordo com Kovel, reconhecemos a presença da alma na ação humana pela "apropriação do Outro, de acordo com a nossa compreensão; o que quer dizer, por uma superação de relações egoístas de ser".

A conclusão de McLaren é significativa:

> Como educadores, devemos estender e forçar os limites que nos mantêm conceitualmente prisioneiros da leitura do mundo somente através de palavras; também devemos ler o mundo através da nossa localização em um mar de emoções e desejos e através da nossa posição como corpos/sujeitos e como seres espirituais (1999: 304).

As noções de Bercot, Kovel e McLaren convergem com o postulado de Teilhard de que o corpo, ou a exterioridade, e o espírito, ou a interioridade, não são duas coisas, mas sim "dois *estados* do mesmo Estofo cósmico, conforme são olhados ou são prolongados, no sentido em que (como disse Bergson) ele se faz – ou, ao contrário, no sentido segundo o qual ele se desfaz". Desta percepção decorre sua convicção sobre a *espiritualização progressiva e irreversível da Matéria.*

> Em outros termos, prolongada, aprofundada, penetrada até o fundo, *seguindo seu verdadeiro sentido,* a Matéria, em lugar de se ultramaterializar como eu acreditava a princípio, metamorfizava-se irresistivelmente em Psique. Não metafisicamente, mas geneticamente, considerando que o Espírito, longe de ser o antagonista ou o antípoda, tornava-se o coração mesmo da Tangibilidade que eu procurava atingir (Teilhard, 1950b: 35-36).

Matéria: matriz... de quê? Da consciência, do Espírito em contínuo desenvolvimento. Espírito: fundo, estofo, termo e instância profunda do Concreto, estado superior da Matéria.

Essas reflexões ajudam a visualizar o corpo como uma totalidade vital e orgânica, cuja integralidade e unidade vai muito além da soma dos seus componentes materiais e imateriais, e que se constitui num sistema que pertence a metassistemas multidimensionais e sempre mais abrangentes, até o Corpo Coletivo da Humanidade, até a totalidade da vida, do Cosmos, ou até a totalidade do Real. É esta integralidade que definimos como o "objeto" da Educação da Práxis. E é por respeitá-lo na sua integralidade que afirmamos como indispensável a introdução do corpo, com todos os seus aspectos e dimensões, a começar pelos sentidos materiais, na arquitetura dos programas educativos. Na perspectiva da Práxis, trata-se de empoderar os educandos para que eles se tornem sujeitos plenos, cidadãos autogestionários do seu próprio corpo e dos seus sentidos, a começar pelos materiais. Isto implica reduzir ao mínimo possível a dependência de outros (especialistas) e de recursos externos (remédios industriais, musculação etc.) Voltaremos a essa questão quando tratarmos da aparente contradição entre personalização e socialização.

Sentidos imateriais

Além das qualidades e sentidos materiais que somos desafiados a educar em nós próprios e nos outros, somos dotados de uma variedade de sentidos imateriais, relativos a nossas dimensões mental, psíquica e espiritual, que também devem ser educados. Ao iniciar esta discussão, gostaria de sublinhar que seu objetivo é sacudir o mundo educacional do conforto da sua trincheira racionalista para que se dê conta de que os programas e currículos precisam ser radicalmente transformados se, como educadores, quisermos colaborar para a construção de seres humanos na integralidade de seus potenciais. Examinemos primeiro o que chamo de atributos imateriais do conhecer – a razão, a intuição, a vontade, o sentimento.

Razão

É preciso começar observando que o conteúdo do termo razão está ligado ao conceito de conhecimento e do ato de conhecer que lhe dá sentido. O conceito dominante na cultura do Ocidente, até cerca do fim da Idade Média, é de razão como o atributo do intelecto, limitado ao raciocínio discursivo. Para Tomás de Aquino, porém, razão se opõe a intelecto, definido como faculdade de conhecer superior e intuitiva, capaz de "penetração íntima da verdade", ao passo que a razão é limitada à inquisição e ao discurso (Lalande, 1976: 878). A partir do século 17, o conceito volta a ser relacionado às faculdades do intelecto. Para Descartes razão e julgamento se identificam: trata-se da "faculdade de bem julgar, isto é, de discernir o bem e o mal, o verdadeiro e o falso, (ou mesmo o belo e o feio) por um sentimento interior, espontâneo e imediato[68] (Lalande, 1976: 879). Para Kant o referencial do conhecimento é o pensamento. Ele postula que tudo aquilo que não vem da experiência, mas sim *a priori* do pensamento, constitui a razão. Para esses autores, os sentidos só podem fornecer uma visão confusa e provisória da verdade, só a razão desvenda os princípios irrecusáveis, *a priori* evidentes, da verdade. Tais visões embasaram diversas correntes de racionalismo, que têm estado na raiz da epistemologia ocidental. Maturana pontua que

> toda aceitação *apriorística* se dá partindo de um domínio emocional particular, no qual queremos aquilo que aceitamos, e aceitamos aquilo que queremos, sem outro fundamento a não ser o nosso desejo que se constitui e se expressa em nosso aceitar. Em outras palavras, todo sistema racional tem fundamento emocional, e é por isso que nenhum argumento racional pode convencer ninguém que já não estivesse de início convencido, ao aceitar as premissas *a priori* que o constituem (Maturana, 1997: 171).

---

[68] É a isto que Jung denomina *sentimento*.

A discussão de Maturana evidencia a indissociável relação entre a razão, o sentimento, a emoção e a vontade. Goleman (1996), reconhecendo essa relação, avança a noção de *inteligência emocional*, que não é mais que a razão e o sentimento estribados, embasados na emoção e informados por ela.

A linguagem, tão identificada com a racionalidade, é um elemento--chave na pesquisa de Maturana sobre a razão e a emoção. Não hesito em transcrever partes da sua reflexão que corroboram o essencial da minha argumentação.

> A origem da linguagem como um domínio de coordenações consensuais de conduta exige um espaço de reencontro na aceitação mútua suficientemente intensa e recorrente (...). É o modo de vida hominídeo que torna possível a linguagem, e é o *amor* como a emoção que constitui o espaço de ações em que se dá o modo de viver hominídeo, a emoção central na história evolutiva que nos dá origem. Que isso seja assim é claro no fato de que a maior parte das enfermidades humanas, somáticas e psíquicas, pertencem ao âmbito de interferência com o amor. (...) O humano surge na história evolutiva a que pertencemos ao surgir a linguagem, mas se constitui de fato como tal na conservação de um modo de viver particular centrado no compartilhamento de alimentos, na colaboração de machos e fêmeas, na criação da prole, no encontro sensual individualizado recorrente, no conversar (...). Como todo afazer humano se dá a partir de uma emoção, nada do que seja humano ocorre fora do entrelaçamento do linguajar com o emocionar e, portanto, o humano se vive sempre num conversar (...). Sendo o amor a emoção que funda a origem do humano, e sendo o prazer do conversar nossa característica, resulta em que tanto nosso bem-estar como nosso sofrimento dependem de nosso conversar (1997: 174-175).

Importa aqui reforçar um aspecto fundamental da teoria do conhecimento da Práxis: contrariamente à ideia tradicional de que nós constituímos nossos conhecimentos a partir de representações – portanto, atribui primazia à ideia, à representação –, na visão da Práxis o conhecimento é fruto da atividade laboral, social e histórica do ser humano aprendente. Assman refere-se às ideias de Francisco Varela para enfatizar a noção de *enação* e de *escola enativa*, segundo a qual através da ação fazemos emergir ou constituímos o conhecimento. "O conhecimento é algo que se constitui ao longo dos ciclos de percepções-ações, sejam individuais ou societais. Esses ciclos vão criando recorrências estáveis, que constituem o mundo dos conhecimentos" (Varela, em Assman, 1998: 43).

Nesse sentido, portanto, a razão pode ser definida como todo atributo mental ou racional do *Homo*, sua capacidade de pensar, de observar de forma ativa – crítica –, de deduzir, de antecipar, de planejar suas ações a partir do *sentir e apalpar emocionalmente* o Real. O conhecer é o resultado deste processo que resulta da *operação simultânea* dos nossos diversos atributos de conhecimento – sentimento, emoção, intuição.... Sublinhemos, pois, o caráter mais abrangente do conceito de razão na perspectiva da Práxis e sua importância para a ação de planejar a Educação da Práxis. O desafio é aprender a gerir a razão *em combinação com* as outras faculdades do conhecer, é ampliar-lhe o sentido para que ela opere *como faculdade complementar às outras*, integrando-se a elas tanto no momento da ação quanto no da reflexão e da teorização.

Intuição

No campo da epistemologia, é um dos atributos do conhecer humano que nos permite vislumbrar o que está inacessível diretamente à razão. No campo da filosofia, é uma forma de conhecimento imediato, isto é, não mediado, que não recorre à razão ou a qualquer outro atributo de conhecer para realizar-se. Podemos também chamá-la de "aptidão humana com a qual podemos *sentir* a realidade sem precisar analisá-la" (Steiner, Cl. 1998: 194). O itálico da palavra *sentir* é meu, para enfatizar o papel do sentimento no processo intuitivo. Esta definição indica que a realidade pode ser apreendida por outros atributos ou aptidões humanas além da razão. Estas são anexas, mas não desconexas. Essa noção é fundamental para a Educação da Práxis e obriga os educadores a deslocarem sua atenção, que tradicionalmente está focalizada na razão, para a diversidade de atributos do conhecer humano, a maioria dos quais cauciona ou transcende a razão. A intuição pode dar-se em diferentes dimensões de nosso conhecer: pode ser *intuição empírica*, isto é, diretamente ligada à experiência, à vivência, à sensibilidade ou à psique; pode ser *intuição racional*, quando se expressa como percepção de relações, interconexões não visíveis, que são apreendidas racionalmente pela ação da intuição; pode ser *metafísica*,[69] em se tratando dos seres em sua existência ou essência; e pode ser mesmo *antecipadora*, quando apreende fenômenos ainda por acontecer. Neste último caso, a ciência a situa no campo da parapsicologia. De toda forma, a intuição é um dos principais atributos do universo estético. Mozart é um exemplo de compositor que compunha sobretudo com a intuição, tendo por meio dela uma espécie de "ligação direta" com a "fonte" de sua inspiração. Para Jung, a intuição é irracional, parece ser uma espécie de percepção mediada pelo inconsciente e parece ocupar-se das possibilidades futuras contidas no presente.

Para a socioeconomia solidária, a intuição é um atributo de imensa importância, pois nos permite estar conectados diretamente com a própria matriz da cooperação e da solidariedade, que são o altruísmo, a compaixão, o amor. Para Bergson a intuição é uma espécie de "simpatia" (compaixão, sentir com) entre o sujeito e o objeto do conhecimento. "Empatia" (sentir vindo de dentro) ou relação do coração com este objeto, diria Bercot. Educar a intuição é um dos desafios centrais da Educação da Práxis.

A educação da intuição está estreitamente ligada à educação emocional. Estar ligado aos sentimentos próprios e dos outros envolve uma intuição bem desenvolvida. Por meio da intuição consigo perceber a raiz da informação emocional que estou recebendo e respondo adequadamente a ela. Um caminho para educar a intuição é estar ligado, atento a ela e depois ir verificar sua adequação, antes de utilizá-la na prática. A verificação não precisa ser necessariamente racional, quantitativa, pode ser feita no plano do sentimento ou das sensações.

Raramente a intuição está completamente certa ou errada. Toda intuição "tem um fundo de verdade". Mas todo cuidado é pouco, porque

---

[69] É possível compreender *metafísica* como a referência à dimensão essencial da Realidade, para além da existencial e fenomênica. Neste sentido as dimensões física e a metafísica são complementares e formam a unidade ontológica do Real.

Educação da práxis e desenvolvimento

a intuição pode brotar misturada com sentimentos próprios disfarçados, enraizados no inconsciente. Isto a distorce e transforma o que poderia ser um fato, se corretamente intuído, em algo que é apresentado definitiva e cabalmente como um fato, gerando graves desentendimentos. É o que Claude Steiner chama de "fantasia paranóide". O contrário também ocorre. À medida que educo minha intuição, vou tornando-me capaz de não ignorar os sinais que ela emite, de modo a estar mais conectado e sensível à realidade de mim próprio enquanto ser-relação (do meu eu-mesmo – *Self* consigo, com o Outro e com o mundo).

Na esfera das relações interpessoais, o sentimento, mais que a razão, é o atributo mais bem posicionado para analisar a validade de uma intuição. Na relação interpessoal, essa aprendizagem envolve a afirmação dos nossos palpites intuitivos, isto é, a expressão sincera e transparente deles desde que sejam confirmados pelo nosso sentimento.

Uma palavra sobre o *koan* do Zen Budismo pode iluminar a complexa beleza da intuição.

> ### KOAN
>
> O leigo Ho perguntou a Basho: "Se tudo retorna para o uno, aonde retorna o uno?"
> Basho respondeu: "Eu lhe responderei quando você tiver bebido todas as águas do Rio Oeste em um gole".
> Ho disse: "Eu já bebi todas as águas do Rio Oeste em um gole".
> Basho respondeu: "Então eu já respondi à sua questão"[70].

Que está por trás deste *koan*? Uma sabedoria inexprimível em palavras e impossível de apreender com a razão meramente discursiva. O Rio Oeste é formado por um corpo d'água que pode ser decomposto em gotas, um nú-

---

[70] Esta breve discussão sobre o Koan do Zen Budismo se apoia no capítulo sobre o tema em Merton, 1993: 235-254.

mero incontável de gotas. Mas juntas elas formam um único corpo d'água. Acontece que este não é um corpo estático, mas em movimento contínuo a caminho do mar. A cada momento este corpo-movimento é alimentado, em sua fonte original, pelo ciclo das águas – chuvas, degelo... Portanto, beber, no *koan* proposto por Basho, significa *ver*, compreender (*inteligere*, em latim) intuitivamente, num só gole, sem mediações, a unidade em movimento das águas do Rio Oeste. Na linguagem de Marx, *o concreto* do Rio Oeste.

O estudo do *koan* pelos estudantes do Zen não se dá como o estudo no Ocidente, através de análise, pesquisa ou técnica formal de concentração. O *koan* é um método que é também um não método, porque não pode ser objetivamente colocado em regras precisas. Nem a resposta ao *koan* é precisa ou formal. No entanto, há uma disciplina e procedimento bem definidos para o estudo do *koan*. Nada é arbitrário ou deixado à sorte. Ou se acerta no alvo, ou se erra redondamente. O *koan* pode ser comparado aos desafios da física quântica e da lei da incerteza de Heisenberg, que dizem: "A luz pode comportar-se como partículas ou como ondas" e "Não é possível determinar ao mesmo tempo o lugar e a velocidade de movimento de uma partícula subatômica". Se Einstein tivesse sido educado no *koan* ele teria economizado muitas horas de insônia e de angústia diante desses postulados. É preciso aprender a *viver o koan*, mais do que pensar nele. E *viver o koan* significa alcançar o coração do Real.

> Na verdade, o coração do *koan* é alcançado, seu núcleo é atingido e saboreado quando se rompem os obstáculos que nos separam do próprio coração da vida como a raiz da nossa própria consciência. É então que se *vê* a "resposta", ou melhor, experimenta-se a si próprio como a questão respondida. A resposta é a pergunta, o *koan*, visto numa luz completamente nova. Não é outra coisa senão a pergunta. O *koan* não é outra coisa senão o eu-mesmo (*self*). É uma figura críptica do eu-mesmo, e só é interpretado à medida que o estudante pode tornar-se tão identificado com o *koan* que ele revoluciona e liberta toda a sua consciência, libertando o *koan* de si próprio (Merton, 1993: 236).

Nas palavras do próprio Buda, trata-se de um exercício de esvaziamento de si próprio, do seu próprio Eu. Numa etapa, a mente percebe que não há mais o Eu, que estou vazio. Na etapa seguinte, a própria mente que percebe isso desaparece e só resta o vazio. Quando a consciência do vazio desaparece,

> você descobre pela primeira vez que é quando você não ouve mais com seus ouvidos que você está realmente ouvindo, e é quando você não vê com os seus olhos que você está realmente vendo (...) o passado, o presente e o futuro. Mas não se agarre a nada disso, apenas vivencie isso por si próprio.

O "estudo" do *koan* é, na verdade, um exercício de aprofundamento gradual da consciência ou uma educação da faculdade intuitiva que faz parte do nosso ser. Ele é o caminho para o mergulho na essência do Real sem mediações, sem objetos. E o preço é a renúncia do próprio Eu, dos seus desejos e ansiedades. Ele é muito diferente, por exemplo, do estudo tradicional de filosofia no Ocidente, que gera figuras como a do epistemólogo de Raymond Smullyan (Hofstadter, 1988: 415-429), um tipo tão extremamente racional e lógico que inventou uma máquina para testar o sentimento dos seus interlocutores e dar-lhe respostas certas e precisas a todas as perguntas... até que ele a utilizou para testar seu próprio sentimento, o que resultou num curto-circuito, não da máquina, mas dele próprio! E isto levou-o a cometer erros que fizeram a máquina quebrar-se e ele perder completamente a confiança nela.

Vontade

É a faculdade de querer, de determinar-se livremente a agir ou a abster-se, em pleno conhecimento de causa[71] e depois de reflexão. É também a faculdade de tomar decisões efetivas conforme uma intencionalidade. Portanto, pressupõe o *sentido da antecipação*, da projeção, da representação mental de um ob-

---

[71] Este adjetivo, *pleno*, é circunstancial e relativo, e não absoluto. Podemos sempre questionar o grau de informação que tem o sujeito ao tomar uma decisão. O advérbio *livremente* tem a mesma conotação, pois a liberdade está condicionada pela informação que se tem sobre o objeto da decisão e o conjunto de probabilidades que ela acarreta. E ninguém tem *plena* antevisão destas, nem, portanto, *pleno* "conhecimento de causa", mas sim uma antevisão e um conhecimento aproximativos. Na arte ocorre o mesmo: a obra de arte resulta de uma combinação da antevisão do produto pelo artista com a

jetivo antes de agir intencionalmente para atingi-lo. Para Jung, a vontade é a energia psíquica colocada à livre disposição do Eu consciente. A vontade é o princípio fundamental da autonomia e da autodeterminação. Inspirada pelo altruísmo, isto é, pela solidariedade consciente, ela tende ao respeito à vontade alheia, combinado com o diálogo em busca de edificar uma *vontade comum*. Este é o princípio da autogestão cooperativa, como também da autodeterminação de um grupo social, de um povo, de uma nação. Quando a vontade é inspirada pelo egoísmo, individual ou coletivo, ela tende a decisões voltadas para a competição, a adversidade e a guerra. A vontade solidária nos permite superar os instintos que fazem parte da nossa natureza animal, e fazer-nos um caminho de consciência e intencionalidade. Através dela é possível nos educarmos, quebrarmos as gaiolas em que amarras instintivas, atávicas ou culturais nos aprisionam, irmos sempre mais além de nós mesmos.

A disciplina é um elemento importante da Educação da Práxis. É a consciência ativa do dever, e a práxis de cumpri-lo com plena intencionalidade. A disciplina se torna uma amarra quando é convertida de meio em fim, como ocorre geralmente no contexto das instituições de caráter militar ou burocrático. E se dilui na ineficácia quando fica subordinada ao capricho ou é um fator apenas exógeno ao sujeito. Portanto, para ser plenamente eficaz no seu potencial emancipador, a disciplina precisa tornar-se *um fator endógeno de autopoiese*. Qual não foi a surpresa de Eugen Herrigel quando, durante sua longa aprendizagem da arte do tiro com arco no Japão, ele descobriu que

> o tiro com arco não persegue um resultado *exterior*, com o uso do arco e da flecha, mas uma experiência *interior*, muito mais rica. Arco e flecha são, por assim dizer, pretextos para vivenciar algo que também poderia ocorrer sem eles; pois são apenas auxiliares para o arqueiro dar o salto último e decisivo (Herrigel, 1975: 19).

> interação dele com os sujeitos (no caso da música, da dança ou do cinema), os meios, instrumentos e ferramentas (no caso da pintura, da escultura) da produção da obra de arte. É frequente que a/o artista se surpreenda com o produto ao ponto de reagir como Michelangelo frente ao Moisés. Arrebatado pela realidade quase humana daquele mármore, lançou o martelo contra a estátua, gritando: "Parla!"

Ou quando o Mestre lhe ensina a educação da vontade:

> A arte genuína não conhece fim nem intenção. Quanto mais obstinadamente o senhor se empenhar em aprender a disparar a flecha para acertar o alvo, não conseguirá nem o primeiro nem muito menos o segundo intento. O que obstrui o caminho é a vontade demasiadamente ativa. O senhor pensa que o que não for feito pelo senhor mesmo não dará resultado (...)
>
> Então, o que devo fazer?
> Tem de aprender a esperar.
> Como se aprende a esperar?
> Desprendendo-se de si mesmo, deixando para trás tudo o que tem e o que é, de maneira que do senhor nada reste, a não ser a tensão sem nenhuma intenção.
> Quer dizer que devo, intencionalmente, perder a intenção? (1975: 42-43).

> Eleve o espírito para além da preocupação de atingir o alvo. Mesmo que nenhuma flecha o alcance, o senhor pode tornar-se um mestre-arqueiro. Os impactos no alvo nada mais são do que confirmação e provas exteriores da sua não intenção, do seu autodesponjamento (...). O aperfeiçoamento supremo tem de seus próprios níveis e só quem atingiu o último jamais errará o alvo exterior (1975: 68).

> O que se passa com o senhor? Já sabe que não se deve envergonhar pelos tiros errados. Da mesma maneira, não deve felicitar-se pelos que se realizam plenamente. O senhor precisa libertar-se desse flutuar entre o prazer e o desprazer. Precisa aprender a sobrepor-se a eles com uma descontraída imparcialidade, alegrando-se como se outra pessoa tivesse feito aqueles disparos. Isso também tem de ser praticado incansavelmente, pois o senhor não imagina a importância que tem (1975: 74).

Herrigel então comenta o estado interior a que chegou, guiado pelo mestre: "Suas lições aniquilaram em mim os últimos vestígios da necessidade de ocupar-me comigo mesmo e com as flutuações do meu estado de espírito". Este é o estado em que a vontade pode ser exercida com plena liberdade. Só um mestre que *vive* este estado e o expressa no seu cotidiano é capaz de colaborar com o educando na educação da vontade.

Sentimento

É um modo de conhecer que comporta elementos afetivos e intuitivos e serve como sensor para a apreensão de aspectos que não estão ao alcance do intelecto. Para Jung, o sentimento fixa ou "escolhe" hierarquias de valores racionais que correspondem às normas gerais da razão (isto é mais agradável, mais importante etc. que aquilo) (Von Franz, 1988: 62-63). Esses elementos afetivos estão ligados a outro atributo do conhecer humano, a emoção. O mundo animal é um mundo emocional, e o Homo é o animal emocional por excelência. No contexto desta obra, a contribuição de Maturana a respeito da relação razão-sentimento e emoção é particularmente valiosa. O autor define a emoção como disposição corporal que especifica "a cada instante o domínio de ações em que se encontra um animal (humano ou não), e [que] o emocionar, como o fluir de uma emoção a outra, é o fluir de um domínio de ações a outro" (1997: 170-171). Identificar nossas emoções e suas raízes é condição para ganharmos controle sobre elas. Para Maturana, "a existência humana se realiza na linguagem e no racional partindo do emocional (...) todas as ações humanas, independentemente do espaço operacional em que se dão, fundam-se no emocional porque ocorrem no espaço de ações especificado por uma emoção. O raciocinar também".

Educar o sentimento e a emoção é um desafio fundamental da Educação da Práxis. Evidentemente, a partir do que foi dito acima, essa educação não se dá em separado dos outros campos do conhecimento e do desenvolvimento humano. Ela tem de estar presente em todos eles, como uma espécie de aprendizagem de acender a luminária que vai clarear o ambiente para que aquele conhecimento seja apropriado, aquele caminho escolhido, aquela decisão adotada. Claude Steiner trabalha a noção de Educação Emocional, como a "aptidão que envolve o entendimento das emoções próprias e alheias, e de como nossas emoções melhor se expressam para o desenvolvimento máximo do poder pessoal e ético" (1998: 194). Na visão da Práxis, esse entendimento gera consciência e esta conduz as escolhas no sentido do empoderamento do sujeito para ser sujeito pleno, individual e coletivo, e para fazer cotidianamente as escolhas que melhor realizem seus potenciais e os daqueles que fazem parte dos seus domínios relacionais.

Consequências

A Educação da Práxis consiste no desafio de construir processos educativos que abrangem todos os aspectos da nossa vida exterior e todas as dimensões da nossa vida interior. Ela faz, portanto, diversas exigências ao educador e às instituições e sistemas educativos:

- Partir de uma pesquisa sobre quem é cada educando e grupo de educandos, quais as suas similaridades e diferenças, quais os seus contextos sócio-históricos, quais os seus condicionamentos laborais e culturais, quais as suas necessidades e aspirações; isto vale para crianças, jovens e adultos, ainda que se torne sempre mais importante na medida em que a idade é maior.
- Definir com antecipação – com base num diálogo e num processo de autoformação entre educadores, que envolve pesquisa, reflexão e autoconhecimento – que ser humano eles desejam que venham a ser seus educandos: *Que ser humano – individual e coletivo – desejo ser?* Um dos parâmetros para isso seria a resposta à pergunta: *Que ser humano eu, educador, sou e/ou gostaria de ser?*
- Ter clareza da *metodologia dialógica* (*a unidade forma-conteúdo metodológico da educação*), que prioriza o diálogo acima da repetição, o descobrimento acima da transmissão de saber, o fazer como caminho para o aprender, o praticar como caminho para o pensar.
- Procurar descobrir que conhecimentos já trazem os educandos.
- Desenhar métodos capazes de valorizar os conhecimentos dos educandos e desenvolver em si o espírito de colaboração com eles na busca de entender sua gênese, estrutura e leis de progressão, como base para que se sintam seres que sabem (mesmo quando ainda analfabetos no plano da lecto-escritura) e, por outro lado, para que aprendam a transcender aqueles conhecimentos ou incorporá-los e ultrapassá-los.
- Desenhar currículos e programas (*o conteúdo programático da educação*) capazes de combinar de forma harmônica e progressiva a aprendizagem nos diferentes campos objetivos e subjetivos da realidade,

o estudo do próprio corpo nos seus diversos aspectos e dimensões, e na sua unidade, nas suas relações físicas e energéticas com a Natureza, com a sociedade, no espaço local, nacional e global, e com a Humanidade ao longo da evolução, o estudo dos modos de organizar-se para viver e trabalhar com os outros, com a espécie e com cada outra pessoa etc.

- Visar com esses programas colaborar para o empoderamento de cada educando (indivíduo e coletividade) para tornar-se sujeito do desenvolvimento dos seus potenciais, sentidos materiais e imateriais, atributos e faculdades do conhecer e do viver. Isto se realiza educando para o desenvolvimento omnilateral (que abranja todos os âmbitos de existência do educando – a economia, a política, a cultura, o ambiente), e omnidimensional (que abranja todas as dimensões ontológicas do educando – o corpo, os atributos e faculdades do conhecer, os sentidos materiais, os sentidos da evolução, do caminho natural ou da comunhão com a Natureza, da ética, da estética, da unidade da diversidade, do futuro, da transcendência, do amor).
- Combinar criativamente nesses programas a transmissão de conhecimentos gerais acumulados com o desenvolvimento do espírito crítico em relação a esses conhecimentos (desconstrução da prática e do saber tradicionais e da sua semiótica) e do espírito criativo (construção de uma nova práxis e do universo simbólico correspondente).
- Fazer da família, da comunidade, do bairro, da cidade partes vivas do processo de ensino-aprendizagem: que a escola esteja presente nelas e elas na escola através da práxis interativa entre educandos, educadores, pais e membros da comunidade.
- Incorporar desde muito cedo o trabalho, o conhecimento e a criatividade como partes indissociáveis dos programas e currículos, numa combinação harmônica e criativa entre a aprendizagem humanística, intelectual e moral e a capacitação técnica e científica; tomando por referência a unidade do ser humano, estas duas áreas de aprendizagem são indissociáveis.

- Ter presente que na *sociedade do conhecimento* o conceito de trabalho é muito diverso do da *sociedade industrial*; segundo Assman (1998: 129), trata-se de uma *sociedade aprendente*,[72] para a qual só cabe uma aprendizagem da vida inteira; assim, tanto educador como educando devem aprender a aprender a vida inteira, no início com a guia de outro mais experiente e, pouco a pouco, ganhando autonomia até tornarem-se plenamente autoeducadores.
- Ter por meta a autonomia cognitiva e autogestão operativa do educando e, portanto, a superação da relação de necessidade entre o educando e ele próprio, dando lugar a uma relação de crescente liberdade, complementaridade e criatividade interativa no interior do ecossistema aprendente a que ambos pertencem.

> Até onde o discípulo chegará é coisa que não preocupa o mestre. Ele apenas lhe ensina o caminho, deixando-o percorrê-lo por si mesmo, sem a companhia de ninguém. A fim de que o aluno supere a prova da solidão, o mestre se separa dele, exortando-o cordialmente a prosseguir mais longe do que ele e a "se elevar acima dos ombros do mestre" (Herrigel, 1975: 57).

- Auxiliar o educando a descobrir a chave da autoeducação: a noção de que a vida é, essencialmente, aprendizagem, e que a práxis, enquanto ação intencionada para a transformação e informada pela consciência crítica e criativa, também é, essencialmente, aprendizagem; Assman (1998: 35) aponta que "'estar vivo' é sinônimo de estar interagindo, como aprendente, com a ecologia cognitiva na qual se está imerso" e que "o mental nunca se desincorpora da ecologia cognitiva que torna viável o organismo vivo".
- Adequar o cronograma do processo educativo dos jovens e adultos à sua realidade de trabalhadores, e não o inverso; que esta realidade seja tomada pelo educador e pela instituição educativa, como fonte de aprendizagem para ambos, educando e educador.

---

[72] Esta noção é correlativa à de que não existe indivíduo no abstrato, e que a definição ontológica do indivíduo só existe incluindo o fato de ele pertencer a um contexto histórico e social determinado, assim como a uma cadeia evolutiva específica.

Os diversos tipos de educação tradicional tomam como referência para a estruturação do conteúdo programático da educação o saber acumulado e dividido em disciplinas compartimentadas entre si de forma relativamente arbitrária. A Educação da Práxis, ao contrário, parte da busca de compreender a essência que estrutura e dá sentido à existência concreta, social e histórica dos educandos (pesquisa), de consensuar com eles um projeto de desenvolvimento individual e social enquanto seres humanos (diálogo de intencionalidades), para só então, com base nesta compreensão e neste encontro de intencionalidades, definir os métodos mais adequados de estruturar e implementar o processo educativo. Que os campos do conhecimento a programar correspondam aos campos objetivos e subjetivos da realidade dos educandos. Que o projeto educativo esteja a serviço do projeto de desenvolvimento humano e social dos educandos e do seu empoderamento para a responsabilidade de sujeitos desse desenvolvimento. A concepção que inspira *este* proceder e instrumenta para a definição dos caminhos concretos a percorrer com *aqueles* educandos em particular é a *Metodologia da Práxis*.

4. Filosofia do Conflito e Educação da Práxis

O espaço educacional é um fractal[73] do espaço social. Ali se manifestam e produzem os mesmos valores, atitudes, comportamentos e modos de relação que prevalecem na família e sociedade. A cultura dominante, da maneira como é vivida pelo educando nestes ambientes de socialização, é

---

[73] Fractal é o nome usado por Benoit Mandelbrot, a partir de 1975, para descrever a geometria peculiar que mostra uma forma dentro de outra forma dentro de outra forma *ad infinitum*, seguindo um mesmo padrão, não importa a escala que se observe. Autossimilaridade é outro nome do fractal. Nesta geometria a noção de escala é fundamental, ela mostra como tudo é relativo à dimensão a que se está referindo (Coveney and Highfield, 1990: 204-207). Algo semelhante à relatividade da relação tempo-velocidade, da teoria de Einstein. Estou usando figurativamente este termo, que certamente se aplica à reprodução de padrões culturais da escala micro até a macrossocial.

trazida igualmente para as relações dentro da escola. O mesmo ocorre nos locais de trabalho, no caso de jovens e adultos. Numa sociedade em que prevalece a competição, a agressividade, a guerra – isto é, certas características do masculino descompensadas pela ausência ou subordinação do feminino –, não é estranho que padrões de violência interpessoal e social, instilados pela vida doméstica e pela grande mídia, venham reproduzir-se na escola. Até a década dos 70 em vários países do hemisfério Norte a punição física era admitida e praticada. No Canadá, até hoje, início do século 21, ela é reconhecida por lei! Ela pretende responder "eficazmente", com violência à violência que ocorre diariamente na escola. Lamentável ilusão, que não faz senão reproduzir e ampliar o ciclo de violência do qual se alimenta o modelo social dominante. Se abstraímos da violência literalmente sanguinária veiculada diariamente pela grande mídia, sobretudo a norte-americana, hoje globalizada, podemos então nos espantar com a amplitude da violência presente nas escolas dos países altamente industrializados. Os Estados Unidos, sobretudo a partir da guerra do Vietnã, até hoje, têm vivido massacres e suicídios inomináveis no espaço das escolas, sobretudo entre adolescentes. Tais tragédias são manifestações extremas dos valores, atitudes e comportamentos que expressam a cultura materialista, egocêntrica e competitiva que prevalece nos Estados Unidos, que se irradia para o resto do mundo através de seus produtos culturais. O que justifica a pergunta: É legítimo considerá-lo país *desenvolvido,* dado que nele reina uma realidade social que justifica o qualificativo de barbárie?

A violência é apenas uma das formas de manifestação do conflito. No caso, o Educador da Práxis é vocacionado a não ficar na superfície do problema, mas ir buscar suas raízes e fatores determinantes para compreender a fundo o educando, indivíduo ou grupo social, e poder realmente auxiliá-lo. O fator socioeconômico é, em muitos casos, determinante. Crianças e jovens que sofrem carências materiais tendem muitas vezes a buscar suprir suas necessidades inclusive por meios violentos. Não contando com a manifestação material da estima e do respeito da sociedade – uma infância plena, com afeto, jogos, brinquedos e muita fantasia, e o suficiente para atender às necessidades materiais, acesso à educação, pais trabalhando e podendo oferecer um padrão de vida familiar digno –, não têm de onde tirar estima e respeito pelo outro e pelo que é do outro. Mas muitas crianças e jovens violentos nas sociedades "pós-modernas", mesmo não sofrendo carências materiais, vivem um abismo de insensibilidade e insociabilidade, de carência de afeto e estima, e de excessos de todo tipo. Eles também reproduzem na escola comportamentos violentos, reflexo do que percebem nos adultos em casa, na rua ou na grande mídia, com o agravante de absorverem muitas vezes o ceticismo e a fadiga existencial, quando não o cinismo. O mesmo ocorre com a juventude rica dos países empobrecidos. Introduzir na escola uma compreensão profunda do conflito e das suas formas de expressão, inclusive as mais violentas, é uma missão incontornável do Educador da Práxis.

A realidade do mundo é diversa. E diversidade tem a ver com instabilidade, incerteza, insuficiência, conflito. Também tem a ver com interatividade, diálogo, complementaridade. Foi da geodiversidade em dramática interação que emergiu a vida. Teilhard refere-se a esses domínios da realidade com os termos Geosfera e Biosfera. E a vida emergiu como diversidade mais complexa ainda – diversidade auto-organizativa, autopoiética e ao mesmo tempo interativa, constituída de conflito, complementaridade e complexidade crescente. Da biodiversidade emergiu o *Homo*, e com ele um novo âmbito de complexidade, a Noosfera. Sem temor de errar podemos afirmar que *a espécie humana é o clímax da diversidade*: aproveitando a terminologia de Teilhard, eu a nomeei *noodiversidade*.[74] Aqui a diversidade se amplifica para as dimensões mental, psíquica e espiritual. E a Natureza se dá um novo agente capaz de elaborar os conflitos e as contradições que emergem da diversidade: a consciência reflexiva e solidária do *Homo*. Por meio da compreensão profunda dos seus potenciais, atributos e qualidades, e do uso consciente da sua liberdade, o *Homo* pode usar meios não violentos – geralmente mais eficazes e certamente mais construtivos a longo prazo do que a violência física – para resolver conflitos. Mas a consciência

---

[74] Ver Arruda, 2003: 114, nota n. 9.

reflexiva, matriz da liberdade, também maximiza um risco: que o *Homo* se perca na noodiversidade e seja incapaz de construir *unanimidades a partir dela*, e não a sacrificando. Se isto ocorrer, é possível que a Humanidade se autodestrua através de guerras e conflitos fatais de toda espécie. Ou através de uma ação tão extremamente antagônica em relação à Mãe Natureza que esta "decida" que, para o bem da Terra e das outras espécies que a habitam, a espécie humana precisa extinguir-se. Maximizar a consciência da essência convengente do nosso caminho evolutivo, maximizar as complementaridades e a oportunidade de realização das mesmas através da interação cooperativa entre nós e harmônica entre nós e a Natureza, eis o desafio.

Maturana e Varela nos ensinaram que a complexidade no mundo orgânico percorre um caminho que vai do organismo à sociedade humana (não excluindo a possibilidade da existência de outros seres conscientes e reflexivos no Universo). Uma caminhada que vai dos sistemas (organismos), cujos componentes têm um mínimo de autonomia e existem em função do organismo, para sistemas (sociedades humanas), cujos componentes têm um máximo de autonomia e são a razão de ser do próprio sistema. A variável determinante do lugar e momento em que cada sistema está situado no contexto do percurso é o grau de desenvolvimento da consciência reflexiva, e suas manifestações situam-se simultaneamente nas esferas da personalização e da socialização. A esses graus de desenvolvimento correspondem variados níveis de diferenciação das personalidades e das subjetividades. Quanto maior o desenvolvimento do componente reflexivo do *Homo*, maior sua *singularidade*. Portanto, mais é exigido dele em termos de capacidade de *diálogo* para comunicar-se no domínio da linguagem com outros componentes do mesmo sistema. E maior pode ser o aprofundamento de sua capacidade de compreender as transformações que sua ação (enquanto indivíduo social) exerce sobre o mundo e sobre si próprio.

Só é possível apreender a existência e o sentido das polaridades com a razão e o coração. E só podemos aprender a lidar com elas se desenvolvemos o que chamo de uma "filosofia do conflito". Outros já se referiram a ela por diferentes viezes (como Gadotti, 1983: 101). Ela implica a superação da surpresa e do medo, da perplexidade e da imobilidade diante do conflito. Implica também o desenvolvimento da capacidade de identificar as raízes e fatores determinantes do conflito e de definir o método adequado para lidar com ele. No mundo natural e na vida o conflito se resolve através da interação espontânea ou instintiva dos elementos que se opõem. No mundo humano, a realidade se manifesta muito mais complexa. Somos seres contraditórios, porque somos complexos e diferenciados. Na esfera pessoal, o conflito aparece dentro de nós ou entre diferentes aspectos e dimensões que constituem os seres complexos que nós somos. Na esfera interpessoal, aparece entre casais, dentro e entre famílias e comunidades, e entre estas e agentes externos; há também conflitos entre professor e aluno, entre educador e educando e no seio de ambas as categorias. Na esfera social, há conflitos entre classes sociais, entre grupos étnicos e de outra índole, entre empresas ou grupos econômicos e entre nações. E há conflitos no interior de cada uma dessas formações sociais.[75]

Focalizemos as esferas pessoal e interpessoal. Claro que a maneira de lidar com o conflito depende da natureza destes. Eles podem ser de natureza contraditória ou antagônica. O caminho "masculino" de lidar com a contradição tende a ser enfrentá-lo de cara, contrapor um elemento a outro de forma antagônica e, mesmo, violenta.[76] A confusão entre ambos pode conduzir a que o contraditório se transforme em antagônico. Pode também converter sem necessidade o polo oposto ou antagônico em

---

[75] O tema do conflito e da contradição mereceria uma tese, na qual o pesquisador desenvolveria uma tipologia do conflito e analisaria os fatores determinantes de cada um dos tipos. No plano interpessoal, uma pequena, mas muito interessante tipologia é apresentada por James Redfield (1997).

[76] Esportes que ilustram o modo masculino de lidar com o conflito vão do tênis ao boxe. Entristeço-me ao ver esses esportes praticados também por mulheres. Esportes ou artes marciais situadas no campo do feminino incluem o frescobol, a yoga, o jiu jitsu (a arte gentil), o t'ai chi, o aikidô, o judô, o kendô, o kung fu, a arte do tiro com o arco, o ikebana etc. Toda derivação brutalizante dessas artes representa um desvio do seu espírito e sentido profundo. Para os místicos orientais, todas as artes são exercícios fundamentalmente espirituais, mesmo quando o corpo físico é o ator principal.

inimigo. A sabedoria consiste justamente em transformar o polo oposto ou antagônico em aliado. Reconhecer a natureza do conflito é o primeiro passo na busca do melhor caminho para lidar com ele. E há maneiras de buscar sua superação que são construtivas e libertadoras para os elementos em conflito. É quando introduzimos o *diálogo* e a *conscientização* de ambas as partes a respeito do valor relativo da diversidade de recursos, ideias, opiniões, do interesse de ambos em *acolher o outro, mesmo na diversidade*, para procurarem juntos um ponto de acordo e de harmonia, e do potencial de *complementaridade* que se esconde por trás do conflito. Está aí a raiz da *vantagem cooperativa* que o conflito oferece. A vantagem cooperativa supera em eficiência e eficácia a vantagem competitiva, que é um dos conceitos lapidares do sistema do capital mundial. Através do diálogo é possível alcançar um novo ponto de equilíbrio sem nenhum tipo de unidade imposta ou alienadora, e sem que nenhum dos polos seja vencido, esmagado ou excluído pelo outro. O resultado é uma unidade criativa ou unanimidade de objetivos e de projetos.

Na verdade, a filosofia do conflito é mais um aspecto da Filosofia da Práxis. Parte do reconhecimento de que, em primeiro lugar, a realidade é uma diversidade cujos elementos, aspectos e momentos inversos, oposições, polos de carga energética oposta, gêneros opostos, necessitam-se mutuamente e, ao mesmo tempo, estão em contínua confrontação. Segundo, esses aspectos, momentos, polos, oposições, gêneros, não se opõem apenas diacronicamente, isto é, sequencialmente ao longo do tempo, mas também sincronicamente, isto é, no mesmo momento; e, ao mesmo tempo em que se opõem, esses elementos são complementares entre si, seja no espaço, seja no tempo, seja no *continuum* espaço-tempo. Reconhecer isto em nós próprios, como fizemos no Livro 1 ao discutir o que é o ser humano, é geralmente o mais difícil. A cultura separativa e unidimensional do Ocidente nos ensina que o mundo é dividido de tal forma que cada ser é uma encarnação do Bem *ou* do Mal, da Luz *ou* das Trevas, do Intelecto *ou* da Emoção, do Masculino *ou* do Feminino, e que estas polaridades são definitivamente inconciliáveis. Os filmes e desenhos animados, a literatura, até a música e a dança clássicas repetem isso continuamente através de histórias, contos, novelas e coreografias, de forma geralmente simplista, superficial, unilateral.[77] A escola costuma fazer o mesmo. A realidade multidimensional do mundo e do ser humano, porém, ensina que *os elementos opostos estão presentes simultaneamente em tudo e em todos*, numa situação de equilíbrio sempre instável, que se rompe quando um elemento prevalece e alcança o ponto-limite, o ponto de mutação. Crise, desequilíbrio, incerteza, revolução resultam daí, até que um novo ciclo de equilíbrio instável se inaugura, com a presença mais forte do outro elemento. Esta questão ou desafio está ricamente expressa no símbolo taoísta do yin-yang (ver Diagrama I).

Também está presente no ideograma chinês que corresponde a *crise* (Rosen, 1996: 1-8). O ideograma é composto de duas partes. A primeira, que quer dizer *perigo*, representa um indivíduo no alto de um penhasco, que responde ao perigo com uma *resposta medida*, ou *um movimento cuidadoso que capacita para que ele preserve a dignidade*. A segunda, que significa *oportunidade*, inclui o símbolo da árvore, o da união e incubação, e o do indivíduo que *guarda a fronteira para a consciência e a iluminação*. O ideograma da *crise* é a combinação dos ideogramas de *perigo* e *oportunidade*. O ideograma pode expressar ênfase na oportunidade e usar o perigo como uma espécie de adjetivo – *oportunidade perigosa* – ou, o inverso – *perigo que oportuniza*. De toda forma, está claro que a crise não é concebida linearmente nem unidimensionalmente como uma tragédia que termina em si própria, nem como um fato consumado, mas sim como uma situação em movimento, em que as velhas seguranças estão abaladas e abrem a possibilidade de, mediante um rompimento mais ou menos doloroso, darem lugar a uma nova situação ou mesmo a um "renascimento".

---

[77] É oportuno citar as páginas brilhantes de Garaudy (1981: 142-147) de crítica à dança clássica e de elegia a inovadores como Georges Noverre, Isadora Duncan, Ruth Saint-Denis, Martha Graham e outros. Sintetizando a "mística" dessas artistas, Garaudy comenta: "Aprender a respirar no ritmo do mundo, intensificar o dinamismo do ato, estabelecer uma relação vital com o solo, com a terra viva e carnal, estar inteiro dentro do que se é e do que se faz, estas são as linhas de força da dança moderna, criação especificamente feminina, da qual todos os dançarinos modernos atuais são tributários, de Paul Taylor e Alvin Alley a Merce Cunningham" (1981: 145).

Ideograma da crise

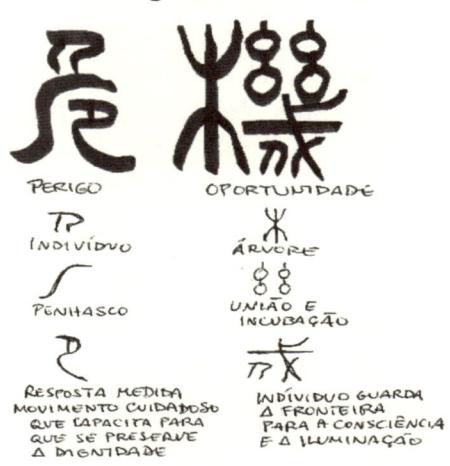

PERIGO — INDIVÍDUO / PENHASCO / RESPOSTA MEDIDA MOVIMENTO CUIDADOSO QUE CAPACITA PARA QUE SE PRESERVE A DIGNIDADE

OPORTUNIDADE — ÁRVORE / UNIÃO E INCUBAÇÃO / INDIVÍDUO GUARDA A FRONTEIRA PARA A CONSCIÊNCIA E A ILUMINAÇÃO

A filosofia do conflito nos ensina que a realidade é mutante e incerta e que só nos ligando a ela no plano do sentir, do saber e do fazer é que poderemos lidar criativamente com o conflito e a contradição inerentes à realidade. Chamei a isso *viver no fio da navalha*, pois envolve o reconhecimento de que vivemos como que espremidos entre as polaridades em conflito dentro e fora de nós: no campo do agir, indivíduo-coletividade, pessoal-social, feminino-masculino, cotidiano-história, democracia-autoridade, liberdade-disciplina, matéria-espírito etc.; no campo do saber, prática-teoria, subjetividade-objetividade, idealismo-materialismo etc.

Uma reflexão semelhante é proposta por Maturana e Varela, diretamente relacionada à questão do conhecer:

> Outra vez temos de *caminhar no fio da navalha*, evitando os extremos representacional (ou objetivista) e solipsista (ou idealista). Neste caminho do meio o que encontramos é a regularidade do mundo que experimentamos em cada momento, mas sem nenhum ponto de referência independente de nós que nos garanta a estabilidade absoluta que gostaríamos de assignar a nossas descrições. Na verdade, todo o mecanismo de geração de nós como descritores e observadores nos garante e explica que nosso mundo, como o mundo do nosso ser com outros que temos ao nosso alcance, sempre será *precisamente* essa mistura de regularidade e mutabilidade, essa combinação de solidez e areias movediças que é tão típica da experiência humana quando olhada de perto (1984: 161) [grifos meus].

Uma breve referência merece ser feita à complexidade do movimento dos contrários. Há diversos autores antigos e modernos que se contrapõem ao que chamam de "dualismo", ou à compreensão do mundo a partir de binômios ou bipolaridades como o yin e o yang.[78] Na China, embora o I Ching, ou "o livro das mutações", seja tradicionalmente o mais conhecido, existem outros "livros das mutações", como o T'ai Hsüan Ching. "É um livro divinatório que até hoje traz importantes implicações para a matemática e a ciência", comenta Walters (1983: 11). Esse livro é, segundo o comentarista, extremamente sofisticado. A ordem dos diagramas, ao contrário do I Ching, tem uma sequência lógica, permeada por uma unidade filosófica. O autor lamenta a negligência com que tem sido relegado o lado filosófico do T'ai Hsüan Ching. Este livro sustenta que existem três, e não duas, forças atuantes na natureza: o yin e o yang, que representam as energias negativa e positiva do eletromagnetismo, e o *jen* (*Homo*, Gênero Humano).

"Não importa quantos produtos ou ideias resultam da ação desses dois polos – nada de inteiramente novo pode ser criado", diz Walters. A terceira força seria aquela que traz ao mundo o elemento inovador, sendo responsável pelas novas ideias e as novas espécies. Walters observa que esse livro, tão antigo e tão "radical", tem a "extraordinária habilidade de responder às perguntas que lhe são feitas de maneira muito mais direta do que os obscuros comentários do I Ching".

Outra abordagem da tríade para além da polaridade faz parte do pensamento de Hill (1992: 202-203),[79] apoiado no grande teórico psicanalista Donald Winnicott. Winnicott postula que, "quando a unicidade da unidade mãe/criança dá lugar à duplicidade – capacidade da criança de estar sozinha na

---

[78] Na verdade o dualismo reside na separação do que é inseparável. A concepção do yin-yang é uma concepção unitária e não dualista. Mas sigamos o argumento que quero discutir aqui.

[79] Junguiano muito criativo, Hill (1992: 3-22) propõe como premissa fundamental do seu livro que quatro padrões básicos fundamentam toda atividade humana e se manifestam em comportamento, motivação, sonhos, fantasias e outros aspectos da vida psíquica: o *feminino estático*, o *masculino dinâmico*, o *masculino estático* e o *feminino dinâmico*. Para ele, estes quatro padrões combinam-se em duas polaridades de opostos ou complementaridades (*feminino estático-masculino dinâmico* e *masculino estático-feminino dinâmico*), sendo cada um dos quatro padrões fundado em uma força original ou em um princípio arquetípico.

presença da mãe – cria-se um 'espaço potencial'". Hill chama essa duplicidade de experiência *rudimentar* da polaridade feminino estático/masculino dinâmico, ou "estar separado na unidade e estar unido na separação". Gradualmente, a capacidade da criança de simbolizar um objeto transitório preenche aquele espaço potencial. Emerge então uma *triplicidade* que corresponde à operação do masculino estático/feminino dinâmico. Segundo Winnicott, "a diferenciação do símbolo (objeto transitório), do simbolizado (par mãe/criança) e do sujeito que interpreta (*ego* em desenvolvimento) cria *a possibilidade de triangularidade dentro da qual o espaço é criado*. Este espaço entre símbolo e simbolizado, mediado por um eu-mesmo (*self*) interpretante, é *o espaço em que a criatividade se torna possível* e é *o espaço em que estamos vivos como seres humanos*" [grifo meu]. Esta percepção equaciona dinamicamente os componentes da criatividade:

> Espaço → grau crescente de liberdade → crescente criatividade

TSUNAMI*

Tsunami,
  onda imensa,
  força fluida da terra.
  Oceano
  que se ergue ingente
  e, num abraço líquido, encerra
  a natureza e a gente.

Tsunami,
  força improvisada,
      indomada,
  síntese de todas as telúricas
  feições.
  Portentosa interrogação que resume
  todas as questões.

* Onda gigantesca gerada por um maremoto.

Tsunami,
    curva esfinge em movimento.
    Da magnífica boca da onda,
    na forma de um grande alento,
    o desafio-exclamação:
        "Na união
        dos polos de cada binário,
            o real e o imaginário,
            o natural e o humano,
            o racional e o corpóreo,
            a terra e o oceano,
        na união das faces opostas,
        a busca
        de todas as respostas".

Mas, em seguida, a surpresa,
    no abraço
    da onda-exclamação,
    a percepção
    de que cada resposta
    apreendida pela mente
    transubstancia-se
    como que magicamente
    em nova questão.

Marcos Arruda
Genebra, 21/8/78

A concepção dialética do conhecimento também pode ser compreendida por este prisma inovador. A nova concepção integra e ultrapassa a concepção dialética "tradicional". A alternação e a busca do equilíbrio entre elementos opostos tendem a gerar *um terceiro elemento* – que integra e transcende os seus componentes –, que seria o *elemento-síntese*, formando *uma tríade* que vai além do binário habitualmente tomado como o princípio fundamental da realidade cósmica. Mas não esqueçamos que este *elemento-síntese* inaugura um novo ciclo (ver o poema "Tsunami").

Diagrama IV
Ciclos de desenvolvimento em espiral ascendente

```
                                        Etc.
PRÁTICA                  SÍNTESE  >>>   NOVA
                           /
                       Antítese
                         /
   SÍNTESE  >>> NOVA PRÁTICA
     /
 Antítese
    /
PRÁTICA
```

Nas sabedorias orientais, assim como em Maturana e Varela, aparece a referência à circularidade ou recursividade do movimento do real, no caso daquelas combinações de regularidade e mutação, solidez e volatilidade. "Estamos continuamente imersos dentro dessa circularidade de uma interação a outra, cujos resultados dependem da história. Todo fazer leva a um novo fazer: é o círculo cognoscitivo que caracteriza o nosso ser, num processo cuja realização está imersa no modo de ser autônomo do vivo (1984: 161)." Eu vejo essa "circularidade" antes como uma espiral inscrita na multidimensionalidade ascendente do espaço-tempo. A circularidade ou qualquer sombra dela nos aprisionaria num plano bidimensional e apontaria, em última instância, para uma estabilidade e uma certeza... Na perspectiva da Práxis, todo fazer gera conhecimento e reflexão e, a partir deles, crise, que exige superação do velho fazer e inclui oportunidade de que o novo fazer seja qualitativamente superior ao anterior. A Metodologia da Práxis propõe justamente a alternação intencional de momentos de ação e reflexão, de prática e teoria, de fazer e avaliar-planejar. A superação desses binômios seria a Práxis, que por sua vez inaugura novas etapas de desenvolvimento do sujeito. Em outras palavras, escapar da circularidade é um desafio que está nas nossas mãos enfrentar com o entendimento e os instrumentos adequados.

Esta discussão, pois, é tanto mais importante quanto envolve o fato de que no debate filosófico existe ainda uma circularidade cognoscitiva, situada exatamente na questão de "quem nasceu primeiro, o ovo ou a galinha?", ou, como propõem Maturana e Varela, no desenho "Galeria dos Quadros", de Escher, ou no das mãos que se desenham uma à outra, do mesmo autor. A realidade que percebemos começa no mundo que nos cerca ou na nossa mente que o apreende assim? É, de novo, a velha questão que divide idealistas de materialistas.

Figura Escher

Para a Filosofia da Práxis só há um meio de romper com essa circularidade, que é nos educarmos, de forma simultaneamente autônoma e solidária, para desenvolver integralmente os nossos potenciais de ser, de fazer, de conhecer, de criar; para viver consciente e ativamente no *fio da navalha*, resgatando, no plano da consciência, a unidade da diversidade do real. Faz parte desse *fio da navalha saber que sei*. Mas também *saber que não sei*. É justamente esta dupla consciência, e não apenas a consciência de saber que sei, como sugerem os autores, que permite realizar o que eles propõem como obrigação decorrente do *conhecimento do conhecimento*: "adotar uma atitude de permanente vigília contra a tentação da certeza, de reconhecimento de que nossas certezas não são provas de verdade, como se o mundo que cada um vê fosse *o mundo* e não *um mundo* que trazemos ao nosso alcance com outros" (1984: 162).

Portanto, por mais sábios que creiamos ser, uma atitude humilde e receptiva ao mesmo tempo frente ao desafio do saber e, mais ainda, do *ser* o que se sabe. Tal atitude nos alimenta a sede de ir além do que já sabemos. De aprender sempre mais. De nos emanciparmos dos grilhões que nos prendem num saber rasteiro, simplista, repetitivo, imitativo, alienado. De nos educarmos e nos desenvolvermos sempre mais plenamente, sempre mais autogestionária e solidariamente. Estamos, aqui, em pleno campo da Educação da Práxis.

5. Educação da Práxis e contradições

É importante perceber que todos os aspectos e dimensões do existir humano interagem uns com os outros de forma contraditória e, às vezes, antagônica. Para o sujeito, o desafio da Educação da Práxis consiste em *aprender a gerir* os vários campos segundo suas peculiaridades e em sua interação uns com os outros. A imagem de referência é *o fio da navalha*; por isso estaremos retornando a ela em diferentes circunstâncias, como que recolhendo as evidências de que esta opção cognitiva é a única coerente com a realidade da vida. Examinemos com certa minúcia alguns binômios que fazem parte essencial do desafio da Educação da Práxis.

Necessidades materiais e imateriais

A educação visa em primeiro lugar garantir a cada educando a capacidade de tornar-se autônomo na satisfação das suas necessidades materiais e, mais, de gerir responsavelmente a satisfação das mesmas necessidades de outros seres humanos, como sua família. Está em jogo o *trabalho* humano, que desde a pré-História e a antiguidade se coloca como uma pedra de toque da existência do *Homo* sobre a Terra. Numa vida que consiste em mutação permanente e contínua evolução, estamos destinados a dedicar uma parte do nosso tempo despertos a nos ocupar de atividades ligadas à sobrevivência física. Foi a estas que tradicionalmente se vinculou o termo *trabalho*. A quantidade de tempo que diferentes pessoas e setores da sociedade têm de dedicar a essas atividades tem variado segundo a época, a cultura, a posição na estrutura da sociedade e o grau de avanço tecnológico. Tem variado também segundo a definição do que são as necessidades de cada pessoa ou grupo social. No capitalismo em processo de globalização, o tempo de trabalho dedicado às necessidades da mera subsistência é um dos indicadores possíveis do bem-estar individual, familiar e social. É também um divisor de classes sociais.

Ocorre atualmente uma nova onda cíclica de substituição de trabalho e conhecimento humanos por máquinas cada vez mais inteligentes. Máquinas que são criadas pela engenhosidade humana e que, paradoxalmente, levam muitos dos seus próprios criadores ao desemprego e à marginalidade.[80] Na verdade, conforme argumentamos no capítulo 4 do Livro 2 desta trilogia, o aumento da produtividade está permitindo o crescimento da produção de bens e serviços com um menor investimento de tempo e energia por parte do ser humano. Podemos concluir disso que, fazendo uma sábia distribuição daqueles bens e serviços por toda a cidadania segundo suas necessidades, *será possível atendê-las e ainda libertar uma fração de tempo de trabalho humano já não mais necessária para aquelas atividades*.

Este é precisamente um dos principais nós górdios do sistema do capital mundial. Estando estruturalmente organizado para que todos os agentes econômicos estejam colocados em oposição uns aos outros, competindo pela melhor e maior parte das riquezas materiais às custas dos outros, o sistema capitalista não consegue promover aquela distribuição equitativa de bens e serviços segundo as necessidades, nem consegue partilhar com os trabalhadores o excedente de tempo de trabalho que passa a existir como

---

[80] Entre os grandes conglomerados transnacionais de base norte-americana, que operam em setores dinâmicos da economia mundial, e que anunciam cortes bruscos de postos de trabalho a partir de 2001, estão a General Motors (automóveis e caminhões, finanças) – 15.000 postos; Gillette (aparelhos de barbear, eletrodomésticos, pilhas e baterias) – 2.700 postos; e Aetna (seguro de saúde) – 5.000 postos (dados de janeiro de 2001, recolhidos no *International Herald Tribune*, França e no *Corriere del Ticino*, Suíça).

resultado das novas tecnologias e modos de organizar o trabalho. E a educação que o sistema provê é cada vez mais utópica (no sentido negativo), não apenas para o mundo do trabalho, mas, agora também e cada vez mais, para os próprios gestores do capital. Pois, apresentada como panaceia, ela promete sucesso automático, do tipo "estudou, venceu!". Na realidade, um número crescente de trabalhadores, e mesmo de gerentes de empresas, com formação superior, e um número sempre maior de operários e outros trabalhadores ("capital vivo") qualificados estão sendo forçados a buscar atividades muito inferiores à sua formação, enquanto o excedente produzido pelas novas máquinas ("capital morto") e pela redução do custo de produção é apropriado pela empresa e pelos seus acionistas. Este processo gerou até um neologismo semioticamente significativo: "Não temos lugar para você, pois é *sobrequalificado* para este posto de trabalho".

Minha hipótese – que só a evolução histórica do capitalismo poderá comprovar ou negar – é que este é o indicador mais evidente de que está chegando ao fim a capacidade do capitalismo de desenvolver as forças produtivas compativelmente com as relações sociais de produção. Digo isto com base nas evidências de que o volume mais também significativo do consumo é realizado por uma camada relativamente cada vez mais reduzida da população mundial, em contraste com o acelerado aumento da produtividade promovido no seio do capitalismo globalizado. E que, em seu interior, multiplicam-se experiências e práticas que apontam não apenas para soluções passageiras, compensatórias, particulares, mas também para a gradual emergência e configuração de um novo sistema socioeconômico e político, fundado noutro paradigma e universo de valores que os que hoje são hegemônicos.

As decorrências da minha hipótese são diversas e promissoras. É possível antever uma sociedade mundial que em poucas gerações reduza e, afinal, elimine a fome e a pobreza e suas nefastas consequências; um sistema socioeconômico reconfigurado *para atender às necessidades humanas de todos e para traduzir todo avanço tecnológico em melhor qualidade de produtos e de vida e redução do tempo de trabalho vinculado às atividades ligadas à sobrevivência material.* Alguns elementos desta evolução corresponderiam a "retornos": retorno ao contato com a terra e a natureza, através de uma agricultura de base familiar e solidária; retorno a estilos mais simples de vida e padrões mais frugais de consumo; retorno a relações sociais humanizadas, em vez de mercantilizadas. Mas nada impede que aquela agricultura incorpore alta tecnologia, capaz de reduzir a demanda de energia e trabalho humano; que os padrões de consumo sejam frugais não por condição de carência, mas por opção libertadora; e que os estilos mais simples de vida combinem criativamente o trabalho manual com o trabalho intelectual, a fim de proporcionar um real desenvolvimento físico, mental e espiritual. Portanto, são "retornos" em patamares superiores de evolução – uma evolução cíclica em espiral ascendente, multidimensional e não apenas bidimensional!

A decorrência dessa transformação seria o maior e mais difundido bem viver, em harmonia com os outros e com a natureza, e o aumento do tempo disponível para que a sociedade humana desenvolva as dimensões mais especificamente humanas do seu ser! Somos seres que têm *fome de pão e de beleza*, diz Frei Betto, ou que precisam *de pão e de rosas* (um dos lemas da luta operária pelo direito à sindicalização). Felizes expressões da combinação de necessidades materiais e imateriais que nos define nesta existência terrena.

Para ambas necessitamos educar-nos de outra maneira. O desafio para nós, seres ao mesmo tempo materiais e imateriais, é transformar a satisfação das necessidades materiais de fim em meio para o desenvolvimento das nossas dimensões imateriais. Assim deseja a cultura do capital e do "emprego" que atualmente é hegemônica. Eis o lugar que a Educação da Práxis está sendo crescentemente chamada a ocupar na busca do desenvolvimento integral e sempre mais democrático da Humanidade.

Personalização e socialização

A rica visão de Teilhard de Chardin, que exploramos em outros volumes desta trilogia, ganha revelo neste momento em que discutimos a Educação na dupla perspectiva da crescente personalização e, simultaneamente, da crescente socialização. Ambas são vocações ontológicas e históricas do ser humano. Ambas consistem em processos reciprocamente complementares da existência humana. Por um lado, trata-se de desbravar o universo infinito que somos cada um e cada uma de nós. Por outro, levanta-se o desafio de estabelecer conscientemente acordos para a vida em comum com os outros, em espaços cada vez mais comprimidos.

A personalização envolve o desenvolvimento sempre mais consciente dos sentidos humanos. Vale repetir a citação que fiz acima de Marx, nos *Manuscritos de 1844*, e aprofundar a reflexão sobre o desenvolvimento dos sentidos, na perspectiva da gestão consciente da personalização do sujeito, enquanto ser-relação.

> Só através da riqueza objetivamente desenvolvida da natureza humana pode a riqueza da sensibilidade subjetiva *humana* – um ouvido musical, um olho para a beleza da forma, em suma, *sentidos* capazes de gratificação humana – ser cultivados ou criados. Pois não apenas os cinco sentidos, mas também os chamados sentidos espirituais, os sentidos práticos (vontade, amor etc.), numa palavra, os sentidos *humanos*, a humanidade dos sentidos – todos estes só emergem para a existência através da existência dos *seus* objetos, através da natureza *humanizada* (Marx, 1844: 353).

Além de apontar para a relação de reciprocidade entre sujeito e objeto, entre a edificação dos sentidos subjetivos e a ação objetiva sobre o mundo, Marx sublinha aqui a multidimensionalidade dos sentidos humanos, referindo-se aos sentidos materiais e aos sentidos imateriais, cujo desenvolvimento, mediante sua objetificação teórica e prática, é tarefa de cada ser humano. Notemos que Marx qualifica *os sentidos espirituais* como *sentidos práticos*, pois eles envolvem no seu exercício a totalidade do ser humano. Segundo Freire, é

> próprio do ser humano estar em constantes relações com o mundo. Relações em que a subjetividade, que toma corpo na objetividade, constitui, com esta, uma unidade dialética, onde se gera um conhecer solidário com o agir e vice-versa. Por isto mesmo é que as explicações unilateralmente subjetivista e objetivista, que rompem essa dialetização, dicotomizando o

indicotomizável, não são capazes de compreendê-lo. Ambas carecem de sentido teleológico (Freire, 1982: 74-75).

Um simples exercício de "olhar para dentro de nós" pode ajudar a compreender a promissora complexidade deste desafio. Fazem parte do nosso ser qualidades e sentidos materiais – tato, visão, audição, olfato, gosto – que têm evoluído ou involuído segundo as condições de vida que criamos para nós próprios. E também qualidades e sentidos imateriais – sentido ético, sentido estético, sentido da transcendência, sentido do futuro, sentido humano, sentido da unidade, sentido amoroso etc. Os felinos possuem uma visão muito mais eficaz e abrangente do que o *Homo*. O olfato dos caninos e dos porcinos é muitas vezes mais aguçado do que o nosso. É muito provável que já tenhamos tido esses sentidos muito mais agudos e ativos do que atualmente. Em compensação, nenhum ser do reino animal tem a pele mais sensível que a nossa, nem um sistema digital mais refinado que o das mãos do ser humano. Curiosamente, mas não por acaso, a civilização ocidental veio cultivar muito mais os sentidos chamados "exteroceptores", isto é, receptores à distância (visão e audição) do que os sentidos "interoceptores", que exigem contato imediato com o objeto para ativar-se (tato, olfato, gosto). Restrepo (1995: 165) comenta que esta cultura visual-auditiva está associada ao racionalismo e à preponderância do intelecto sobre a afetividade.

> Trata-se de um condicionante tão certeiro que os Padres da Igreja e o próprio Tomás de Aquino conceberam o céu como um paraíso virtual, onde teríamos, por toda a eternidade, a visão beatífica de Deus, excluindo a possibilidade de um céu táctil, posto que, já aqui na terra, haviam censurado o sentido do tato.

Restrepo articula essa análise ao modo como funciona a escola dentro da cultura visual-auditiva.

> A escola, herdeira autêntica da tradição visual-auditiva, funciona de tal maneira que, para assistir às aulas, bastaria que as crianças tivessem seu par

de olhos, seus ouvidos e suas mãos, ficando excluídos, para sua comodidade, os demais sentidos e o resto do corpo. Se ela pudesse fazer cumprir uma ordem desse tipo, a escola pediria às crianças que viessem à aula somente com seus olhos e ouvidos, talvez acompanhados pela mão na atitude de agarrar um lápis, deixando o resto do corpo bem guardado em casa.

Acrescento que este tipo de escola certamente também aconselharia as crianças a deixarem em casa seu coração e trazerem somente o cérebro.

> Não devemos esquecer – comenta Restrepo noutro trecho – como Leontiev destacou há bastantes anos, que o cérebro é um autêntico órgão social, necessitando de estímulos ambientais para seu desenvolvimento. Sem aconchego afetivo, o cérebro não pode alcançar seus ápices mais elevados na aventura do conhecimento (1995: 52).

Esta cortante metáfora dá relevo ao fato de que a escola que expressa aquela cultura consagra, desde a mais tenra idade, a fragmentação do ser humano no plano dos seus sentidos assim como no dos seus atributos de conhecimento. É a negação da integralidade do *Homo*. As consequências disso para as crianças e jovens, no desenvolvimento da sua visão de mundo e da sua postura em relação a elas próprias, aos outros e à vida, são desagregadoras. Esta fragmentação se estende ao campo das relações sociais e ao dos sentidos imateriais, portanto ao indissolúvel binômio subjetividade-objetividade. Evoquemos Guattari e Rolnik (1999: 15-16), referindo-se aos modos de produção "capitalísticos"[81] que atuam não somente no registro dos valores de troca, "valores que são da ordem do capital, das semióticas monetárias ou dos modos de financiamento. Eles funcionam também através de um modo de controle da subjetivação, que eu chamaria de 'cultura da equivalência' ou de 'sistemas de equivalência na esfera da

---

[81] Guattari usa este neologismo para incluir as elites do Segundo e Terceiro Mundos "que vivem numa espécie de dependência e contradependência do capitalismo [dos países centrais]. Tais sociedades (...) em nada se diferenciariam do ponto de vista do modo de produção da subjetividade. Elas funcionariam segundo uma mesma cartografia do desejo no campo social, uma mesma economia libidinal-política)" (1999: 15, nota 1).

cultura'". Na sua essência, sua afirmação é de que "o capital ocupa-se da sujeição econômica, e a cultura, da sujeição subjetiva". A alienação não é outra coisa. Rompendo conosco mesmos enquanto centros ontológicos (subjetivo *e* objetivo), só nos resta pensar com a cabeça alheia, subordinar-nos ao pensamento e até aos desejos alheios. Perdemos nossa singularidade. Ganhamos o *status de numeral*, valemos apenas como mais um ou uma no seio da massa informe de automáticos consumidores, de submissos trabalhadores, de acríticos pagadores de impostos.

A Educação da Práxis combate esta fragmentação alienadora e concebe um ser humano gestor da sua personalização (que inclui sua subjetivação e singularização), e da sua socialização (que inclui sua objetivação e pluralização em contextos dialógicos e democráticos – portanto, que respeitam a singularidade e promovem as complementaridades e a solidariedade). Tudo isto está condensado na proposta de um desenvolvimento integral, endógeno, autogestionário e ecologicamente sustentável, associado a um processo educativo que o torne viável a partir da autoconstrução do próprio sujeito – indivíduo e coletividade.

À medida que nosso cérebro, nossa emoção e nossa consciência evoluíram, alguns sentidos materiais evoluíram, mas outros involuíram.[82] Porém, a pesquisa do sistema nervoso e do cérebro humanos levou à descoberta de que, quase magicamente, o corpo humano é capaz de compensar a perda de alguns sentidos – ou de certos órgãos – com o desenvolvimento excepcional de outros. Isto confirma a noção de que só é razoável examinar sentidos e órgãos enquanto partes integrantes e interconectadas do todo orgânico que é o corpo humano no seu contexto socioambiental e histórico específico. Esta noção é fundamental para a Educação da Práxis, que tem por princípio partir de uma realidade mais complexa que a imediata: trata-se da *realidade* nas suas dimensões visível e invisível, atual e potencial, imediata e mediata ao mesmo tempo. Nesta perspectiva, currículos

---

[82] Esta constatação é cheia de implicações, que pretendo explorar em livro posterior.

e programas educativos devem ser repensados para atender ao desafio de educar seres humanos altamente complexos, dinâmicos, continuamente mutantes, carregados de potenciais físicos e mentais, social e historicamente situados.

Da oposição entre corpo e espírito, consagrada pela cultura do Ocidente, decorre a visão unilateral do *Homo*, segundo a qual o corpo físico e vital, e os sentidos materiais, sobretudo os que são privilegiados por essa cultura, teriam seus espaços e processos próprios de formação, informados pelos atributos mentais, porém absolutamente separados das outras dimensões não materiais do ser humano. Na escola isto se expressa nas lamentáveis "aulas de educação física", em que os educandos são persuadidos de que estão nelas "para exercitar o corpo", ao passo que as outras aulas são exercícios "cerebrais", para aprenderem a "raciocinar".

A Educação da Práxis, partindo da integralidade do *Homo*, propõe que as aulas sobre qualquer campo de conhecimento sejam desenhadas de modo a educar intencionalmente todos os sentidos e atributos do educando através do viés de cada disciplina e campo do conhecimento. Por esse prisma educativo, podemos aprender até matemática com a emoção, descobrindo que ela é muito mais do que a fria e dura expressão de um mundo puramente físico a ser medido e contado. Para um mundo que se revela como sempre mais como complexidade e incerteza, multidimensionalidade e diversidade, a matemática é chamada a se redefinir como uma semiótica multilinguística, a ser trabalhada por todos os atributos e órgãos de saber do ser humano, e não apenas a "razão" e o "cérebro" tomados isoladamente.

Quanto ao esporte, ele é também uma atividade educadora de valores e construtora de cultura: há esportes que promovem a competição e a vitória de um pela eliminação do outro, e outros que promovem a colaboração, a complementaridade, o espírito comunitário e a solidariedade (Alves, 2000: 14-15). Neste sentido, a aprendizagem do tiro com o arco, tão ricamente explorada por Eugen Herrigel no livro *A Arte Cavalheiresca do Arqueiro Zen*, é um exemplo magistral da integralidade da Educação da Práxis e do espírito de autodesenvolvimento, que ultrapassa qualquer tentação egoística e competitiva.

O esporte da Educação da Práxis é aquele que cultiva a interioridade como referencial profundo da prática do corpo. É impossível dissociar o corpo da emoção, do intelecto, da vontade, da intuição, da atitude de respeito em relação a si próprio e ao Outro. O corpo humano vivo, na verdade, *é* emoção, intelecto, vontade, intuição ao mesmo tempo. Só uma educação reduzida a "capacitação e treinamento" é que os separa, mas ao fazê-lo rompe a unidade do *Homo* e contribui para aliená-lo. A Educação da Práxis, por sua vez, propõe que os currículos sejam multidisciplinares e o método de planejá-lo seja interdisciplinar, isto é, que seja explicitada continuamente a interconexão entre as diferentes disciplinas e campos de conhecimento, e que cada uma e cada um sejam desbravados, descobertos, aprendidos e ensinados em si *e* em suas interconexões com os outros.

Isto quer também dizer que todo trabalho de análise e desagregação dos sistemas deve ser seguido por outro trabalho, de síntese, que *restabelece a unidade do real no campo da nossa consciência*. A este caminho ou modo de proceder, inspirado por um objetivo e uma intencionalidade explícitos, nós denominamos *Metodologia da Práxis*; a ele atribuímos um papel fundamental na Educação da Práxis.[83] Seu caminho emancipador implica um contínuo aprofundamento da tomada de consciência das transformações que a realidade demanda da nossa ação e daquelas que se operam em nós enquanto agimos, enquanto trabalhamos, seja individual, seja coletivamente (Freire, 1982: 76).

Dessa maneira, obtemos três resultados importantes; primeiro, o ser humano, tomado como uma integralidade orgânica, é orientado *a aprofundar sempre mais esta integração formadora de uma personalidade unificada e única (personalização)*; segundo, a realidade natural, social e histórica é vista e apreendida como unidade da diversidade, isto é, *na sua concretude*; e,

---

[83] Para uma discussão detalhada dessa proposta, ver Arruda, 1988. No capítulo 5 deste livro dou um tratamento mais atualizado ao tema, à luz da minha práxis de educador de jovens e adultos trabalhadores no Brasil e no exterior.

terceiro, em vista disso, o ser humano é *educado para aceitar o Outro como parte indispensável do seu próprio mundo, para acolhê-lo como diversidade e para buscar, via contradição, conflito e superação, construir pontes, conexões conscientes, vantagens cooperativas, laços colaborativos e complementaridade (socialização).*

Socialização é certamente um processo muito mais complexo do que apresentei aqui, do ponto de vista psicológico, socioeconômico e político. Trabalhei-o sob esses vários ângulos nos outros volumes da trilogia. Do ponto de vista econômico, vale enfatizar uma vez mais que o *trabalho* é um fator primordial de socialização, e a alienação do trabalho tem o devastador efeito de nos alienar do Outro e da sociedade, reificar-nos, objetivizar-nos – negar nossa subjetividade e nossa unicidade. A desalienação ou emancipação do trabalho, por sua vez, tem o poder de reintegrar-nos com o Outro e com a sociedade, o que ocorre em estreita associação com a nossa reintegração – ou religação – com nós próprios. Socialização significa aprender a viver juntos no mesmo espaço, tornar social aquilo que deve ser compartilhado, buscar o bem-estar e o desenvolvimento sempre ulterior do *metassistema* – o Corpo Coletivo da Humanidade – do qual cada um de nós é um sistema. Do ponto de vista do grande barco que nos hospeda para esta imensa viagem pelo espaço sideral, socializar é a única opção racional. A Educação da Práxis envolve a aprendizagem da socialização, sincrônica e coerente com a personalização.

Altruísmo e egoísmo

Começamos a discutir este binômio no Livro 1. Neste ponto, é importante examinar alguns aspectos da questão relacionados com a Educação da Práxis. No reino animal, ambos os comportamentos coexistem, mas, segundo Maturana e Varela,

> a visão do animal como egoísta é duplamente falsa. Primeiramente é falsa, porque a história natural nos diz que as instâncias de condutas que podem ser descritas como altruístas são quase universais. É falsa, em segundo lugar,

porque os mecanismos que se pode postular para entender a deriva animal não requerem em absoluto essa visão individualista em que o benefício de um indivíduo requer o prejuízo do outro, pelo contrário, seria inconsistente com eles.

Eles concluem dizendo que "todas essas considerações são também válidas no domínio humano, ainda que modificadas de acordo com as características da linguagem como modo de aclopamento social humano..." (Maturana e Varela, 1984: 131).

Recordemos que o individualismo é a teoria ou a ideologia que concebe o indivíduo como valor supremo no domínio socioeconômico, político e moral. É também uma atitude de espírito, um estado que favorece a iniciativa e a reflexão individual, o gosto da independência. Contudo, essa atitude não se dá no abstrato, mas sempre em determinado contexto sócio-histórico. Quando este ambiente é dominado pela ideologia individualista, o modo de relação dominante é a competição, e o Outro é "naturalmente" visto como adversário, ameaça, inimigo. O indivíduo se opõe antagonicamente ao coletivo, e o pessoal se choca com o social. O ambiente não é propício para o altruísmo, que aparece como se fosse "uma distorção do comportamento natural", uma "ingenuidade", uma postura "utópica". A *ecologia cognitiva e social* (ou o meio ambiente no qual o indivíduo está inserido, socializado e no qual ele aprende, seja a escola, a família ou a sociedade como um todo) é determinante para a formação da postura de cada educando. Ela exige a compreensão do indivíduo como ser eminentemente social, que vive, aprende e se realiza em sociedade, numa relação de mutualidade e natural solidariedade. As *condutas culturais*, ou "as configurações condutuais adquiridas ontogenicamente na dinâmica comunicativa de um meio social que são transgeracionalmente estáveis" (1984: 133), comprovam essa natureza ao mesmo tempo individual e social do ser humano.

A invisão de Maurício Abdalla (5) sobre a alteridade e a interação cooperativa como elementos ontológicos do ser humano; o social como a transcendência do individual; o sentido noológico, antecipatório, como transcendência do *ser assim*; o histórico e o trans-histórico como transcendência do cotidiano corroboram meu argumento. Também o é sua reflexão crítica sobre nossa natureza contraditória, que está intimamente ligada ao nosso sentido de liberdade e ao nosso potencial de sujeitos da recriação do mundo e de nós próprios, e de condução da história.

> Nossa transcendência cristalizou-se em imanência. Esquecemos nossa história e o desenrolar antropológico concreto que nos fez ser o que somos. Por isso, é possível afirmar que, quando negamos a nossa transcendentalidade, perdemos o *humano* do nosso ser. Apelar, portanto, para um "tempo de transcendência" é apelar para o retorno à nossa capacidade humana, à nossa capacidade de transformar e revolucionar o mundo (Abdalla, p. 7).

A Educação da Práxis, afirmando a natureza simultaneamente individual e social do *Homo*, promove um ambiente cognitivo e social em que prevalece o altruísmo, não apenas como valor e como ética, mas também como o modo natural, racional e mais inteligente de preocupar-se consigo mesmo: ver-se como parte de uma totalidade mais ampla (a turma, a comunidade escolar, a família, a comunidade social, a nação etc.) e entender que, sendo cooperativo e solidário, cada um *dá* atenção e se preocupa com o bem-estar dos outros e, ao mesmo tempo, *beneficia-se* da atenção e da preocupação de todos os outros com seu próprio bem-estar. Este é o chamado "jogo ganha-ganha" da teoria dos jogos.

Podemos também conceber a Educação da Práxis como Educação Sinergética.[84] Notemos que todo sistema complexo – mesmo quando é

---

[84] Hermann Haken, físico alemão, desenvolveu a Sinergética como a teoria sobre a auto-organização interna de sistemas complexos. Leva em conta o modo como os diversos volumes que compõem um todo se inter-relacionam e interagem, entre si e com a globalidade do sistema, como subsistemas contidos nesse sistema abrangente. Escolheu o nome *sinergética* porque tem o sentido de convergir, cooperar (do grego *syn-ergein*, trabalhar com, colaborar) [Assman, 1998: 178-179]. Mas tem outro sentido: no caso da energia humana, o resultado da convergência sinergética de saberes ou de energia espiritual não é necessariamente aritmético nem geométrico... A concentração de energia criativa pode ser... infinita, como tende a ser o *homo* "no mundo abstrato do projeto e da transcendência" (Abdalla, p. 5).

ao mesmo tempo um subsistema de sistemas mais complexos e/ou mais abrangentes (metassistemas) – tem a capacidade de auto-organização, como modo de produção e reprodução da vida, e também de evolução. Portanto, tendo flexibilidade de adaptação ao ambiente – físico, emocional, cognitivo ou psíquico – tem também a capacidade de desconstrução (crise) como via para uma reorganização de tipo superior.[85]

Por sua vez, Maturana e Varela[86] definem as sociedades como "metassistemas formados pela agregação de unidades autônomas, que podem ser celulares ou metacelulares" e observam que os organismos seriam metassistemas com componentes de mínima autonomia, ao passo que as sociedades humanas seriam metassistemas com componentes de máxima autonomia ou com muitas dimensões de existência independente. Os organismos têm como fechamento operacional o acoplamento estrutural das células que os compõem. Já os sistemas sociais humanos conjugam essa característica com a de que eles também existem como unidades para seus componentes no domínio da linguagem. A identidade desses sistemas depende da capacidade de adaptação dos seres humanos não só como organismos, no sentido geral, mas também como componentes dos domínios linguísticos que constituem. "O organismo restringe a criatividade individual das unidades que o integram, pois estas existem para ele; o sistema social humano amplia a criatividade individual dos seus componentes, pois ele existe para estes." Esta noção teleológica de sistema social humano é fundamental para a compreensão da peculiaridade dos metassistemas humanos. Ao contrário dos organismos, quem lhes dá sentido são os seus componentes, o que obriga o sistema como um todo a prover *os estímulos ao desenvolvimento da máxima criatividade individual* (pois se trata de indivíduos conscientes reflexivos, centros únicos do pensar, sentir, conhecer e agir); e, *ao mesmo*

---

[85] Giuseppe Cagliotti, sobre a percepção humana como a capacidade de desordenar e ordenar ao mesmo tempo, conforme citado por Assman (1998: 179).

[86] Todas as referências deste parágrafo estão relacionadas à brilhante discussão de Maturana e Varela (1984: 132) sobre as semelhanças e diferenças entre organismos e sociedades humanas.

tempo, obriga-o a prover *os estímulos ao desenvolvimento da máxima interatividade cooperativa entre os indivíduos que o compõem.*

Esta, podemos dizer, é a definição apropriada da *eficiência sistêmica*, no caso dos metassistemas humanos, que se aplica perfeitamente à proposta de uma socioeconomia fundada na cooperação e na solidariedade. E se aplica igualmente a todo espaço de convivência e sociabilidade, inclusive a sala de aula, a escola e toda unidade familiar e/ou produtiva. Em todos os casos, trata-se de definir a eficiência como o máximo rendimento do indivíduo e do sistema a que ele pertence, em termos dos objetivos desse pertencimento. Podemos legitimamente falar de – e buscar – tanto a eficiência de cada educando nos diversos domínios do ensino-aprendizagem, quanto do sistema que constitui a escola, quanto do metassistema que é a sociedade, onde ele aprende e para cujo desenvolvimento ele vai contribuir. "A coerência e harmonia nas relações e interações entre os integrantes de um sistema social humano se devem à coerência e harmonia do seu crescimento nele, numa contínua aprendizagem social que seu próprio operar social (linguístico) define, e que é possível graças aos processos genéticos e ontogenéticos que permitem neles sua plasticidade estrutural." A aprendizagem da socialização aparece aqui como um fator determinante da coerência e harmonia das relações e interações dos indivíduos numa sociedade humana, e esta aprendizagem emerge do operar social-linguístico – isto é, da práxis.

Daqui podemos inferir que a convicção de que todo ser humano pode – e tem por *vocação ontológica e histórica* – tornar-se (em diferentes graus) sujeito do seu próprio desenvolvimento, da sua própria história, da sua autopoiese, tem por fundamento esta proposição sinergética. Postulo, então, a Educação da Práxis como *educação cooperativa* e como *educação sinergética*. Este postulado é corroborado dialeticamente pela definição que Maturana e Varela oferecem de sistemas sociais humanos desvirtuados ou desumanizados:

> Entre estes [os metassistemas formados pela agregação de sistemas celulares de qualquer ordem] estão (...) as comunidades humanas que, por incorporar mecanismos coercitivos de estabilização de todas as dimensões

condutuais dos seus membros, constituem sistemas sociais humanos desvirtuados, que perderam suas características humanas e despersonalizaram seus componentes, deslocando-se no sentido da forma de organismo, como foi o caso de Esparta,

e como tem sido o caso de todos os totalitarismos e ditaduras.

A questão do binômio atitudinal altruísmo-egoísmo está vinculada aos processos de personalização-socialização, e às dimensões feminina-masculina que se dão simultânea e profundamente interligadas e interativas uma com a outra. Podemos observar que o processo de individuação (que é o que produz diferenças num indivíduo em relação a outros da mesma espécie) aprofunda-se conforme é mais complexa a espécie animal na escala evolutiva e, portanto, mais consciente; o mesmo ocorre na evolução de cada indivíduo, sobretudo os humanos, conforme mais se complexifica o entendimento e a consciência através do desenvolvimento dos sentidos, da subjetividade e da socialização. Se isto é correto, então a própria individuação se dá num contexto que é social e socializante. *O indivíduo se singulariza no contexto da pluralidade, em relação a outras singularidades que formam, com ele, o plural.* Só posso dizer *eu* se também posso dizer *tu* (no contexto da relação interpessoal) e *nós* (no contexto da relação social). Sem o *tu* e o *nós*, não há nenhum movimento desencadeador do ato de dizer *eu*, isto é, de me identificar como diferente. *A alteridade é a condição da individualidade.* A diferença é transitiva, ela só existe se há de quem me diferenciar.

O desafio da educação é ajudar a criança, o jovem e o adulto a desenvolver em si próprios um equilíbrio dinâmico entre o sentido do Eu, o sentido do Tu e o sentido do Nós, entre a autoestima e o respeito e a estima ao Outro, entre a capacidade de ser eu-mesmo e a de reconhecer e respeitar o eu-mesmo alheio. Não se trata nem de apagar sua própria subjetividade e singularidade em função do Outro ou do coletivo, nem de dissolver-se no coletivo, mas sim de situar-se *no fio da navalha*, isto é, enquanto indivíduo no coletivo, enquanto singular no plural. Descobrir que somos Eu e Nós ao mesmo tempo, eis a questão. *Ser (Eu)* e *não ser*

(ser Nós) ao mesmo tempo, eis a questão.[87] E que questão! Converter esse entendimento em algo tão interiorizado que se transforma em atitude, comportamento, modo de relação, enfim, em *modo de ser cultural*, é um processo educativo a desenrolar-se cotidianamente na sala de aula, em família, em todos os espaços coletivos e, sobretudo, na vida pessoal de cada educando. E é semente de toda *uma nova cultura* como *maneira de articular e integrar atividades semióticas antes fragmentadas em esferas isoladas*.[88] Não é o professor ou a professora que pode desenvolver no educando esse sentido, só ele próprio. O educador é apenas um guia, um mestre e um companheiro, e apenas num trecho da caminhada do educando em busca justamente de uma etapa de desenvolvimento autônoma e autogestionária. E como a Educação da Práxis considera cada indivíduo [e coletividade] como um ser permanentemente *aprendente*,[89] ela promove esta personalização simultaneamente à socialização, mediante a promoção da solidariedade consciente e dos laços sinergéticos de altruísmo e de cooperação.

Feminino e masculino

Uma visão panorâmica da cultura ditatorial do masculino servirá de introdução aos desafios de uma economia "no feminino e no masculino" e de uma educação que harmonize dinamicamente os dois gêneros, com base na equidade e na reciprocidade. Na cultura do Patriarcalismo, que dura já seis mil anos,

---

[87] Paráfrase da célebre exclamação de Hamlet: "Ser ou não ser, eis a questão".
[88] Contrarreferência à definição do conceito reacionário de cultura nos modos de produção capitalísticos, de Guattari, como "uma maneira de separar atividades semióticas (atividades de orientação no mundo social e cósmico) em esferas, às quais os homens são remetidos. Tais atividades, assim isoladas, são padronizadas, instituídas potencial ou realmente e capitalizadas para o modo de semiotização dominante – ou seja, simplesmente cortadas de suas realidades políticas" (Guattari e Rosnik, 1999: 15).
[89] Ver o livro de Assman (1998), que contém no próprio título este termo, e em particular as páginas 160-161.

as mulheres têm sido ideologicamente "construídas" de forma a completar a plenitude narcisística do macho. As mulheres foram, e ainda são, consideradas pela cultura dominante falocrata como sendo bens trocáveis somente pelo serviço que elas fornecem a seus "protetores" masculinos (McLaren, 1997: 29-30).

Algumas evidências dessa relação e educação patriarcal emergem nos depoimentos de mulheres e homens que participaram do Encontro "Reconciliar o Masculino e o Feminino" (Aliança, 1997: 36-38).[90]

> **SER MULHER**
>
> Para a concepção popular, uma filha era a propriedade do seu pai, que devia confiá-la a um outro homem, seu marido (...). Os pais se dedicavam a inculcar nos meninos que eles nasceram para mandar sobretudo nas mulheres; eram os chefes-natos, os herdeiros, os responsáveis, passavam à frente mesmo das irmãs mais velhas que eles...
>
> Célestine, Costa do Marfim
>
> As mulheres são consideradas como propriedade dos homens, um objeto de prazer. Assim, são privadas de liberdade, de trabalho e de tomar decisões independentes. São privadas de educação. São enfraquecidas financeira e fisicamente. (...) Durante a infância, uma mulher deve ser o objeto de seu pai; durante a juventude, do seu marido e, quando seu senhor morre, do seu filho.

---

[90] Este encontro foi realizado de 19 a 28/2/1997, em Delhi, Índia, promovido pela Aliança por um Mundo Responsável, Plural e Solidário.

Educação da práxis e desenvolvimento

> Sarfaraz, Índia
>
> Durante minha infância na família (...) nós mulheres sabíamos que devíamos velar pelo conforto dos homens (...). A mensagem familiar era "é natural para uma mulher encarregar-se dos cuidados da família". Desde a infância, as meninas brincam e se socializam em torno das ideias do cuidado da família e das crianças.
>
> Rosa, Argentina
>
> O que mais me marcou na leitura das outras contribuições escritas é a percepção do desequilíbrio homem-mulher em todas as sociedades do planeta. O patriarcado é um fato terrível.
>
> Hamilton, Brasil
>
> Pelo que sei, as aptidões masculinas são primeiramente feitas de características severas como a dureza, a agressividade, a coragem e um forte desejo de controlar e possuir (...). Confinadas tradicionalmente na vida familiar e muitas vezes trabalhando na agricultura, na criação de animais e na educação dos filhos, as mulheres desenvolveram em geral características ternas, (...) tais como a paciência, o cuidado e a simpatia pelos outros.
>
> Huang Yan, China

Historicamente, a mulher foi o primeiro objeto de opressão, e a divisão do trabalho foi um fator importante, senão determinante, da mesma. Essa opressão abriu, ao lado da escravidão e da propriedade privada, esta época, que se prolonga até hoje, em que cada progresso é ao mesmo tempo um passo atrás relativo, pois o bem-estar e o desenvolvimento de uns são obtidos pelo sofrimento e a repressão de outros (Engels, citado por Garaudy, 1981: 13).

A análise que Garaudy (1981) faz da "ordem masculina" ao longo da história, sobretudo da França, merece menção aqui. Ele aponta que a economia de subsistência, baseada na economia familiar e numa divisão bem mais equitativa do trabalho doméstico, produtivo e reprodutivo, reconhecia na mulher uma dignidade bem maior que o mundo feudal e capitalista. Mesmo o trabalho artesanal é colaborativo na família. Entre os séculos 10 e 13 a situação da mulher era muito mais igualitária do que antes, durante a economia escravista e patriarcal de mercado dos impérios grego e romano, e posteriormente, no feudalismo e sobretudo no capitalismo. À medida que a economia de mercado se implanta e prevalece, aprofunda-se radicalmente a discriminação da mulher. A França do século 14 cria uma lei (*lei sálica*) que reduz a participação da mulher no controle de seus bens e a exclui da sucessão dos feudos. O objetivo último – historicamente bem-sucedido! – era impedir que a mulher chegasse ao trono da França. Na Universidade de Paris, as mulheres médicas eram duplamente perseguidas: negava-se a elas o diploma e se impedia que exercessem a medicina por não terem diploma! Em 1593 o Parlamento francês proibiu às mulheres toda função de Estado, e Richelieu proclamou que "nada mais capaz de prejudicar os Estados do que o sexo feminino". Note-se que o Estado absoluto incorporava plenamente o que chamo de atributos do masculino. As instituições educativas que foram amadurecendo ao longo desses séculos cumpriam em geral o papel de reproduzir e perpetuar, objetiva e subjetivamente, esta ordem masculina.

Educação da práxis e desenvolvimento 175

Atributos do masculino e do feminino

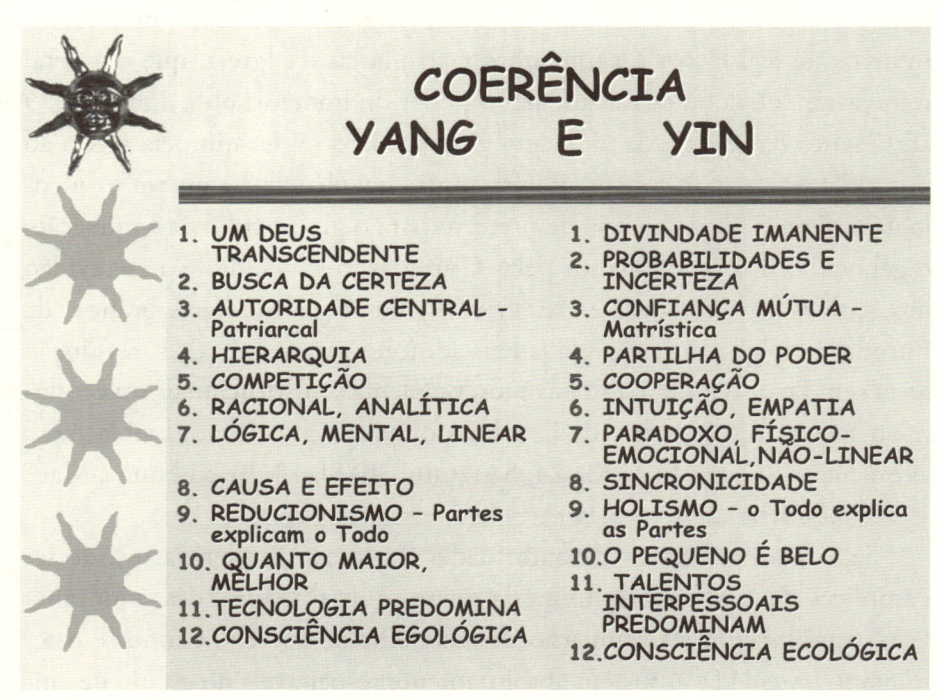

COERÊNCIA YANG E YIN

YANG	YIN
1. UM DEUS TRANSCENDENTE	1. DIVINDADE IMANENTE
2. BUSCA DA CERTEZA	2. PROBABILIDADES E INCERTEZA
3. AUTORIDADE CENTRAL - Patriarcal	3. CONFIANÇA MÚTUA - Matrística
4. HIERARQUIA	4. PARTILHA DO PODER
5. COMPETIÇÃO	5. COOPERAÇÃO
6. RACIONAL, ANALÍTICA	6. INTUIÇÃO, EMPATIA
7. LÓGICA, MENTAL, LINEAR	7. PARADOXO, FÍSICO-EMOCIONAL, NÃO-LINEAR
8. CAUSA E EFEITO	8. SINCRONICIDADE
9. REDUCIONISMO - Partes explicam o Todo	9. HOLISMO - o Todo explica as Partes
10. QUANTO MAIOR, MELHOR	10. O PEQUENO É BELO
11. TECNOLOGIA PREDOMINA	11. TALENTOS INTERPESSOAIS PREDOMINAM
12. CONSCIÊNCIA EGOLÓGICA	12. CONSCIÊNCIA ECOLÓGICA

As igrejas não ficam para trás. Desde os judeus do Antigo Testamento até a Igreja católica e o Judaísmo atual, a posição da mulher é proclamada como inferior à do homem "por natureza" (São Tomás de Aquino) ou "por justiça" (Santo Agostinho). Bem ao contrário do testemunho de Jesus nos evangelhos. Sem qualquer fundamento evangélico, o Vaticano manipulou o direito canônico entre os séculos 4 e 14, a fim de garantir que as terras e propriedades da Igreja não escapassem dela pelo jogo das heranças e sucessões familiares. O mecanismo imposto ao clero foi o celibato. Em 1139, o Concílio de Latrão sancionou esse mecanismo de garantia dos bens da Igreja, estabelecendo que o celibato não era uma vocação como as outras, mas uma obrigação anterior, sem a qual o sacerdócio é declarado impossível.[91]

---

[91] A arte religiosa reflete esta cultura patriarcal com um realismo às vezes chocante. Quem visitar a Igreja do Gesù, sede internacional da Companhia de Jesus (ordem dos jesuítas), observe a estátua de Santo Inácio que enfeita a fachada sóbria da Igreja. Ele

Em tempos mais recentes, temas como o uso de vacinas, o controle da natalidade pela própria mulher, a legalização do aborto, o divórcio foram motivos de legislações e campanhas reacionárias da Igreja, que em geral reforçavam, ativa ou passivamente, o poder do homem sobre a mulher. O argumento da "defesa da vida", no entanto, não foi levado pela Igreja ao ponto de levantar-se concretamente contra a violência e a guerra. A ideologia da "guerra justa" serviu de pretexto para o ginecocídio da Inquisição, o genocídio dos muçulmanos pelas Cruzadas, o genocídio e a escravidão dos nativos das Américas e da África e mesmo de mulheres brancas da Europa.[92] No entanto, a Igreja jamais adotou uma doutrina da "revolução justa" em favor da luta contra as piores violências institucionais ou econômico-sociais, o terrorismo de Estado, a ditadura, a tortura, as violações e as execuções (Garaudy, 1981: 24; Sattamini, 2000: 13; Brasil Nunca Mais, 1979; e Eudeba, 2000: 11-12).

São os próprios atos de autoridades da Igreja de silenciar ou de ser cúmplices da "ordem masculina da guerra e da ditadura, destruidora da vida", que incitam à formulação deste veredicto terrível: "Como se o ser humano e sua vida só fossem absolutamente respeitáveis no estado de em-

está em movimento, com um gesto de vitória sobre a tentação e o mal, representados por uma figura do demônio sob seus pés, que tem características de mulher. A liturgia também expressa aquela cultura. Participei com minha família de uma cerimônia de Bar-Mitsva (iniciação de jovens judeus) numa Sinagoga do Rio de Janeiro. As mulheres eram obrigadas a ficar na arcada do segundo andar, enquanto a nave central da Sinagoga estava reservada aos homens. Perguntei a um rabino por que a segregação, e a resposta dele foi: "Há várias razões, uma delas é para que os homens não se distraiam enquanto estão rezando". Incrível como a riqueza de significado daquela liturgia pode conviver com esta atitude acriticamente patriarcal dos chefes religiosos a serviço da "tradição".

[92] Uma impressionante narrativa da história da escravidão, sobretudo nos Estados Unidos, consta do excelente livro de Howard Zinn, "Uma História do Povo dos Estados Unidos" (1980), sobretudo o capítulo 2 (p. 23-38). "A escravidão africana não pode ser elogiada. Mas era muito diferente da escravidão das plantações e minas das Américas, que era perpétua, moralmente mutiladora, destruidora dos laços familiares, sem esperança de qualquer futuro". E as Américas foram constituídas sob a égide do Cristianismo europeu. Ainda mais impressionantes são os relatos do frade dominicano Bartolomé de las Casas, a respeito da maneira como a Igreja justificou e praticou ela própria a escravidão nas ilhas do Caribe no século 16 e 17. De fato, praticamente nenhuma instituição parece ter escapado da barbárie eurocêntrica que oprime o mundo até os dias de hoje.

Educação da práxis e desenvolvimento   177

brião e se tornassem pouco defensáveis na idade adulta! Cessaria o infanticídio de ser criminoso à medida que aquele ser se aproximasse da idade de ser soldado?" (Garaudy, 1981: 26). Semelhante argumento é levantado pelo Bispo Miguel Hesayne, da Cidade de Azul, Argentina, em carta ao Presidente Fernando De la Rúa, em que explica por que ele se acha na obrigação de negar a Eucaristia ao Presidente. Transcrevo parte da carta, porque ela é o exemplo de coragem pastoral e fidelidade ao exemplo contido nos evangelhos.

> ### Trechos da Carta do Bispo Miguel Hesayne ao Presidente Fernando De La Rúa, da Argentina
>
> Ciudad de Azul, Argentina, 21/12/2000
>
> "Ahora bien ¿ es lícito que comulgue un cristiano que, de hecho, asume la ideología neoliberal que engendra una situación de muerte para con millones de habitantes... muerte infantil a poco de nacer, muerte acelerada a ancianos y muerte lenta a generaciones de jóvenes con una salud endeble etc., etc. – ¿No es el "crimen del aborto" para "ya nacidos"?
>
> Sr. Presidente, (...) todos los actos de su Gobierno han sido a favor de los mercados – principalmente extranjeros – y contra la gente... contra el pueblo. Como me decía un hombre sencillo de un barrio porteño, al escuchar que las medidas son para salvar al país... y "¿nosotros, los habitantes del país, somos los enemigos del Gobierno al tratarnos como nos trata...?
>
> Ahora bien, sumemos estos hechos a los ajustes para pagar la deuda externa – ajustes que causan diariamente un centenar de niños muertos –, ¿puede comulgar con la conciencia tranquila el responsable directo o indirecto de tantas muertes? Llamemos las cosas por su nombre: su Gobierno en vista a pagos legales (ciertamente no justos) viene tomando medidas que ya también el anterior gobierno

> lo hacía…) y toma medidas socio-económicas que son un genocidio de guantes blancos para una sociedad dominada neoliberal, pero crimen horrendo para Dios, quien clama se haga justicia a sus pobres… y en la tarde de la vida nos juzgará con parámetros socio-económicos (Medite Mateo 25,31) (…)
>
> Sr. Presidente, por el bien personal suyo temporal y eterno, por el bien del pueblo argentino que no se merece tanto castigo social… por la gloria del Dios de Jesucristo ofrezca un testimonio de Gobernante cristiano recuperando la política como servicio real, renunciando a la mentalidad mercantilista, convocando a muchos y muchas que están dispuestos a implantar la mentalidad del compartir equitativo en el marco de una globalización solidaria.

A ideologia da ordem masculina chegou ao capitalismo com a caução da filosofia: caberia às mulheres a *reprodução*, incluída nela a garantia da continuidade do mundo e da ordem existentes, e aos homens a nobre responsabilidade da *produção*, fonte de todo "progresso" e de todo "crescimento". Os economistas acrescentaram a esta ideologia a distinção entre *trabalho produtivo*, no qual patrões e trabalhadores se reúnem sob a categoria dos que contribuem ao crescimento e à produção de valor de troca, e *trabalho não produtivo*, ou o da produção de valores de uso, em particular os trabalhos da mulher no espaço doméstico... A escola foi estruturada durante os séculos recentes para reproduzir esta ideologia sexista de geração em geração, usando como um dos seus canais mais eloquentes... as próprias mulheres, como mães e como professoras.

Na divisão de trabalho capitalista a mulher também é mantida em posição inferior. Como assalariada, ela recebe salários mais baixos que os dos homens para as mesmas posições que ocupam na hierarquia empresarial ou estatal; ou se situam em empregos menos qualificados e mais subalternos que os homens. O mesmo ocorre no espaço da gerência das empresas. Mas é no trabalho doméstico que sua posição subordinada é mais gritante.

Educação da práxis e desenvolvimento 179

Na França do início dos anos 80, 1/3 da força de trabalho do país estava dedicada ao trabalho doméstico ou trabalho "não produtivo". A proporção é muito maior nos países do hemisfério Sul, onde a prática de ter empregadas nas casas das classes média e alta é muito difundida.[93] No entanto, em nenhum dos hemisférios esse trabalho é contabilizado no PIB, "como se não contribuísse em nada para a riqueza nacional, ainda que ele seja sua condição fundamental" (Garaudy, 1981: 14). O progresso do capitalismo tem levado ao aprofundamento da condição subalterna da mulher, pois

> à medida que o comércio se torna o aspecto dominante da economia, e o controle destas trocas engendra mecanismos complexos de administração, de organização política, de diversificação e de extensão dos conhecimentos, todos estes instrumentos novos de direção e comando aparecem como privilégios masculinos: não só a economia mercantil, depois industrial, mas a política, a polícia, o exército, a cultura, todas as hierarquias passam a ser o apanágio dos homens (Garaudy, 1981: 28-29).

A isso devemos acrescentar o poder da mídia, no qual a mulher é usada e abusada para motivos comerciais e publicitários, desenhando na mente da sociedade uma imagem de objeto, erótico ou pornográfico. Evidentemente, na família e na escola, a cultura que engendra essas relações sociais discriminatórias e insignificantes para a mulher alimenta a relação educativa com tamanha força alienadora que as próprias mulheres (mães, irmãs, professoras) são o ator mais influente da perpetuação da subalternidade da mulher frente ao homem. A família, a escola e a mídia passam adiante e, de certa forma, institucionalizam a moral, os valores, os comportamentos e as atitudes característicos do "darwinismo social": homens, e mesmo mulheres, supostamente *viris* pela força e pela violência na competição e no sucesso obtido pela vitória sobre os mais fracos. São estes os valores que

---

[93] Ver a respeito a tabela do *Informe sobre el Desarrollo Humano*, PNUD, (1997: 63), sobre trabalhadoras da família que não eram remuneradas em 1990. A média nos países "de alto desenvolvimento humano (DH)" é de 68%, nos de médio DH, não há dados suficientes para uma média (o Brasil aparece com 46%), e nos de baixo DH, 43%.

fundamentam e permeiam a *ordem masculina*. Garaudy conclui com o que chama de lei histórica maior, que pode ser verificada em todas as épocas e civilizações:

> Quer se trate da guerra, da economia, do poder, da "glória", o triunfo se dá pelo esmagamento de um rival. Assim vão justapor-se dois mundos: um mundo exterior, público, masculino, onde reina a força, e um mundo interior, doméstico, feminino, onde reina o "serviço". Todas as dominações, de classe, de raça, de propriedade ou de posição hierárquica, pressupõem assim, no seu próprio fundamento, mais profunda e universal que todas as outras, esta dominação primordial do homem sobre a mulher (Garaudy,1981: 29).

É aqui, podemos dizer, que se pode identificar o problema não mais apenas na exterioridade das relações sociais e econômicas, mas também, e seminalmente, *na interioridade da mulher e do homem*: uma tão prolongada situação de opressão não teria podido vigorar se não tivesse ganho força de cultura, se não se tivesse introjetado no universo subjetivo da mulher e do homem e aí lançado raízes sob a égide de "condição natural" de inferioridade da mulher.

O biólogo chileno Humberto Maturana dá um enfoque particular ao tema, estudando as origens históricas e culturais do patriarcalismo e referindo-se a uma cultura vivenciada pela nossa espécie, cujos traços permanecem vivos na nossa experiência enquanto crianças – a cultura matrística. Maturana reporta-se à cultura agropastoril para mostrar que junto com a emocão da apropriação privada de terras e rebanhos ocorreram

> outras emoções como a inimizade, a valorização da procriação (para garantir o controle hereditário das propriedades), a associação da sexualidade das mulheres à procriação, o controle da sexualidade das mulheres como procriadoras pelo patriarca, o controle da sexualidade do homem pela mulher como posse e a valorização das hierarquias e da obediência, como características intrínsecas da rede de conversações que constituiu o modo de vida pastoril (Maturana, 1997: 35).

Maturana também observa que o patriarcado como modo de vida não é uma característica do homem, é, sim, uma cultura. Por isso, ambos os sexos podem viver e relacionar-se de forma patriarcal ou matriarcal. "Homens e mulheres podem ser patriarcais, assim como homens e mulheres podem ser, e têm sido, matrísticos" (Maturana, 1997: 37). Segundo o autor, a forma de viver patriarcal europeia surgiu no encontro das culturas patriarcal pastoril e matrística prepatriarcal europeia, "como resultado de um processo de dominação patriarcal diretamente orientado à completa destruição de todo o matrístico mediante ações que só podem haver sido moderadas pela biologia do amor" (47). Ele atribui a oposição na relação homem-mulher, antes ausente, ao fato de as mulheres matrísticas terem resistido a submeter-se voluntária e plenamente aos homens patriarcais em processos de invasão, pirataria e dominação. As crianças da nova cultura patriarcal europeia, por sua vez, viveram uma contradição fundamental: cresciam numa comunidade matrística por alguns anos, para entrar numa cultura patriarcal na vida adulta. Maturana, tanto quanto Verden-Zöller, frisam que os fundamentos matrísticos do desenvolvimento da criança consistem na sua formação "como um ser humano que cresce no autorrespeito e na consciência social através de uma relação mãe-filho fundada no jogo livre em total confiança mútua e total mútua aceitação" (49). E observa que "na cultura matrística não há nem bem nem mal, devido a que nada é uma coisa em si mesma, e cada coisa é o que é nas relações que a constituem". Esta reflexão coincide com nosso pressuposto antropológico, cujo fundamento é a noção de que as coisas e pessoas só existem nos seus contextos relacionais espacio-temporais. Na cultura matrística, "as ações inadequadas revelam situações humanas de cegueira ou de falta de consciência das coerências normais da existência, que só podem ser corrigidas através de rituais que reconstituem tal consciência ou capacidade de ver" (50). Na verdade, tanto a ética como a visão de mundo são elementos fundantes de uma cultura. Maturana aponta que vivemos hoje duas culturas opostas e em conflito, a patriarcal europeia e a matrística. Ele nos chama à reflexão sobre este paradoxo de crescermos numa cultura predominantemente matrística e vivermos nossa vida adulta quase exclusivamente no universo patriarcal. E identifica, com incrível acuidade, a verdadeira democracia com o universo relacional matrístico. Ao nos tornar conscientes do paradoxo, podemos emancipar-nos do jugo cultural do patriarcado e fazer-nos responsáveis pelas nossas escolhas e, portanto, pela racionalidade das nossas atitudes e condutas. "(...) e nos tornamos responsáveis pela nossa racionalidade fazendo-nos responsáveis pelos nossos desejos" (69).

O mundo masculino, sem a presença ativa e equitativa do Feminino, é regido pela autoridade, a hierarquia, a guerra, a conquista, a propriedade excludente. É um mundo que tende à concentração da riqueza e à centralização do poder. O resultado de estruturas sempre mais complexas de propriedade e poder é mais burocracia, mas também despersonalização, objetivação e alienação, sobretudo no campo do trabalho. O trabalho, originalmente modo de ser *humano* na busca de sua sobrevivência física, desenvolvimento psíquico e autoexpressão, veio a reduzir-se no capitalismo à *condição* para a sobrevivência e, afinal, à *simples mercadoria* a ser vendida e comprada pelos donos do capital. Esta degradação e desvalorização do trabalho atinge seu extremo no caso da mulher e da sua vinculação com as tarefas do lar.[94] O maior custo, o modo de expressar-se mais desumanizador e despersonalizador desta ordem masculina, e que mais afeta o nosso cotidiano, são a objetivação e a mercantilização de tudo e de todos.

Estes últimos comentários atingem o coração mesmo da ordem global masculina e daquilo que mais nos interessa neste livro: ela opera o esmagamento da autonomia da pessoa humana, da sua consciência, capacidade de iniciativa e responsabilidade. O exército e a mercantilização capitalista levam cabalmente à prática este processo.

---

[94] Nos meus escritos, tenho apontado para a lógica irracional do capitalismo, que considera não trabalho as atividades que a mãe realiza de manutenção da casa, alimentação da família e criação dos filhos, ao passo que reconhece como trabalho as mesmas atividades quando realizadas por empregadas, babás e governantas assalariadas. Aqui se manifesta com toda a crueza o critério do capitalismo de que *não é o trabalho que conta, mas a relação mercantil de subalternidade do trabalho em relação ao capital através do salário.*

> O Estado capitalista é a generalização da relação militar de dominação e o estrangulamento da autonomia do ser humano em todas as suas manifestações de organização social. A centralização militar da violência é o modelo de todas as outras formas de centralização: patronal, burocrática, administrativa, policial e mesmo educativa e cultural (Garaudy, 1981: 36).

Somos hoje uma humanidade mutilada, que desenvolveu apenas uma metade do seu ser, a metade masculina. E não é por coincidência que o mundo dominado pelo masculino é também o mundo dominado pela crematística, disfarçada de economia. Pois ela, dividindo a sociedade entre os que possuem e os que não possuem, define como objetivo único e último dos primeiros a maximização dos ganhos materiais, a acumulação de riquezas a todo custo e, dos segundos, a luta cotidiana para suprir suas necessidades exteriores, materiais de subsistência através do seu trabalho. "O masculino tem a ver com a exterioridade, a ação, a conquista, e o feminino, com a interioridade, o cuidado e o respeito à vida e ao mistério do mundo" (Boff e Arruda, 2000: 73). É contra este mundo mutilado e mutilador que se levantam os movimentos sociais, inclusive os diversos movimentos feministas.[95]

6. Desenvolvimento socioeconômico e a reintegração do feminino e do masculino

Processos de luta e superação desta opressão e desta alienação têm se espalhado pelo mundo, sobretudo ao longo dos últimos 30 a 40 anos. Garaudy (1981: 11-12) aponta que o movimento feminista traz inovações fundamentais nas relações sociais. Refere-se à partilha equitativa do trabalho da casa e à igualdade de condições no trabalho social assalariado: a trabalho igual, salário igual. Porém, mesmo que essa igualdade fosse

---

[95] Ver a respeito o belo livro de Di Ciommo (1999), especialmente o cap. 6.

alcançada, a segregação entre assalariadas/os e dirigentes nas empresas capitalistas continuaria, até que se superasse o abismo entre trabalho e capital. Mas, enquanto "economia no masculino" apenas, o capitalismo não consegue engendrar nenhuma das duas situações de equidade. A reivindicação feminista vai muito mais longe. *Não se trata apenas de igualdade de direitos e condições, no seio de uma sociedade desigual mas a transformação radical das estruturas de desigualdade instituídas pelo poder masculino há vários milênios.* Citando Maria de Lourdes Pintassilgo, autora feminista portuguesa, Garaudy evoca, para além do estabelecimento de direitos iguais para os dois gêneros, a necessidade de "uma estratégia para uma alternativa de sociedade", referindo-se especificamente a "uma efetiva feminização do conjunto de relações sociais", explicando que isto não significa a negação da contribuição masculina, mas a recusa de considerar os homens como exclusivos e únicos representantes da humanidade no seu conjunto (Garaudy, 1981: 125).[96]

Em meu livro com Boff, argumento que

> o desafio é começar, no interior de um mundo dominado pela economia, uma transição para um mundo que esteja organizado em torno das necessidades *superiores* [que são também as *interiores*] do ser humano, que implicam na produção de conhecimento, de beleza, de bem-estar, de comunicação, de interação e no desenvolvimento de suas relações de solidariedade com a natureza e com todos os seres, dos seus sentidos de ética, de estética e de comunhão com cada outro ser humano e com a espécie, e do equilíbrio dinâmico entre seu lado masculino e feminino (Boff e Arruda, 2000: 73).

Para fundamentar essas proposições, parto da constatação de que os ganhos da produtividade, obtidos pela reestruturação produtiva e

---

[96] Nesta sua obra, Garaudy faz ampla utilização do livro de Maria de Lourdes Pintassilgo, "Les Nouveaux Féminismes", 1980, Ed. du Cerf, e faz também um elogio à sua vivência política no governo de Portugal, citando-a como exemplo do que pode ser "uma feminização da política". Junto com Paulo Freire e a equipe do IDAC, conheci pessoalmente em Lisboa esta admirável educadora e feminista, quando era Ministra da Educação.

pela reconfiguração da divisão social do trabalho vinculadas à globalização capitalista, são produto não só da ação de empresários e acionistas, mas principalmente do trabalho do *indivíduo social*. Portanto, deveriam ser compartilhados com a sociedade. Sua apropriação unilateral pelos proprietários do capital e a concentração sempre maior resultante da competição desregulada e predatória, em cujo contexto as empresas são empurradas a buscar sempre maior competitividade ou então serão eliminadas pelas outras, são enfermidades que vão desfigurando a sociedade e o sistema democrático-burguês num processo que tende a explodir. Reformas que ajustam e compensam ou mitigam estas contradições, como as que engendram novos tipos de Estado apelidados "de Bem-estar Social" ou as que promovem um "cooperativismo" competitivo e predador, não são suficientes para superá-las. Advogo "medidas que toquem na estrutura da propriedade e da gestão dos bens produtivos, e na política de remunerações", para superar sustentavelmente aquela enfermidade.

Democratizando os ganhos da produtividade e os benefícios da economia do tempo de trabalho, geram-se as condições para que todos se beneficiem dos bens suficientes para garantir sustentavelmente um nível digno de produção e reprodução ampliada da vida para si e suas famílias, e do tempo suficiente para trabalhar pelo desenvolvimento das suas dimensões superiores enquanto indivíduos, comunidades, nações, humanidade. "Esta é a essência de uma *nova política do trabalho* e do *projeto de uma economia e uma cultura política e social da solidariedade e da corresponsabilidade*" (Boff e Arruda, 2000: 125). O ser humano está interconectado com a natureza, o cosmos e cada outro ser humano, portanto não somos "por natureza" competitivos e agressivos, nem necessitamos dominar e destruir a natureza para nos beneficiarmos dela; ao contrário, a Vida e a Evolução nos convidam a edificar conscientemente relações de partilha, solidariedade e comunhão com o Outro, a Terra e o Universo. Decorre disto que, no meu entender, todas as relações humanas podem ser transformadas em relações amorosas, isto é, não limitadas aos atos de vender, ocupar, penetrar, controlar, apropriar-se (todos estes, atributos do masculino), mas sejam dedicadas sobretudo aos atos de dar, acolher, receber, compartilhar (atributos do feminino). Uma economia da reciprocidade, do acolhimento, da gratuidade, da partilha e do afeto não é mais apenas economia, mas *socioeconomia, humanoeconomia,* ou uma economia não apenas no masculino, mas também no feminino, não apenas no singular, mas também no plural (2000: 126).

Contudo, não é apenas no âmbito socioeconômico e político que este processo emancipador deve desdobrar-se. É no espaço doméstico, no das atividades de "reprodução ampliada da vida"[97] (Coraggio, 2000: 103-105), que ele se fundamenta, pois este é um espaço de práxis intra e interpessoal cotidiana, que envolve todas e todos nós, mesmo as/os mais proeminentes líderes políticos e sociais. Um passo emancipador seria o intenso e pleno envolvimento do pai na criação dos filhos desde o momento da sua concepção até eles tornarem-se plenamente autônomos. Por um lado, isto permitirá que as filhas e os filhos tenham a experiência da totalidade humana que se expressa na complementaridade dos modos feminino e masculino de cuidar e de amar. Por outro, liberará tempo e energia para que a mulher possa assumir mais plenamente uma participação cidadã em todas as áreas da vida pública. À medida que um número crescente de mulheres que tenham desenvolvido uma aguda *consciência da sua feminilidade e da arte de harmonizar suas dimensões feminina e masculina* ocupem espaços na vida pública de uma sociedade, maiores e mais profundas serão as mudanças institucionais, relacionais, culturais e mesmo espirituais que essas sociedades experimentarão. O mesmo podemos dizer de homens que tenham desenvolvido o seu lado feminino e o domínio da arte de harmonizar suas dimensões masculina e feminina, pois estão

---

[97] Isto é, a luta pelo aumento da qualidade da vida própria e da família, com base no desenvolvimento das capacidades pessoais e sociais dos seus componentes.

aptos para desempenhar o papel de polos irradiadores de profundas transformações nas esferas há pouco mencionadas.[98]

Enfim, a emancipação e harmonização no plano das relações socioeconômicas exige não apenas uma inovação no plano das relações sociais de produção e nas instituições, mas também "uma mudança radical do conjunto de relações sociais" (Garaudy, 1981: 39). Mudança que inclui o paradigma de organização da sociedade e do trabalho humano, mas também, como propõem diversos lutadores pela emancipação feminina, inclusive eu próprio, uma transformação no interior das próprias pessoas, mulheres e homens. É desta que se ocupa, de modo muito especial, a Educação da Práxis.

7. Educação da Práxis e a reintegração do feminino e do masculino

Durante todo o trabalho de construir esta trilogia temos postulado a íntima conexão entre o desenvolvimento humano e a educação. Agora, ao discutir criticamente a ordem predominante do Masculino, responsável por um desenvolvimento unilateral e alienado da pessoa e da sociedade humana, e a necessidade que sente o *Homo* de reintegrar o Feminino e o Masculino para reencontrar sua unidade essencial, devemos examinar a dimensão educativa deste desafio. Coloco esta questão numa posição de destaque, pois acho que ela faz parte da própria "alma" da Educação da Práxis.

Comecemos explicitando a relação polar entre essas duas dimensões da pessoa. Os educadores precisam integrá-las em si próprios se desejam compreendê-las na sua essência e, então, incorporá-las nos processos educativos. A

---

[98] Na sociedade dominada pelo componente masculino, as mulheres que conseguem galgar altos postos nas estruturas de poder muito frequentemente adotaram atitudes e comportamentos *viris*, isto é, dominantemente masculinos, como Margaret Thatcher, Sandra Cavalcanti e outras figuras masculinizadas da política."Não é uma diferença biológica que distingue o feminino do masculino. Portanto, não muda nada substituir uma pessoa que usa calças por outra que usa saia se é para realizar a mesma função: servir ao mesmo sistema de dominação e de conservadorismo" (Garaudy, 1981: 126-127).

Educação da Práxis visa levantar o véu dos fenômenos para *tomar a essência da realidade como referência educativa*. Ela é interpelada pelo desafio de reintegrar o Feminino e o Masculino nos âmbitos da pessoa e da vida em sociedade e, ao mesmo tempo, ela é um poderoso instrumento em favor dessa reintegração.

Identificamos acima duas dimensões da luta pela harmonização das dimensões masculina e feminina, uma, objetiva, ligada à emancipação da mulher e à práxis da igualdade de direitos dos dois gêneros, à superação de todas as opressões e da alienação que vigoram nas diversas instituições e relações da sociedade; a outra, subjetiva, ligada à consciência de que a dimensão feminina está presente na psique masculina (e mesmo inscrita no corpo do homem) e vice-versa. Cabe a cada um de nós e às instituições educativas – assim como às sociopolíticas – cuja missão é contribuir para a nossa personalização e socialização, para a nossa edificação enquanto subjetividades e singularidades – fazer desabrochar esta consciência e desenvolver nosso potencial de autogerir o processo dialético que é a interação entre as duas.

Existe uma tendência no movimento feminista que nega as diferenças entre o homem e a mulher, e afirma que são invenções machistas a identificação de características do Feminino distintas das do Masculino, e mesmo uma dimensão especificamente feminina ou masculina presentes na psique e na estrutura da personalidade de ambos os gêneros. Considero esta uma posição distante da realidade dos gêneros, pois ignora toda a evolução da fisiologia e da psicologia dos gêneros, e a sabedoria tradicional das culturas não ocidentais, para quem são as polaridades e sua interação dinâmica, contraditória e complementar, que dão vida e movimento ao Universo.[99] Essa posição leva o tema da opressão da mu-

---

[99] Esta distinção é amplamente estudada em Muraro e Boff, 2002. A autora e o autor examinam as diferenças dos dois gêneros e mostram que elas são fonte de incompatibilidades, e também de complementaridades. Ressaltam o papel da sexualidade na busca do encontro e da união, sem que a diversidade se desfaça nela. E mostram como a cooperação, a solidariedade e o amor entre seres diferentes são o único caminho para a construção duradoura de paz, alegria e felicidade. Quando isto se estender a toda a Humanidade, teremos a espécie humana "reengendrada e espiritualizada".

lher para um campo ideológico que termina por produzir outra forma de opressão, a da fictícia uniformidade dos gêneros. É justamente a diferença e a diversidade entre os gêneros que os atrai e engendra a complementaridade genética, sexual e psicológica entre ambos (Jacquard, 1978: 206-208; 2000, 113-116). Essa diversidade está manifesta em todos os níveis da realidade, desde a esfera dos cromossomos X e Y até as realidades astrais e cósmicas.

Os chineses trabalham essas polaridades e o ciclo energético que flui entre elas desde os tempos mais antigos. E associam o *yin* ao Feminino e o *yang* ao Masculino. As associações que os chineses fazem são coerentes: a Terra, a Lua, a Noite, o Inverno, a Umidade são frias (característica do Feminino); a interioridade tem a ver com a forma do órgão sexual e reprodutivo feminino, e também com seu papel no processo reprodutivo e a estrutura da sua psique.

YIN	YANG
Terra	Céu
Lua	Sol
Noite	Dia
Inverno	Verão
Umidade	Secura
Frio	Calor
Interior	Exterior

É certo que na biologia, e também na psicologia, as características masculinas e femininas não estão separadas com nitidez, mas ocorrem em proporções variadas em ambos os sexos. Isto é importante porque chama a atenção para um aspecto da realidade das polaridades dialéticas que tenho sublinhado ao longo de todo este trabalho: *a simultaneidade das oposições ou dos polos contraditórios de uma mesma realidade ou de um mesmo ser*. No caso do ser humano e do seu universo mental e psíquico, tanto consciente quanto insconsciente, ocorre a presença simultânea e contraditória de componentes femininos e masculinos. Conforme aponta Jung, eles são predominantes conforme o gênero da pessoa e o tipo de integração de sua personalidade. Este é justamente o fundamento a partir do qual brota o desafio da luta pela harmonização desses dois componentes complementares entre si da realidade humana, tanto em nível intergêneros como em nível de cada pessoa.

Igualmente, os chineses concebiam que todas as pessoas passam por fases cíclicas *yin* e *yang*, uma cedendo lugar à outra sempre em busca de harmonização. A personalidade das mulheres, como a dos homens, manifesta claramente este ciclo em que interagem dinamicamente elementos femininos e masculinos (Hill, 1992: 23-53). Tal concepção conflita frontalmente com a da cultura patriarcal dominante há seis milênios e com a maneira dessa cultura organizar a sociedade com base numa ordem distorcidamente hierárquica, em que o papel protagônico e dominante cabe ao homem. Por isso é preciso desmascarar algumas associações falsas e distorcidas, que não fazem outra coisa senão aprofundar a subestimação do Feminino e a opressão da mulher, como é o caso da associação do *yin* à passividade e do *yang* à atividade. Os polos *yin* e *yang* seriam, na linguagem junguiana, referências arquetípicas. A psicologia junguiana evidencia que no plano psíquico convivem interativamente quatro padrões de Masculino e Feminino: os das polaridades masculino dinâmico e feminino estático, masculino estático e feminino dinâmico, e as polaridades positiva e negativa de cada uma delas (Hill, 1992: 3-22). Os conceitos de inspiração "newtoniana" de passividade e atividade, no Ocidente, são superficiais e mecânicos, e no contexto cultural ocidental esta associação passa a ser instrumento ideológico de opressão. A boa associação seria "do *yin* à atividade receptiva, consolidadora, cooperativa; e do *yang* à atividade agressiva, expansiva e competitiva. A ação *yin* tem consciência do meio ambiente, a ação *yang* está consciente do Eu. Em terminologia moderna, poderíamos chamar a primeira de 'eco-ação' e a segunda de 'ego-ação'" (Capra, 1995: 35).

Importante para a nossa reflexão sobre o conhecimento e a educação é o fato de que esses modos de atividade estão intimamente relacionados com dois tipos de conhecimento ou de consciência característicos da mente humana: um, relacionado à intuição, à sensação (aos sentidos) e ao sentimento; o outro, à razão. Estes dois tipos de conhecimento e de consciência são complementares. O racional é linear, parcialista, analítico, dissociador, exteriorizador; pertence ao domínio do intelecto, cuja função é distinguir, medir, classificar. Seu referencial é a teoria. O intuitivo, por sua vez, é não-linear, holítico, sistêmico, sintetizador, interiorizador; pertence ao domínio do sentimento, das sensações e da emoção. Seu referencial é a experiência direta, a ação consciente, a prática. O conhecimento racional tende, pois, a gerar atividade egocêntrica, ao passo que o intuitivo está na base da atividade ecológica. Ambos se articulam de maneira dinâmica e complementar na *práxis*. Note-se que a cultura ocidental tem preconizado que a mente racional é o atributo superior do conhecer humano, e sobre esta crença construiu uma visão de mundo, uma cosmologia e um modo de organizar as relações na sociedade. A ordem masculina é a manifestação concreta dessa crença. O postulado de que a mente racional não é o atributo gnosiológico mais importante, mas na verdade um dos menos importantes, inferior, portanto, à intuição, ao sentimento e aos diversos atributos de percepção sensitiva,[100] representa uma subversão daquela cultura e implica uma outra visão de mundo, cosmologia e ordem social, na qual a mulher, a partir da valorização dos atributos associados ao Feminino, ganha um papel relevante!

As seguintes associações, que adaptei a partir de Capra (1995: 36 e 1996: 7), aproximam-nos da compreensão do desafio que nos convoca a

---

[100] Segundo Don Juan (Castañeda, 1976: 244-255), para chegar à totalidade de nós próprios, temos de desenvolver uma série de atributos do conhecimento. Ele sugere que cada atributo de conhecer engendra sua própria visão de mundo, e o que está fora dessa visão não é captado pelo atributo e para ele não existe. A *razão* é o atributo no qual estamos centrados. Mas ela sozinha não nos conduz à totalidade do ser que somos e do conhecer de que somos capazes. Por meio de outras vias de conhecimento – o *falar*, o *sentir*, o *sonhar*, o *ver*, o *querer* – podemos perceber a realidade em outras dimensões, pois cada uma delas engendra sua própria visão de mundo, ou é capaz de captar o mundo à sua maneira. "Depois de uma luta de vida inteira eu sei que o que conta não é aprender uma nova descrição [do mundo], mas chegar à totalidade de mim próprio (...). Só quando defrontamos uma visão de mundo com outra é que podemos esgueirar-nos entre ambas *[outra vez o fio da navalha!]* para chegarmos ao mundo real. Isto é, só podemos chegar à totalidade de nós próprios quando compreendemos que o mundo [que vemos com a razão] é apenas uma visão [entre várias] (...)" (1976: 245).

desenvolver uma "filosofia do conflito" (Boff e Arruda, 2000: 179-181) como um referencial para a Educação da Práxis:

Yin	Yang
Feminino	Masculino
Integrativo	Autoafirmativo
Contrátil	Expansivo
Conservador	Exigente
Receptivo	Invasivo
Cooperativo	Competitivo
Qualitativo	Quantitativo
Intuitivo	Racional
Sintético	Analítico
Interioridade	Exterioridade
Parceria	Hierarquia
Não linear	Linear
Holístico	Parcialista

Estes são polos diferentes e, ao mesmo tempo, complementares. No caso do *Homo*, eles correspondem às duas dimensões diferentes e complementares que o definem: a pessoal e a social. Um não existe sem o outro. A prevalência de um representa desequilíbrio e o movimento de busca de uma nova harmonia. No campo da saúde física e mental, representa doença e a busca de uma nova etapa saudável. O avanço da ciência tem levado à consciência de que a vida é um sistema integrativo que evolui do simples para o complexo; existe uma regularidade neste processo que se identifica como Lei da Complexificação. Parece que essa complexificação está ligada à crescente interação complementar e criativa entre polos que se opõem. Este fenômeno desemboca no que a ciência começa apenas a trabalhar, e que tem tudo a ver com a minha pesquisa nesta trilogia: a dinâmica das redes! Esta é vista como nova área da ciência, combinação da "teoria dinâmica de sistemas", a "teoria da complexidade" e a "dinâmica não linear" (Mance, 2000: 17-28). Relacionando tudo isto com o quadro Yin-Yang, podemos ver que faz todo o sentido falar em "feminização da ciência".

Como mostrou Capra, este movimento tende a ser convergente com o das místicas não ocidentais (Capra, 1984, capítulo III). É a partir deste quadro teórico que podemos compreender a teoria da "feminização da economia", que busco desenvolver nesta obra. A esta tendência denomino socioeconomia solidária ou (no contexto desta trilogia) *Economia da Práxis*. Seus traços incluem a cooperação, a receptividade, a reciprocidade, a complementaridade do diverso, a solidariedade, a amorosidade. Ela representa um processo integrativo capaz de elevar a Humanidade de *homo consumens* a *homo convergens*.

Uma economia cooperativa e solidária produz uma série de integrações que superam a desagregação que domina o sistema do capital mundial:

- sociedade e economia;
- atores econômicos diversos, com base na complementaridade, e não na competição;
- trabalho e capital;
- produtor e consumidor;
- empresa e comunidade;
- comércio e solidariedade;
- oferta e demanda de crédito/poupança;
- necessidade e desejo;
- quantidade e qualidade;
- indivíduo e coletividade;
- criatividade e planejamento;
- autonomia e orquestração solidária;
- produção e gestão;
- produção e finanças;
- campo e cidade;
- crescimento e desenvolvimento;
- as partes e o todo.

A essa economia integradora corresponde uma educação também integradora. Na relação educativa – e autoeducativa – aparece a necessidade de a mulher e o homem "aprenderem a comunicar-se sobre as diferentes espécies de poder que têm um sobre o outro, sem primeiro acusar-se mutuamente" (Aliança, 1997: 99). Na base estão diferentes espécies de poder, o poder do Feminino e o poder do Masculino. Eles têm linguagens e modos de expressão diferentes. Criar, a partir do *diálogo* e do *respeito às diferenças*, uma linguagem comum que permita que as diferenças se integrem de forma complementar e deem lugar a intercâmbios em que ambos ganham, eis a questão.

Mencionemos um campo mais em que o Feminino oferece uma contribuição valiosa:

> A essência espiritual da visão ecológica parece encontrar sua expressão ideal na espiritualidade feminista advogada pelo movimento das mulheres, como seria de se esperar do parentesco natural entre feminismo e ecologia, enraizado na antiquíssima identificação da mulher com a natureza. A espiritualidade feminista baseia-se na consciência da unidade de todas as formas vivas e de seus ritmos cíclicos de nascimento e morte, refletindo assim uma atitude para com a vida que é profundamente ecológica (Capra, 1995: 406).

A Educação da Práxis chama à integração desses diversos aspectos da realidade humana nos espaços e instâncias socioeducativas da vida escolar, doméstica, comunitária e social. Uma integração que respeita as diferenças e maximiza o aproveitamento das complementaridades. Uma integração que não prescinde do conflito, mas que o acolhe e o trabalha, buscando as vias adequadas para a sua superação. Uma integração que busca tanto a eficiência do desenvolvimento do megassistema humano quanto o de cada parte, cada indivíduo e comunidade. A Educação da Práxis coloca para o educador questões e desafios relevantes: Como facilitar a integração criativa entre meninas e meninos na sala de aula? Como desenvolver exercícios, jogos e desafios que tornam evidentes para os educandos as diferenças entre os polos genéricos e os potenciais de complementaridade recíproca? Como ajudar os educandos a desenvolver sua percepção das polaridades e sua capacidade de integrá-las dialeticamente? Como se utilizar do *diálogo* para valorizar ambos os polos e facilitar a emergência de uma linguagem e visão de mundo comuns? Como construir linguagens adequadas aos jovens e adultos trabalhadores, visando aqueles mesmos objetivos? Desafios estes aos quais cada educador e instância educativa deve trabalhar para responder.

Resumindo. Na perspectiva de uma práxis educativa, a discussão que fizemos acima busca incorporar as polaridades e as oposições, interiorizar nos educandos uma "filosofia do conflito" e instrumentar para a harmonização do masculino e do feminino. Dela podemos concluir com as seguintes proposições:

1. Os sistemas educativos necessitam introduzir a questão da relação Masculino-Feminino e da posição da mulher nos espaços coletivos como um tema educativo fundamental. Assim também outros elementos polares.

2. Na esfera da objetividade, é possível fazer isto em vários campos:
2.1. no próprio método de organizar e comunicar o conhecimento, construindo programas e currículos multidisciplinares e multissensitivos (que envolvem os diversos sentidos do conhecer), desenvolvendo modos cooperativos e colaborativos de aprendizagem, em vez de modos competitivos e trabalhos apenas individuais,[101] e estimulando nos educandos, sempre que possível, a pesquisa e a busca da descoberta, em vez de apenas transmitir mecanicamente o conhecimento acumulado; trata-se de construir currículos que envolvem uma quantidade de campos da existência atualmente excluídos do sistema escolar, a partir do que temos chamado de "alfabetização": alfabetização econômica, alfabetização filosófica, alfabetização em saúde, alfabetização em nutrição, alfabetização em cuidado materno-paterno-infantil, alfabetização em evolução, al-

---

[101] Para uma rica apresentação sobre métodos e técnicas cooperativas de aprendizagem, ver Abrami, 1996, sobretudo a segunda parte. Infelizmente, está ausente deste belo livro o tema das relações entre os gêneros.

fabetização em desenvolvimento integral... Tal etapa seria seguida por todo um currículo em etapas prático-teóricas, a ser desenvolvido ao longo dos anos de forma interativa e colaborativa, de modo que o aprender de um seja complementado com o aprender de outro num processo que articula as aprendizagens emocional, intuitiva e racional, e as aprendizagens individual, interpessoal e coletiva;[102]

2.2. na definição dos diversos atributos do conhecer da criança, assim como do jovem ou adulto que buscam educar-se para desenvolver-se, programando exercícios, técnicas e processos que visam desenvolver não apenas o intelecto, mas também os diversos sentidos físicos, o sentimento, as emoções e a intuição; neste sentido, transformar o processo de ensino-aprendizagem em um diálogo que envolve curiosidade, interesse, comunicação e prazer é realizar efetivamente *uma educação no masculino e no feminino*;

2.3. na maneira de organizar fisicamente a sala de aula e a posição dos educandos e do educador: a sala de aula tradicional, em que todas as carteiras estão voltadas para o "altar do saber", onde se situa o professor, expressa fisicamente a concepção masculina e autoritária do saber; um número demasiado grande de alunos para um professor expressa a noção mecanicista de ensino apenas transmissivo, em que o papel do professor se limita a transferir conhecimento e a treinar os alunos para aplicá-lo de maneira repetitiva e uniforme; uma sala em que os educandos estão sentados em círculo e o professor está entre eles cria situações em que todos podem comunicar a todos o seu saber, e a

---

[102] Neste aspecto, é estimulante a leitura do item 4.1, *As Pedagogias do MST*, no precioso livro de Roseli Salete Caldart (2000: 204-237), no qual ela faz uma exposição das cinco pedagogias do Movimento: pedagogia da luta social, pedagogia da organização coletiva, pedagogia da terra, pedagogia da cultura e pedagogia da história.

presença do professor garante o apoio, a guia e a intermediação na caminhada multidimensional do saber das crianças, jovens e adultos; um número limitado de educandos permite ao professor conhecê-los e acompanhá-los pessoalmente numa trajetória que é sempre mais única e peculiar a cada educando;

2.4. na maneira de combinar o aprendizado fora e dentro da escola, tomando a família e a comunidade como espaços educativos e fontes de aprendizagem; integrando pais e agentes comunitários num processo planejado e acompanhado de ensino-aprendizagem, em que todos os espaços de vida da criança e do jovem, e o espaço de trabalho dos jovens e adultos, por serem interconectados e interativos, passam a fazer parte de um mesmo processo e programa de ensino-aprendizagem;

2.5. na maneira de combinar a prática com a teoria: estabelecendo e incorporando o máximo de situações vivenciais e experienciais como espaços de aprendizagem prática, a serem trabalhadas teoricamente no espaço das aulas; introduzindo os educandos em atividades laborais cooperativas e solidárias, que lhes permitam descobrir o sentido autopoiético do trabalho individual e colaborativo, incluindo noções de contabilidade, planejamento estratégico, avaliação e gestão, todas estas, qualificações indispensáveis para a autogestão laboral e educativa; introduzindo-os também em atividades organizativas e cidadãs, nas quais possam desdobrar seu sentido social, sua consciência histórica e seu compromisso com a nação e a Humanidade; por meio disso tudo, desenvolvendo com os educandos a competência para conhecer e aplicar criativamente a Metodologia da Práxis nesses contextos.

3. Na esfera da subjetividade, dando ênfase ao desenvolvimento dos atributos associados ao Feminino e à participação das meninas e das jovens no processo de autoaprendizagem; é possível planejar um conjunto

de atividades de educação dos sentidos materiais em associação com a dos sentidos imateriais. Em particular, é possível organizar cooperativamente a aprendizagem e a classe, de maneira que desde tenra idade as crianças aprendam a socializar-se, tendo os seguintes elementos da cultura da colaboração solidária presentes na relação educativa:

    3.1. *Valores*: o desenvolvimento da consciência de que cada um é uma totalidade única em si e, ao mesmo tempo é parte de totalidades maiores, a classe, a escola, a família, a comunidade, o gênero... Assim, o respeito à diversidade, a busca de unanimidades e de projetos em comum através do *diálogo* e da negociação, fundados nos valores capitais que são a solidariedade, a reciprocidade, a amorosidade (que corresponde à consciência de estarmos indissoluvelmente ligados uns aos outros).

    3.2. *Atitudes*: a preocupação com o bem-estar de cada outro e do conjunto da classe, os sentidos altruísta, ético e estético, a promoção da subjetividade e da singularidade de cada um, o desenvolvimento da atitude compassiva e solidária, a promoção da diversidade e a busca das complementaridades, o crédito de confiança mútuo como base inicial da relação interpessoal.

    3.3. *Modos de relação*: a promoção de toda forma possível de cooperação e de espaços e instâncias de colaboração; a educação do *fio da navalha,* que incorpora o conflito e ensina a metodologia para a sua superação. Um modo prático de construir esses espaços e instâncias é transformar cada sala de aula numa pequena cooperativa, operando de forma autogestionária, auto-organizadora e autoeducativa; e a articulação delas no âmbito da escola concebida como federação cooperativa etc.

    3.4. *Aspirações*: desmascarar os diversos engodos e ilusões presentes no cotidiano dos educandos através da publicidade e da mídia, como que a ênfase na carência para estimular o consumo de luxo e ilimitado, a adoção de vícios, o ganho fácil mediante o fracasso dos outros são fontes de bem-estar e felicidade. Alimentar a consciência dos educandos com as aspirações ligadas ao paradigma da abundância, que estimula a busca do consumo do suficiente e do sustentável, à conquista das condições materiais legítimas para o bem-estar, mas, sobretudo, ao desenvolvimento dos seus potenciais superiores, que são as verdadeiras fontes do bem-viver, da convivialidade e de uma felicidade genuína e sustentável.

8. Ética do sujeito do conhecer

A questão "Quem é o sujeito do desenvolvimento", que discutimos com especial relevo no Livro 2, é um desafio de natureza essencialmente política. Se o desenvolvimento está relacionado ao desdobramento dos potenciais e dos atributos, talentos, recursos inerentes ao organismo, ao indivíduo, à comunidade e à sociedade que se desenvolvem, não é possível conceber outro sujeito senão ele/ela próprios. Consciente disso, a Educação da Práxis propõe-se educar o ser humano – indivíduo e coletividade – para este empoderamento, para este tornar-se sujeito pleno, cidadão pleno, ser humano integral de uma sociedade em processo de emancipação de tudo o que limita seu *ser mais, ser sempre mais plenamente*. Discutamos esta questão pelos ângulos da ética, da política e da educação.

O livro de Maturana e Varela parece terminar onde começa a discussão de detalhe sobre a Educação da Práxis. A partir da concepção de amor que Maturana propõe, e que discutimos no Livro 1, podemos qualificar a ética que ele e Varela propõem como uma *ética amorosa*.

> Todo ato humano tem lugar na linguagem. Todo ato na linguagem traz ao alcance o mundo que se cria com outros no ato de convivência que dá origem ao humano; por isso todo ato humano tem sentido ético. Esta

amarra do humano ao humano é, em última instância, o fundamento de toda ética como reflexão sobre a legitimidade da presença do outro (1984, 163).

A esta "amarra do humano ao humano" eu tenho chamado de *solidariedade natural* ou a interconexão natural entre nós humanos e de nós com toda a Natureza e o Cosmos. O apelo ético, a meu ver, situa-se justamente em ultrapassar esta solidariedade natural optando voluntariamente por reconhecer a legitimidade do outro como sujeito potencial do mundo que compartilhamos. Este reconhecimento, na prática, converte a solidariedade natural em *solidariedade consciente*; ele consubstancia a ética amorosa, que, para Maturana e Varela, consiste em acolher receptivamente o outro como parte indispensável do meu mundo: "*aceitar o outro junto a si* na convivência, [este] é o fundamento biológico do fenômeno social: sem amor, sem aceitação do outro junto a si não há socialização, e sem socialização não há humanidade" (1984, 163-164).

Solidariedade natural – Solidariedade consciente

Ética amorosa

Esses autores definem com vigor a ética da responsabilidade daquele que conhece como sendo o dever de "*colocar a reflexão do que este é capaz e do que o distingue, no centro* de um verdadeiro assumir a estrutura biológica e social do ser humano" (1984: 163). Explicam que essa postura equivale a criar as condições para tomar consciência da situação em que se está, pessoal ou social, e vê-la a distância, de um ângulo mais abrangente; buscar uma perspectiva mais abrangente, um terreno experiencial comum, no qual o outro também tenha lugar.

Os autores reforçam o que postulo nesta obra: que o outro é um centro de subjetividade e de singularidade a respeitar da mesma maneira que desejo respeito à minha própria subjetividade e singularidade.

Educação da práxis e desenvolvimento

> Cada vez que nos encontremos em contradição ou oposição com outro ser humano, *com o qual gostaríamos de conviver* [e de fato, em última instância, *temos de conviver com todos,* pois estamos interconectados com toda a humanidade e todo o Cosmos], nossa atitude não poderá ser a de reafirmar o que vemos desde o nosso próprio ponto de vista, mas sim a de apreciar que nosso ponto de vista é o resultado de um acoplamento estrutural num domínio experiencial *tão válido quanto o do nosso oponente, ainda que o seu nos pareça menos desejável* (1984, 163).

Na perspectiva da práxis, esta busca se dá através do *diálogo*, da negociação transparente e solidária, fundada na confiança e na vontade recíproca de construção de um terreno ou projeto comum. Portanto, aqui de novo a linguagem tem o relevante papel de viabilizar o que é patrimônio exclusivo do *Homo*, isto é,

> por um lado, gerar as regularidades próprias do acoplamento estrutural social humano, que inclui entre outros o fenômeno das identidades pessoais de cada um; e, por outro lado, construir a dinâmica recursiva do acoplamento estrutural social que produz a reflexividade que dá lugar ao ato de olhar com uma perspectiva mais abrangente (...) permitindo ver que como humanos só temos o mundo que criamos com outros. Este ato de ampliar nosso domínio cognoscitivo reflexivo, que sempre implica uma experiência nova, podemos chegar a ele seja por raciocínio, seja mais diretamente porque alguma circunstância nos leva a ver o outro como um igual, num ato que habitualmente chamamos de *amor* (1984: 163).

Tomemos outro autor que corrobora essa percepção da ética amorosa fundada na multicentralidade dos sujeitos: Rudolf Steiner. Para Steiner os seres humanos vivem juntos não compelidos por uma lei externa qualquer, mas sim porque existe um cosmos espiritual único, comum a nós todos. Nele, a realidade do *Homo* é a de um ser *livre*, enquanto indivíduo e enquanto sociedade e espécie. Mas essa liberdade não é um dom gratuito, e sim um bem a ser conquistado. A evolução do *Homo* neste sentido está apenas iniciando. O *Homo* integral – que seria um ser autônomo, autogestionário e autopoiético, enquanto pessoa e enquanto coletividade – ainda não se tornou uma realidade. A natureza opera a realização de todos os organismos e ecossistemas, exceto a do *Homo*. Para ele a natureza não pode fazer mais que pavimentar a trilha – a caminhada só o *Homo* pode fazer. É sua tarefa exclusiva (Steiner, 1963: 24-26). Portanto, a filosofia de Steiner define claramente o ser humano como sujeito da sua própria construção e da sua própria educação para tornar-se sujeito do seu desenvolvimento e do seu devir. A sua é uma filosofia da práxis, na medida em que não lhe ocorre que haja uma resposta puramente objetiva ou teórica a esse desafio: trata-se de um *processo de autolibertação* e de *autopoiese*. E ambos exigem a aprendizagem da *autoeducação*.

No plano político, esta práxis de construir-se como sujeito implica no *empoderamento* individual e social daqueles que a experimentam. Inaugurando uma abordagem profundamente inovadora, Gramsci propõe a superação do conflito entre a liberdade individual e a vivência da coletividade. Sua concepção de liberdade é francamente positiva, como "expansão social, não diminuição e limitação: a liberdade individual não termina onde começa a dos outros, mas se desenvolve ainda mais quando se encontra com a dos outros" (Semeraro, 1997: 11). Evidentemente, para Gramsci o ser humano é um ser ao mesmo tempo individual e social e,

> como cidadão de uma sociedade tão "civil" que chega ao ponto de não precisar do Estado como uma instância exterior, uma vez que a liberdade toma o lugar da necessidade, e o autogoverno toma o lugar do comando. O Estado como o conhecemos, em Gramsci, torna-se supérfluo porque nas massas se desenvolve a responsabilidade pelo público e coletivo, não porque o privado não admite interferências na sua esfera. Ao "absorver" a sociedade política, a nova sociedade civil – que surge das organizações populares e valoriza a sua criatividade – torna-se um organismo público, cria um novo Estado capaz de orientar a economia e as potencialidades sociais na direção do interesse geral.

Semeraro resume o descortínio de Gramsci assim:

> A totalidade e a organicidade que Gramsci defende é a que surge (e precisa sempre se recriar) das relações livres e conscientes de sujeitos sociais que, nas diferenças e nos conflitos, chegam a construir um consenso ativo e uma hegemonia cuja estabilidade depende constantemente da avaliação e da aprovação da sociedade (Semeraro, 1997: 12).

Todas essas proposições constituem partes do fundamento de uma Educação da Práxis. Elas situam a educação na dupla esfera da objetividade e da subjetividade, dos potenciais de personalização e de socialização do ser humano. Elas identificam como objetos da educação não apenas a aprendizagem dos meios de satisfazer nossas próprias necessidades materiais, mas também, e de forma integrada e interativa, as nossas necessidades não materiais, superiores, interiores, mentais, psíquicas e espirituais. Esta dupla aprendizagem, vivenciada prática, teórica e emocionalmente pelos educandos, com tudo o que implica de disciplina e empenho da vontade crescentemente consciente, constitui, na sua essência, *um caminho de liberdade. Ser sempre mais* significa *ser sempre mais livre, para ser plenamente e criar com toda a força do seu ser-sendo.*

A figura do educador ganha, então, uma relevância e também uma humildade que a educação tradicional desconhece. Relevância porque ele/ela precisa ter plena consciência da sua responsabilidade em relação a este universo complexo de campos da realidade do educando a ser trabalhados por este; e humildade porque o único sujeito possível desta aprendizagem do educando é o próprio educando, restando ao educador o papel de ser "apenas" mestre e guia, que visa tornar-se dispensável à medida que o educando constrói por si só a capacidade da autonomia, da autogestão e, em última instância, da autopoiese, do fazer-se a partir de si mesmo, de sua própria práxis, enquanto indivíduo e coletividade, isto é, enquanto indivíduo social.

Sem qualquer hesitação eu correlaciono metaforicamente (fazendo as devidas distinções) o processo educativo da práxis com o processo terapêutico ou de edificação do próprio *eu-mesmo (Self)* proposto por Jung. Para Jung, a mente é um sistema autorregulador (auto-organizador). A neurose é um processo pelo qual esse sistema tenta superar várias obstruções que o impedem de funcionar como um todo integrado. A educação envolve um desafio muito mais abrangente, que não se limita à mente, mas que abrange a totalidade física-vital-mental-psíquica-espiritual do ser humano. Mas a busca é, igualmente, de superar obstruções que nos impedem de funcionar como um todo integrado. Mas um todo integrado não apenas "para dentro", enquanto indivíduo integral, senão também "para fora", enquanto indivíduo social. No processo terapêutico, o papel do terapeuta é apoiar aquela jornada psicológica pelo caminho que leva ao desenvolvimento pessoal ou à "individuação". A psicoterapia, para Jung, é um processo de influência mútua e deve fluir de um encontro pessoal entre o terapeuta e o paciente, envolvendo o ser total de ambos (Jung, 1929: 71). No processo educativo, o papel do Educador da Práxis é "apenas" apoiar aquela jornada autopoiética do educando pelo caminho que leva ao seu desenvolvimento pessoal enquanto indivíduo único – personalização – e ao seu desenvolvimento social, enquanto indivíduo interconectado com outros e com o conjunto da sociedade e do Cosmos – socialização. E este é um processo de influência mútua, que deve fluir de um encontro pessoal – isto é, não só gnosiológico – entre o educador e o educando, *envolvendo o ser total de ambos*. Esta relação entre educador e educando envolve não apenas a mente, nem a dimensão consciente, mas também a dimensão inconsciente de ambos. Diante disto, o educador deve estar sempre atento a si mesmo, examinando suas próprias reações e procurando trazê-las para o domínio da sua consciência.

A consignação que pode orientar a ética do educador seria, então: é bom tudo aquilo que contribui para o autoempoderamento do educando, na esfera cognitiva tanto quanto na esfera da sua vida de Ser cotidiano e histórico ao mesmo tempo; é mau tudo aquilo que impede o autoempoderamento do educando ou que contribui para seu desempoderamento.

Foi guiado por essa consciência que vivenciei um sem-número de práticas de educação de jovens e adultos, que serviram para elaborar no meu espírito as visões que hoje compartilho com os que lerem esta obra. A algumas destas práticas dedicarei os dois últimos capítulos da trilogia.

4
A Vivência Objetiva e Subjetiva do Trabalhador Intelectual

> **MÃOS E LIBERDADE**
>
> Poder o ser humano poupar suas mãos, livrá-las
> dos calos grossos e duros do tripalium
> para levemente segurar o pincel da pintura desinteressada
> ou o lápis do desenho e da poesia;
> ou ainda soltá-las para os belos movimentos da dança e da música,
> ou para os suaves e prolongados apertos do encontro e do amor.
> *Paolo Nosella, 1987*

Creio ser oportuno neste momento do livro narrar minha própria vivência como trabalhador e como educador. Por carência de espaço, vou limitar-me ao processo que me levou à fábrica e aos aprendizados que hauri desta vivência. Desejo com isso identificar os processos que aproximaram minha formação, e meu trabalho como intelectual, das práticas do trabalho manual e da educação de jovens e adultos, e ambos, do trabalho sociopolítico, dando-me uma experiência *concreta* do que significa o trabalho como processo ontogenético e antropopoiético, e também o que significa trabalho emancipado. Elementos como prazer, desfrute, sensação de utilidade para outros e de realização – todos estes, elementos da dimensão subjetiva do trabalho, ressaltam da minha vivência como fundamentais para a emancipação do trabalho e como essenciais a uma educação a serviço dessa emancipação. Um pressuposto fundamental para esse trabalho é que se possua e produza *o suficiente* para o atendimento das necessidades básicas. Peço licença, desde o início, para adotar uma combinação do estilo crítico com o narrativo, pois ela será a mais eficaz e atraente para construir a reflexão que pretendo.

1. Estudando e atuando

O contexto da minha vivência do trabalho começou a esboçar-se, ainda que difusamente, no tempo de colégio. O estudo se afigurou para mim como um primeiro modo de trabalho que me instrumentava e educava para a construção do mundo e de mim próprio.[103] A consciência disso, porém, foi emergindo muito devagar ao longo das minhas primeiras duas décadas de vida. E aflorou com vigor a partir do meu ingresso na Escola Nacional de Geologia do Rio de Janeiro e na Juventude Universitária Católica. A atuação como líder universitário e o redescobrimento da fé no contexto da ação política e do compromisso histórico marcaram indelevelmente minha vida do início dos anos 60 em diante. Descobri um Brasil em ebulição. Ali mesmo, ao alcance dos nossos olhos na Rua Sorocaba, em Botafogo, estava a favela Dona Marta, para nós um dado da vida que jamais aprendemos antes a questionar. Nossa única referência era que dali vinham as empregadas que trabalhavam lá em casa. O despontar da consciência social me fez perceber que a pobreza e a exclusão não eram dados

---

[103] Hoje atribuo ao Pablo, meu filho adolescente, uma mesada explicitando que ela é uma forma de remuneração ao trabalho dele como estudante. Infelizmente, o sistema educacional brasileiro não realiza uma das articulações essenciais da Educação da Práxis, aquela entre estudo e trabalho. Por um lado, a maior parte dos processos de aprendizagem são teóricos, enquanto as "matérias" são compartimentadas umas das outras, e geralmente são concebidas para *certos tipos de ocupação*, apenas. Meu filho é músico, mas não encontra no Colégio o espaço para desenvolver seus talentos e aptidões artísticas, mesmo que combinadas com matérias mais "técnicas" e racionais. Por outro lado, as profissões e ocupações artísticas, que correspondem ao desejo de muitas e muitos jovens, estão geralmente ausentes do sistema escolar, sendo aprendidas como atividades extraescolares a um custo financeiro oneroso para a família. Daí sua dificuldade e desinteresse relativo pela aprendizagem escolar. Ainda mais quando o/a professor/a não ensina com envolvimento pessoal, criatividade e paixão.

imutáveis da vida, mas sim produtos de um sistema político-econômico de exploração, opressão e alienação.

Anos mais tarde, já nos anos sombrios da ditadura, impedido de servir plenamente, como eu desejava, na profissão em que me formei e na qual trabalhei durante três anos – a Geologia –, procurei abrir uma nova frente de trabalho social iniciando aulas de alfabetização para trabalhadores na periferia do Rio de Janeiro. Uma onda de repressão no início de 1967 levou a polícia a me procurar na casa do meu pai. Nesta ocasião eu morava noutro endereço. Quando soube que ia ser preso, arrumei uma pequena mala e parti para São Paulo. Lá tive minha primeira experiência no ensino formal, trabalhando no Colégio Santa Cruz como professor de geociências, uma grata vivência com jovens de 11 a 14 anos. Também trabalhei como editor de cartas da Revista Realidade e de novo como alfabetizador de operários. Eu já havia conhecido o Prof. Paulo Freire em Recife, mas foi aí que aprendi a excelência do método de alfabetização e educação popular que ele e sua esposa Elza desenvolveram, e que havia sido adotado como Programa Nacional pelo Governo João Goulart. Esta experiência de educador iria deixar marcas indeléveis na minha vida de trabalho e no desenvolvimento da minha consciência.

Alfabetizar trabalhadores era um trabalho altamente gratificante para mim. Perceber o progresso na aprendizagem dos alfabetizandos, seu entusiasmo na experiência epistemológica de construir uma visão própria da realidade e conquistar o domínio de conhecimentos até então inacessíveis, sentir-se capacitados para trabalhos mais dignos e melhor pagos, dava pleno sentido a uma atividade que não gerava qualquer remuneração material.

2. Operário em construção

O contato com os trabalhadores fez evoluir minha consciência social, alimentada pela indignação contra a hipocrisia de uma ditadura que de meio declarado para "um reordenamento do Brasil" (como advogava o ex-presidente Marechal Castelo Branco) havia se transformado em fim e, também, em meio para desnacionalizar o país e suas riquezas. Convenci-me de que uma mudança radical de atividade fazia sentido.

Pouco antes do Ato Institucional n. 5, de dezembro de 1968, ingressei na Sofunge, uma grande fundição de São Paulo, subsidiária da Mercedes Benz, para trabalhar como operário.[104] A experiência dos padres operários na Bélgica e na França era inspiradora. No Brasil também havia padres vivendo e trabalhando com e como operários ou camponeses. Era vigoroso para mim também o exemplo de Jesus, nascido pobre, em família operária, e que escolheu compartilhar sua vida com simples trabalhadores e dar preferência "a pobres, prostitutas e pecadores". Passei alguns meses convivendo estreitamente com famílias operárias, para aprender e adotar algo de sua linguagem e hábitos, e um dia fui cedo de manhã fazer fila na porta da Sofunge.

Foram horas em pé, até que entrei na sala de exame médico, com um grupo de uns quinze candidatos. Éramos como rebanhos, tocados em grupo porta adentro. Tínhamos de ficar completamente nus. Vinha um enfermeiro e nos examinava de cima a baixo, fazendo comentários sempre que via algo negativo.

– Você tem jeito de ter hérnia. Pode ir embora.

O trabalhador modestamente respondia:

– Não, senhor. Estou em boa saúde. Por favor me examine.

– Eu disse, vai embora!

E o operário saía cabisbaixo, reduzido à completa impotência.

Quando o enfermeiro me examinou, fez o seguinte comentário:

– Que doença você tem aí nas costas?

– Isto não é doença, não senhor. É sardas.

Eu gargalhava por dentro, enquanto fazia um gigantesco esforço para nem sorrir.

---

[104] Uma versão simplificada deste relato está contida em Arruda, 1987: 61-74.

– É doença sim. Vou fazer o médico olhar isto.

O médico entrou. Vinha de luva, e passava de um em um apalpando o períneo para ver se havia sinal de hérnia. De novo, senti-me como gado, tratado com brutalidade e completa indiferença. O enfermeiro perguntou ao médico:

– Que é isso que ele tem nas costas?

– São sardas, não está vendo?

– E isso pega?

Não mereceu resposta.

Fui aprovado, junto com meia dúzia do meu rebanho. Encaminharam-nos para o serviço de pessoal. No dia seguinte, eu estava empregado como peão (operário sem especialidade). Minha função era trabalhar numa equipe de quatro, montando moldes para a fabricação de motores. Tínhamos de estar ao pé da máquina às 5h55 da manhã todos os dias, no galpão que abrigava 150 operários, numa fábrica de 3.000 empregados. De lá só saíamos às 18h, quando a sirene apitava. Protestos contra a jornada de doze horas eram respondidos assim:

– Se não quiser, pode ir embora. Há centenas de outros operários na porta de fábrica todo dia, à procura de uma vaga.

O trabalho consistia em montar os moldes com as mãos nuas em caixas de metal altas e pesadas, que atravessávamos com fios de ferro de diversas formas e comprimentos. Éramos uma equipe de três, os outros dois, nordestinos. Conversando com eles nos intervalos, descobri que achavam sua condição atual muito melhor do que a anterior. Com suas famílias, tinham fugido da seca e da exploração de um Ceará coronelista e semiescravagista. Depois de penarem na marginalidade das favelas paulistas, conseguiram este emprego, e passaram a ter um barraco, com cama para dormir e algum dinheiro para alimentar a família. Estavam gratificados, contentes. Sempre se dispunham a fazer horas extras... para além das 12 obrigatórias ou trabalhar alegremente no sábado, e até no domingo, quando chamados. Para eles, migrantes arrancados pela raiz das suas origens camponesas, valia o que Nosella (1987: 32) comentava a respeito da metamorfose do trabalhador na aurora da industrialização:

O trabalhador, a partir do século XVII, já adquire nome e cidadania desde seu nascimento, pois a nova forma de trabalho, o *labor*, libertou-o do antigo *tripalium*, isto é, soltou-o desse instrumento de tortura, colocando-o no mercado de trabalho onde poderá dispor de sua força, de seu corpo, como sua propriedade inalienável e "livremente" comerciá-la com o capitalista, em troca de salário.

Ali estávamos vivendo diversamente a mesma condição de trabalho. Eles, felizes, sentindo que haviam progredido, eu, revoltado com toda a exploração e opressão do nosso cotidiano na fábrica. Eles, sentindo-se libertados "do *tripalium* da escravatura [ou da servidão] pelo *labor* da burguesia" (Nosella, 1987, 27); eu, ansioso pelo despertar da sua consciência de que a única verdadeira libertação seria "do *labor* da burguesia à *poiésis* socialista". Mas precisava ser paciente. Essa consciência só iria dar sinais de despontar neles cerca de uma década depois, manifesta em fortes movimentos grevistas que fizeram da Sofunge uma espécie de vanguarda da luta metalúrgica em São Paulo. Percebi que tinha muito mais afinidade e perspectiva de comunicação com operários especializados do que com eles e o resto dos peões. Ferramenteiros, torneiros mecânicos, inspetores de qualidade, e outros, mesmo com melhor remuneração, percebiam a condição desumana em que trabalhávamos. Tive de me conter para não frequentá-los com mais assiduidade e assim levantar suspeitas sobre minha origem de trabalhador intelectual.

Depois, passei a trabalhar sozinho numa máquina automática, composta de uma caixa de ferro sobre trilhos, que eu abria e fechava por meio de manivelas e ar comprimido, um depósito com a mistura a injetar na caixa e quatro maçaricos que sopravam gás incandescente sobre a caixa todo o tempo. A caixa tinha espaço para dois moldes de cada vez. Para produzir mil moldes por dia, eu tinha de fazer gestos automáticos com grande velocidade, procurando manter uma cadência ininterrupta: depois de encher o depósito com a mistura de resina e areia, acender os bicos de gás e esperar que a caixa estivesse aquecida, eu a fechava quinhentas vezes por dia, movendo uma manivela, injetava quinhentas vezes a areia por meio de outra manivela, esperava alguns segundos que a mistura "cozinhasse" dentro da caixa, em seguida a abria quinhentas vezes, para retirar os moldes sobre uma pequena prancha móvel de madeira. Quinhentas vezes voltava-me para a longa mesa atrás de mim para empilhar os moldes e quinhentas vezes retornava à máquina.

Não pensar. Não falar com ninguém durante praticamente todo o dia. Apenas operar. Um prolongamento de carne e osso daquela máquina de ferro e fogo. O corpo, exageradamente quente durante as onze horas de trabalho, exceto durante o almoço. Ao ponto de os nossos macacões azul-marinho ficarem vincados de branco, rajados pelo sal das nossas transpirações. Isto significava 3.300 horas de transpiração por ano,[105] se eu não aceitasse fazer nenhuma hora extra nem trabalhar aos domingos, o que muitas vezes eu era obrigado a fazer. No inverno, o frio entrava pelas portas sempre abertas e pelos respiradouros do galpão, resfriando apenas a metade de trás do meu corpo, enquanto a outra cozinhava diante dos bicos de gás.

Durante o almoço ou nos breves intervalos para o café, servido ali mesmo entre as máquinas, conversas, risos, distensão. Mas estavam também presentes os nossos dramas humanos, que pareciam ocorrer apenas fora da fábrica, num espaço quase onírico. O dia-a-dia da repetição dos gestos é que se impunha como quase-única realidade. Interrompido apenas pelo drama sempre inesperado de uma mão perfurada, um braço esmagado ou um corpo queimado. Nessas ocasiões, o chefe de seção e os supervisores corriam para nos impedir de parar o trabalho para ajudar o acidentado. Faziam o discurso de "confiar no enfermeiro" ou simplesmente nos ameaçavam de descontar o tempo que paramos. Era quando sentíamos que a empresa nos impedia até de ser solidários, de apoiar o companheiro cujo corpo fora dilacerado pelo acidente. Havia sempre murmúrios sobre outros que, por terem ficado feridos e mesmo incapacitados durante o trabalho na fábrica, a empresa achava um jeito de despedi-los pagando um mínimo, e eles já não podiam mais trabalhar.

Misteriosamente, ao lado dessa condição alienante e desumanizante de trabalho, desenvolvia-se em nós uma cumplicidade silenciosa com a

---

[105] Tomando por base 11 horas de trabalho na máquina durante seis dias por semana e 50 semanas por ano.

máquina. Eu me sentia um prolongamento da minha caixa de ferro em chamas, mas era eu quem tinha consciência e comandava o seu movimento.[106] Se eu fizesse bem minha parte, ela fazia bem a sua. Nossa colaboração resultava em produto e em apreciação, e até respeito, por parte dos supervisores. Para mim, que estava lá com um objetivo ulterior à mera sobrevivência, este reconhecimento servia de proteção para que eu pudesse fazer mais tranquilamente o trabalho sindical e político que motivavam minha presença.

Essa relação subjetiva com a máquina foi corroborada por um fato contado por um amigo holandês,[107] Jerônimo, que trabalha no Brasil. Ele acompanhava um grupo de operários da Mercedes Benz alemã à subsidiária do ABC paulista. Meu amigo traduzia os diálogos entre eles e os colegas brasileiros, na medida em que percorria a fábrica. Um dos operários alemães de repente parou, com lágrimas nos olhos. Jerônimo perguntou:

– Você está bem?

Ele tardou um pouco a responder, depois abraçou o operário brasileiro que o olhava surpreso.

– Sim, estou bem.

E, dirigindo-se ao colega brasileiro:

– É que você está trabalhando na máquina que era minha lá na Alemanha!

Ele havia reconhecido sua máquina precisamente porque com ela se identificava e havia convivido com cumplicidade durante vários anos. Este

---

[106] "Assim, o modo específico de trabalho aparece aqui diretamente como sendo transferido do trabalhador para o capital na forma da máquina, e sua própria capacidade de trabalho desvalorizada em consequência. Desta forma, a luta dos trabalhadores contra as máquinas. O que era a atividade do trabalhador vivo se torna a atividade da máquina. Daí a apropriação do trabalho pelo capital confronta o trabalhador numa forma grosseiramente sensível [ou sensual]; o capital absorve o trabalho em si próprio – 'como se seu corpo fosse possuído por amor' (referência ao ato 5 de Parte I de *Fausto*, de Goethe)" (Marx, 1857-1858: 704).

[107] Jeroen Pejnenburg, que durante a década dos anos 80 foi o coordenador do TIE – *Transnationals Information Exchange Network*, a rede que mencionei acima, que articulava trabalhadores do chão-de-fábrica da mesma empresa em diferentes países, assim como desenvolvia relações entre trabalhadores da mesma cadeia produtiva.

é um fenômeno humano muito peculiar, que faz parte da arte do trabalhador oprimido de estabelecer relações sentimentais com os elementos do seu mundo, para dar mais sentido a uma vida que, olhada do ponto de vista apenas material, seria completamente árida e emocionalmente fria. Personificávamos a máquina, fazíamos dela companheira viva e parceira da nossa penosa jornada de trabalho. Este artifício nos ajudava a atravessar sozinhos aquelas 11h de trabalho repetitivo, maquinal, desumanizante. Este sentimento é um indicador que corrobora empiricamente um dos eixos desta tese: o amor como parte intrínseca do *Homo* como indivíduo social.

Mas a nossa interação com a máquina consistia numa relação contraditória ainda num outro sentido. Pois a mesma máquina era a presença mais próxima para nós do patrão, que era a quem ela pertencia. O patrão e o Capital eram uma só pessoa para meus colegas.

– Marcos, você já notou – me diz um colega – que nenhum de nós nunca viu o patrão? Quem a gente vê são só o superintendente, o chefe de seção, de vez em quando o engenheiro. E só.

– Pois se ele mora na Alemanha – responde outro. – A Mercedes é alemã, o homem nem precisa vir aqui, ele nem sabe da vida que a gente leva. Só quer receber o dinheiro que a gente faz para ele.

– E tudo o que tem aqui é dele – comentou o primeiro entre surpreso e revoltado. – Até a máquina onde a gente trabalha!

Despontava neles a consciência de que "as máquinas eram relações humanas, eram políticas" (Nosella, 1987: 33), que elas não eram só meios de expressão da nossa capacidade produtiva, mas também cadeias que nos amarravam aos que as possuíam e, por isso, podiam apropriar-se dos frutos do nosso trabalho. Na poética expressão de Nosella (1987: 32),

> a máquina foi sempre o grande sonho de libertação do homem; poder o ser humano poupar suas mãos, livrá-las dos calos grossos e duros do *tripalium* para levemente segurar o pincel da pintura desinteressada ou o lápis do desenho e da poesia; ou ainda soltá-las para os belos movimentos da dança e da música ou para os suaves e prolongados apertos do encontro e do amor. A máquina, obra da inteligência humana, poderia finalmente reduzir a jornada de trabalho para transformar o homem escravo em cidadão político, culto e artista.

Para isso seria necessário ganhar controle das máquinas e da fábrica – que elas *passassem a ser propriedade de quem trabalhava nelas*, e não de patrões distantes, que faziam pouco ou nada para criar os produtos e vendê-los, mas se apropriavam da maior parte dos ganhos do que era obra nossa. Quem era, afinal, mais importante no ato de produzir? A máquina, que não funciona sem nós, que foi criada por outros como nós, ou nós próprios que temos o saber e a inteligência para usá-la e fazê-la realizar aquilo para o que foi criada? E quem dá valor a esses objetos que produzimos, é só a máquina ou também, e principalmente, o nosso trabalho? Aqueles momentos eram favoráveis para que eu iniciasse com eles este tipo de reflexão, que se consumava na proposta de nos organizarmos na seção e na fábrica e irmos também participar das assembleias do sindicato.

Na época, com a ajuda de um amigo engenheiro de produção, cheguei a fazer o cálculo da mais-valia e do sobretrabalho da nossa jornada na minha seção. Resultou que em 20 minutos produzíamos o suficiente para cobrir o salário da nossa jornada. As outras 11h40 eram de sobretrabalho! Isto em plena ditadura militar, época do milagre econômico comandado pelo ex-Ministro da Fazenda, Delfim Netto. O Ministro apregoava na grande mídia que primeiro é preciso fazer crescer o bolo para depois dividi-lo.

As relações sentimentais iam certamente além da máquina em que trabalhávamos. Eram tecidas, sobretudo, com os companheiros da seção e com alguns de outras seções da fábrica. Fiquei amigo de vários deles, a tal ponto que essa amizade serviu de fonte de energia e coragem durante as horas de terror em que fui torturado pela Operação Bandeirantes.[108] Com um deles, o amigo João, além da convivência próxima com sua família, eu fazia a longa caminhada do bairro até a fábrica na última semana de cada mês, quando já não tínhamos dinheiro para o ônibus. Isto nos obrigava a acordar uma hora antes! Saíamos de casa a pé às 4h45, da manhã, e chegávamos de volta em torno de 19h15. Portanto, 14 horas e meia por dia de-

---

[108] Para um relato e documentação relativos a esta vivência da prisão e da tortura, ver Lina Sattamini, 2000.

dicadas ao trabalho para mal nos mantermos vivos com nossas famílias.[109] Outro colega convidou-me um dia para um passeio num bairro residencial próximo à fábrica, onde foi apontando as mansões e os carros, enquanto comentava: "Nós fazemos tudo isso, não para nós, mas para eles". Para nós, só o trabalho duro, sujo, prolongado, perigoso, mal pago e quase ininterrupto, que nos cansava a ponto de não termos mais paciência com nossos filhos e, raramente, forças para fazer amor com nossas mulheres. Em pleno fim do século XX, vivíamos uma autêntica experiência do trabalho como *tripalium*, mais que como *labor*!

O fato é que as formas mais rudimentares de trabalho no sistema do capital, até mesmo o trabalho escravo, podem conviver lado a lado com as formas mais sofisticadas, sobretudo, mas não só, nos países pobres.[110] Muitas empresas mantêm hoje seus operários em condições semelhantes, ou até piores, às que vivi no fim dos anos 60. Visitei em 1981 a Zona Franca de Bataam, na proximidade de Manila, Filipinas. Tivemos uma experiência impressionante. Estávamos num Encontro sobre Empresas Transnacionais na Ásia, no contexto do Programa do sobre Empresas Transnacionais do Conselho Mundial de Igrejas (Genebra), que eu coordenava naquela épo-

---

[109] A *pobreza concreta*, contida nesta vivência, é proporcional, em termos de sociedade, à *riqueza abstrata* acumulada pelos que se apropriam do produto do trabalho social. O valor matemático da medida da pobreza concreta é o sobretrabalho do conjunto da classe trabalhadora. Na sua brilhante discussão sobre a mais-valia e o sobretrabalho, Marx define este como o tempo de trabalho excedente realizado pelo trabalhador e não remunerado pelo capitalista, para além do tempo de trabalho necessário para manter e reproduzir sua força de trabalho. "A mais-valia é para o capital variável o que o sobretrabalho é para o capital necessário ou a taxa de mais valia p/v = sobretrabalho/trabalho necessário. As duas proporções representam a mesma relação sob uma forma diferente; uma vez sob forma de trabalho realizado, outra sob a forma de trabalho em movimento. A taxa da mais-valia é, portanto, a expressão exata do grau de exploração da força de trabalho pelo capital ou do trabalhador pelo capitalista" (Marx, 1867a: 770-771).

[110] Do amigo Pep Valenzuela, catalão, recebi as duas notícias a seguir. O jornal *El País*, Madri, 16/03/07 noticia na página 34: "Desarticulada una red que mantenía a 91 obreros en situación de esclavitud. 17 patronos detenidos y 6 empresarios imputados en Navarra". Isto, na Espanha! Um outro jornal, no caso o *Diari de Terrassa* (perto de Barcelona), publica na capa fotografia de operários aguardando às 6 horas da manhã cada dia para, eventualmente, serem escolhidos para trabalhar por capatazes de empreteiras que vão recolhê-los de carro.

ca. O grupo era de asiáticos, sendo eu o único ocidental. Fizemo-nos passar por empresários interessados em investir na Zona Franca. Os funcionários da recepção da Zona Franca nos mostraram um vídeo que listava todas as vantagens para o capital estrangeiro investir ali, entre elas, uma força de trabalho submissa e plena liberdade para a empresa importar todos os insumos e exportar todo o produto, com isenção praticamente total de impostos. No fim da apresentação, meu colega japonês perguntou:

– Gostaria de entender qual a vantagem para as Filipinas de uma Zona Franca que oferece tamanhos privilégios para os investidores estrangeiros.

Ao que o funcionário respondeu, depois de pensar um momento:

– Pensando bem, apenas uma: o imposto de renda que os trabalhadores pagam ao Estado pelo salário que recebem.

Ficamos abismados com a franqueza, frente à perversidade da situação. De novo eu estava diante do conflito extremo entre capital e trabalho, num mundo em pleno processo de globalização. A Zona Franca era cercada de montanhas e tinha uma só entrada e saída, fortemente guardada pelo Exército do ditador Ferdinando Marcos. A greve, além de proibida, era uma forma de luta praticamente impossível naquele contexto. Visitamos uma moradia de operárias de Bataam, no bairro de Mariveles (corruptela do espanhol *maravillas*). Uma grande casa particular, com quartos equipados com longas camas de beliche, que mais pareciam prateleiras, sem colchão, onde as moças dormiam no fim do dia de trabalho, enfileiradas uma ao lado da outra. Também vimos a pousada de operários de Bataam, em plena rua de Mariveles: eram armários com até três prateleiras, o operário colocava primeiro as pernas e fazia o corpo entrar até o fundo do armário, e ali dormia praticamente todo o ano, pagando, claro, um aluguel por aquele compartimento-caixão.

– Lembrem-se de que esta Zona Franca oferece emprego para milhares de trabalhadores – completou o funcionário como para desfazer a impressão que nos dera.

– Não seriam estes apenas alguns dos milhares de trabalhadores que têm sido deslocados do campo para a cidade por efeito da modernização da agricultura voltada para os mercados internacionais? – perguntou uma das nossas colegas.

Hoje são inúmeras as empresas que mantêm seus operários em condições semelhantes às que descrevi acima, enquanto estão treinando um pequeno número de trabalhadores para o comando e a manutenção de robôs ou de computadores, que fazem sozinhos o trabalho de muitos homens e mulheres. Para eles, a separação entre trabalho intelectual e trabalho manual é diminuída ou disfarçada. A automação e a informatização da produção de bens e serviços exigem trabalhadores cada vez mais qualificados e especializados. Isso, por um lado, promove e melhora as condições de trabalho dessa parcela da força de trabalho; eleva seus rendimentos; qualifica-os para atividades que utilizam capacidades que vão além das meramente físicas; envolve-os em funções mais responsáveis, inclusive as que exigem uma visão mais abrangente do contexto da sua atividade e a tomada de algumas decisões localizadas.

Mas a essas vantagens se contrapõem diversas desvantagens. Estes mesmo trabalhadores passam a fazer a função de inúmeros outros que foram eliminados da empresa para cortar custos; são, pois, solicitados a fazer horas extras, mal ou não pagas. Seu ritmo de trabalho é mais intenso, a ameaça de perderem o posto de trabalho gera uma tensão permanente. Foi o que observei na fábrica japonesa de relógios Ricoh, que visitei em Bataam. Havia nela casos frequentes de depressão nervosa causada pelo ritmo incessante e pela tensão envolvida em supervisionar cada um sete máquinas ao mesmo tempo. Também, o sentimento de que seu emprego agora se mantém às custas do desemprego de muitos outros, pois a corrida cega por maior competitividade empurra a empresa a reduzir sempre mais a oferta de trabalho, eliminando inclusive velhos trabalhadores e até gerentes e executivos, e muitas vezes reduzindo os direitos adquiridos pela classe assalariada. E isto está ocorrendo no ritmo frenético da introdução de novas tecnologias e novas formas de organização do trabalho para maior competitividade, sem contemplação da possibilidade e do ritmo necessário para reciclar a força de trabalho da empresa e capacitá-la para outras tarefas também necessárias.

Minha vivência nos Estados Unidos e na Europa evidenciou que o trabalho, assim concebido, está também sendo socialmente redividido. Talvez possamos dizer que a *classe proletária* nesses países esteja sociológica e ideologicamente reduzida às chamadas minorias: os trabalhadores negros, indígenas e os imigrantes latino-americanos e orientais, na América do Norte, e os imigrantes dos países periféricos (da África, sul e leste da Europa, Oriente Médio, sobretudo) no centro e norte europeus. Para estes *o trabalho está geralmente reduzido a meio de sobreviver*, direito este que lhes é negado sempre que ocorre um surto de automação e informatização ou um ciclo recessivo da economia. Nos modos mais informatizados de produção, o trabalho humano é, de certo modo, ainda mais profundamente integrado aos automatismos de máquinas cada vez mais autônomas e eficientes. Num sentido muito real, os seres humanos nesses sistemas produtivos são eles próprios automatizados. Mesmo o aumento desenfreado da sua capacidade de consumo, além de garantir a reprodução contínua do sistema, serve para "subjetivar" o ser humano, convencendo-o de que é tanto mais feliz e realizado quanto mais consome, independentemente de se ele produz ou comercializa alimentos, flores, ideias ou bombardeiros e drogas, de como produz e de como se relaciona com o resto da sociedade.

Nossas tentativas de organização sindical, de luta pelo cumprimento dos direitos trabalhistas e por serviços públicos estatais mais acessíveis e eficientes encontrava sempre barreiras quase intransponíveis: uma direção sindical a serviço do patronato e um Estado corporativizado, privatizado e servil aos interesses do capital internacional.

Ao longo dos anos de exílio dos Estados Unidos, trabalhei como educador de jovens latino-americanos de famílias de imigrantes legais e clandestinos, em Washington D.C., e depois, em colaboração com o Instituto de Ação Cultural, dirigido pelo Prof. Paulo Freire, em Genebra, como animador de seminários sobre educação libertadora em diversos países do hemisfério Norte. Já vivendo na Suíça, além de dar continuidade a esses seminários, trabalhei como consultor dos Ministérios da Educação da Guiné Bissau, Cabo Verde e Nicarágua. Todas estas, vivências que consolidaram minha "vocação" de educador e orientaram minha reflexão no sentido do que vim a chamar de Educação da Práxis. De volta ao Brasil, voltei ao ensino formal como professor do Departamento de Filosofia da Educação do IESAE/FGV. E tenho servido como educador de educadores do movimento sindical e de diversas organizações populares, além de dar cursos e seminários em universidades no Brasil e no exterior. Todo o meu trabalho como pesquisador no campo da economia está profundamente vinculado à minha práxis de educador.

3. Visualizando o desafio da Práxis

Pelo prisma do trabalho e do desafio educativo, tiremos algumas conclusões desta narrativa.

Primeira, que na divisão internacional do trabalho do sistema do capital globalizado, no plano socioeconômico permanece a divisão social do trabalho entre, de um lado, os que controlam e comandam o capital, a pesquisa e o desenvolvimento tecnológico, as superestruturas, o Estado e as instituições internacionais e, do outro lado, os que vivem essencialmente do seu trabalho, seja manual, seja intelectual, recebendo um salário ou outro tipo de remuneração como forma de garantir sua sobrevivência e reprodução. Esta divisão ganhou dimensão internacional, configurando uma conceituação alegórica, mas muito expressiva: o "Norte global", dos donos do capital nacional e mundial, e o "Sul global", dos que vivem do seu trabalho. O único *sujeito político* das relações sociais é, de fato, o capital, incorporado nas empresas e bancos e no próprio Estado.[111] Ele é duplamente sujeito: primeiro, enquanto proprietário da terra, da fábrica, das máquinas e equipamentos, dos recursos naturais, do capital financeiro; segundo, enquanto gestor da atividade produtiva e comercial, é o primeiro

---

[111] A metamorfose do capital nos tempos da globalização, que estudei no Livro 2 desta trilogia, fizeram com que os donos do capital, muito frequentemente, tenham se dispensado das tarefas de gestão das empresas que controlam, deixando este trabalho para altos executivos, regiamente remunerados. Isto não muda os termos da análise, se consideramos como capitalistas todas as pessoas que vivem principalmente de suas rendas e ganhos de capital; quando há trabalho remunerado, essas pessoas não dependem dele para manter e reproduzir seu padrão de vida.

e último tomador de decisões sobre o que produzir, com quem, com que organização do trabalho, com que tecnologia e para quem.

No sistema do capital a trabalhadora e o trabalhador estão reduzidos a objetos, a não cidadãos. Isto antes ocorria sobretudo com os trabalhadores manuais, mas hoje, à medida que a produção cultural se mercantiliza, o capital se assenhora também deste universo produtivo, "a tal ponto que inviabilizou o projeto comum de artistas modernistas e marxistas ocidentais de expressarem as contradições inerentes à modernidade" (Musse, 2001: 20). Não sendo sujeitos da sua relação com a natureza e a sociedade, mediada pelo trabalho produtivo, os trabalhadores não podem ser sujeitos da relação consigo próprios, nem da relação com a humanidade enquanto espécie, nem da relação com cada outra pessoa. Nesta socialização urbana forçada pelas circunstâncias, são treinados para competir e guerrear com o capital e uns com os outros e, assim, são induzidos a abandonar o impulso solidário que os marcou na sua vivência familiar e de trabalhadores do campo. Neste estado de exploração e alienação, tendem a reproduzir esse tipo de relação com seus semelhantes, esposa ou marido, filhos, colegas de trabalho, companheiros de classe social. Só um *choque de consciência* é capaz de despertar seu sentimento de que eles são mais do que as feras em que o mundo do capital tenta transformá-los, que uma outra relação econômica e humana é possível. A educação tem um papel fundamental em criar condições e facilitar aquele choque de consciência, como veremos adiante.

A segunda conclusão é que o sistema do capital é, sem dúvida, o sistema produtivo mais dinâmico e transformador que o mundo conheceu até agora, pois logra diversificar e multiplicar, via inovações tecnológicas, as formas de relações produtivas e é maleável o suficiente para modificar-se continuamente, encontrando formas eficazes de convivência com suas próprias contradições. Porém, a financeirização da economia globalizada está desfigurando aquela natureza dinâmica, acelerando a metamorfose da riqueza real em riqueza virtual, aprofundando as desigualdades e agravando a crise do desemprego e da exclusão social. A lógica da acumulação e da reprodução do capital, e da financeirização do destino dos investimentos, torna este sistema incompatível com políticas de pleno emprego. Em outras palavras, o direito humano ao trabalho é estranho ao sistema mundial de mercado; mesmo quando introduz a intervenção estatal para corrigir as "distorções" do mercado e regular a competição, o sistema não consegue nem pretende garantir esse direito de forma sustentada. O mercado dominado pelo capital só oferece trabalho por uma razão utilitária. Não tem antenas para a demanda do direito ao trabalho como um direito inerente à condição humana. Minha vivência de ser despedido da Sofunge, como inúmeros outros operários o foram por causas semelhantes, quando surgiu uma mancha no meu pulmão devido à péssima qualidade do ar da seção, é um entre inúmeros testemunhos de que o capital, em última instância, não tem nenhuma lealdade com a força de trabalho.[112]

Terceira, os meios de controle social e os diversos aparelhos ideológicos do sistema – inclusive a educação – visam primordialmente a "domesticação" dos trabalhadores para a *servidão voluntária*; todos os processos de subjetivação, no plano cultural, social, político e também psicológico, são usados para persuadir o trabalhador a tomar sua condição como natural e inevitável ou para alimentá-lo com promessas sempre adiadas de um futuro de abundância, em suma, para que se conforme com a estreiteza do trabalho humano negado enquanto modo de *existir* e afirmado apenas enquanto modo de *subsistir*, ou enquanto prolongamento da máquina e objeto do capital.[113]

---

[112] Esta lealdade existe em casos raros de empresários "éticos" (ver, por exemplo, www.fersol.com.br), mas eles são exceções que só fazem confirmar a regra. Em contraste, ver a experiência da MCC, Mondragon Corporación Cooperativa, que narro em Arruda, 2008.

[113] A contradição vivida pelos sistemas educativos na era da revolução do conhecimento é expressa com clareza por Frigotto: "O embate que se efetiva em torno dos processos educativos e de qualificação humana para responder aos interesses ou às necessidades de redefinição de um novo padrão de reprodução do capital, ou do atendimento das necessidades e interesses da classe ou classes trabalhadoras, firma-se sobre uma mesma materialidade, em profunda transformação, em que o progresso técnico assume um papel crucial, ainda que não exclusivo. Trata-se de uma relação conflitante e antagônica, por confrontar de um lado as necessidades da reprodução do capital e, de outro, as múltiplas necessidades humanas". Implicitamente, Frigotto situa o antagonismo do capital não apenas com o trabalhador, mas com o ser humano. Isto converge com a proposta estratégica de Marx, que é a emancipação do ser humano e uma sociedade sem classes sociais, portanto muito mais do que simplesmente o domínio "definitivo" das classes trabalhadoras sobre o conjunto da sociedade e o Estado.

Quarta, a experiência do trabalho coletivo fabril dá, por outro lado, a oportunidade ao trabalhador de sentir-se socialmente produtivo, de perceber que a riqueza é produzida socialmente, mas é apropriada privadamente, e de que "pode haver, nesta vida, um progresso real, uma diminuição de sua dura jornada; o operário [consciente] acalenta o desejo de que suas mãos possam brevemente dispor de tempo para a *poiésis*, isto é, para ações criativas, sociais, políticas" (Nosella, 1987: 32). É no espaço da fábrica e do sindicato que ela ou ele descobre que a jornada não apenas não diminui, mas é alongada por consequência dos novos processos técnicos e das necessidades de acumulação de capital; que a riqueza, sendo produzida socialmente, é apropriada privadamente pelos capitalistas, deixando apenas migalhas para os que trabalham na produção dos bens e serviços; que, para além da realidade do indivíduo existe, no mundo contemporâneo, mais que nunca, a realidade do *indivíduo social*. Esta consciência é a terra fértil da qual pode florescer a convicção de que "o verdadeiro trabalho do *Homo* (...) deverá ser essencialmente político, criativo, combativo, de solidariedade, isto é, (...) uma forma de trabalho humano radicalmente nova e contraposta ao *labor*, que poderia ser chamado de *poiésis* enquanto ação social, complexa e criativa" (Nosella, 1987: 35), "(...) que visa relacionar a máquina com o *Homo* universal e eliminar a separação entre trabalhadores das mãos e trabalhadores da inteligência" (37).

5
Educação da Práxis e Emancipação

Neste último capítulo focalizo diversas práticas de educação popular de jovens e adultos trabalhadores que foram minha "escola da vida" no campo educativo e que estão na raiz da concepção de Educação da Práxis que venho expondo ao longo desta obra. Posto que não é oportuno nem há espaço para refletir sobre todas as práticas, nem mesmo para uma exposição resumida destas, decidi pelo seguinte procedimento:

1) Dialogar com alguns autores que têm contribuído para a reflexão crítica e a profunda renovação da educação e que têm marcado minha caminhada de educador.

2) Enunciar brevemente os campos sociais em que minhas práticas se desenrolaram, quais escolhi expor e quais ficaram parcial ou totalmente excluídas deste livro.

3) Centrar a atenção sobre algumas das práticas que considero relevantes.

Tudo isso com o sentido de articular essas práticas com as teses que venho apresentando ao longo desta obra a respeito da Filosofia, da Economia e da Educação da Práxis.

A práxis da educação emancipadora tem emergido de diversas formas em diferentes partes do mundo. As obras do grande educador brasileiro Paulo Freire foram um fator importante para revolucionar o pensamento e a prática educativa mundo afora, sobretudo da educação de jovens e adultos trabalhadores. Graças ao obscurantismo dos 21 anos de ditadura militar, Paulo Freire chegou a ser mais conhecido, lido e apreciado no exterior do que no Brasil. Durante os quatro anos em que trabalhamos em estreita ligação, no contexto do Instituto de Ação Cultural, em Genebra, nós o vimos colaborar com diversos processos educativos nos países do hemisfério Sul (em particular Guiné Bissau e Cabo Verde, onde trabalhamos juntos), e o acompanhamos em inúmeros seminários nos países industrializados, não apenas falando, mas recriando a prática da educação libertadora com uma variedade de grupos de educadoras e educadores de diversas disciplinas e funções em diferentes países.

Merecem ser também lembrados, nesta apresentação, muitos outros educadores da libertação com os quais tenho colaborado e dos quais tenho aprendido, como o peruano-costarriquenho Oscar Jara Holliday, o panamenho Raúl Leis, brasileiras e brasileiros como Gaudêncio Frigotto, Cláudio Nascimento, Pedro Pontual, Maria do Carmo Amorim, Nadir Azibeiro, Romualdo Dias, Silvia Manfredi, Adilton de Paula, Edgar Jorge Kolling e Roseli Salete Caldart, Sonia Rummert, Sergio Murilo Pinto, Sonia Kramer, Miguel Arroyo, os mexicanos Carlos Nuñez e Carlos Tamez, os nicaraguenses Fernando Cardenal, Marta Cecilia Roustan e Edgar Silva (já falecido), a equatoriana Rosa Maria Torres, o economista-educador argentino José Luis Coraggio e muitos outros.

No hemisfério Norte, educadores autênticos têm lutado por um novo paradigma civilizatório, no qual a educação tenha um papel efetivamente emancipador. Eles revelam tanto maior bravura quanto maior é a resistência do seu ambiente cultural a qualquer transformação em profundidade. Pois a manipulação das mentes e dos corações – "este é o nosso mundo e não há muito que você possa fazer para mudá-lo" (McLaren, 1997: 326) –, como Freire mostrou com insistência, é uma das armas mais eficazes de perpetuação da opressão e da alienação capitalistas, assim como de todo sistema de dominação e subordinação. Entre esses educadores, o russo Antón Makarenko, os norte-americanos John Dewey e Jonathan Kozol e Maxine Greene, a afro-americana Bell Hooks (com quem Paulo Freire teve inúmeros intercâmbios), Michael Apple (especialmente interessante pela interação que ele desvela

Educação da Práxis e emancipação 225

entre educação, cultura e economia), Henri Giroux e o próprio Peter McLaren.[114]

Neste capítulo vou narrar criticamente algumas vivências de educação libertadora às quais estive vinculado ao longo da minha vida como educador. Fui forçado a escolher apenas algumas e abandonar outras – pelo menos neste momento.[115] Focalizo ainda neste capítulo duas vivências de educação com trabalhadores e uma originada de seminários com trabalhadores sociais de desenvolvimento comunitário, em particular na Irlanda. Concluo com um breve complemento sobre o Educador da Práxis, da maneira como venho vivenciando este mister em diferentes contextos de desenvolvimento e educação de trabalhadoras e trabalhadores.

Estou certo de que esta narração está marcada pela minha própria perspectiva, e que outros colegas que viveram comigo uma ou mais destas experiências a narrariam de modo diferente. Não pretendo fazer destas narrativas uma análise detalhada dos processos de educação de jovens e adultos em questão, mas apenas problematizá-los e avaliar quanto eles corroboram ou não as proposições e postulados contidos nesta Tese.

Em relação à Guiné Bissau, faço uma avaliação, não minuciosa ou exaustiva, da práxis educativa no período em que lá trabalhamos – os primeiros quatro anos desde a vitória da luta de libertação nacional contra o bárbaro domínio colonial português. Considero que obras como as *Cartas à Guiné Bissau*, de Paulo Freire (1978), *Aprender para Viver Melhor*, de Ro-

---

[114] McLaren faz um breve comentários sobre estes autores (1997: 323-334).
[115] Entre as que deixei de lado estão: a minha breve mas rica vivência como alfabetizador popular junto a trabalhadores da periferia do Rio de Janeiro e depois de São Paulo; meu trabalho com jovens imigrantes latino-americanos vivendo em Washington DC, as práticas de educação libertadora que vivenciei com jovens e adultos *chicanos* (Chamam-se *chicanos* os descendentes dos povos indígenas ou mestiços que habitavam a grande terra de Aztlan, antes e durante a ocupação deste território pelo México até meados do século 19, depois incorporado pela força ao que é hoje o território dos EUA) no Texas e na Califórnia; os seminários sobre educação libertadora com educadoras e educadores da América do Norte, Escandinávia, Suíça e Filipinas; os seminários com professores da escola latino-americana de quadros em Havana; e as inúmeras práticas de formação de formadores realizadas com dirigentes trabalhadores, sindicatos e movimentos populares

siska, Miguel Darcy de Oliveira, Cláudio Ceccon e Babette Harper (1979 em inglês, 1980 em português) e poucas mais descrevem e analisam com riqueza de evidências o processo político-educativo do qual tivemos a honra de participar naquele país. A limitação dessas obras, que evidentemente não envolve responsabilidade de autoras e autores, é que foram escritas ainda durante o processo, enquanto a narrativa crítica aqui apresentada possui o distanciamento necessário para aprofundar a criticidade e a visão de conjunto.[116]

O capítulo é em grande parte paradoxal. Ele refere-se a duas práticas de educação emancipadora que faziam parte de processos de libertação nacional e de construção do socialismo que, pelo menos temporariamente, fracassaram. A Guiné Bissau viveu em 1980 a primeira experiência de golpe militar, que eliminou o projeto de desenvolvimento autocentrado e progressista, enraizado na cultura e no continente africanos. Portanto, foram apenas seis curtos anos de esforço intensivo de *reconstrução nacional* e *educação libertadora*. A Nicarágua sofreu o implacável assédio do Império estadunidense, através da guerra da Contra, financiada com dinheiro do narcotráfico e orquestrada pela CIA. A experiência de autonomia foi cedendo lugar ao desespero que levou, ao lado de alguns erros graves por parte do governo e da Frente Sandinista de Libertação Nacional, ao fim de onze anos de governo sandinista com a vitória eleitoral de Violeta Chamorro em 1990. Este evento desencadeou uma crise ética e política na Frente Sandinista, que até hoje, outros 11 anos passados, ainda não foi superada.

---

no Instituto Cajamar, na Escola Sul da CUT e em algumas organizações sindicais no Brasil. Lamento o fato de não poder abordar aqui a riquíssima experiência que vivi como consultor sobre educação de jovens e adultos junto ao Ministério de Educação da Nicarágua durante 10 anos de governo sandinista. As breves referências que faço a esta vivência não substituem uma análise crítica avaliativa, que espero poder realizar num futuro próximo. Entre as práticas que apresento a seguir, escolhi elaborar com maior minúcia o trabalho de consultoria, em equipe com o IDAC, liderado por Paulo Freire, junto ao Comissariado da Educação Nacional da Guiné Bissau.

[116] Portanto, toda falha ou limitação desta reflexão é de minha responsabilidade e de ninguém mais.

Ambos os países estão hoje afundados em dívidas e extremamente dependentes e submissos aos mercados e às potências do hemisfério Norte. Mas é legítimo perguntar se esta derrota de experiências inovadoras e de caráter solidário são definitivas, se nada restou do que havia sido construído de consciência crítica e autoestima no coração daqueles povos. A resposta só a História pode dar. A meu ver, o fracasso, devido principalmente a fatores externos, mas igualmente a uma combinação de fatores objetivos e subjetivos internos, não aboliu inteiramente as sementes de inovação que foram plantadas nas mentes e corações desses povos, nem invalida a luta para que novas condições sejam criadas a fim de dar seguimento a essa construção. O fator tempo, contudo, deve ser considerado como crucial. A transformação cultural que engendra novas mulheres e novos homens em geral, ainda que nem sempre, é um processo de muitos anos, que demanda uma práxis transformadora sistemática e não apenas pontual ou passageira. Dessas vivências temos a obrigação de extrair as lições para evitar os erros e fazer melhores escolhas.

As vivências de educação de trabalhadores, por sua vez, produziram resultados promissores tanto na esfera objetiva, socioeconômica e política, quanto na subjetiva, do empoderamento para o exercício da subjetividade e da singularidade dos sujeitos envolvidos. As práticas em curso, de educação cooperativa em diversos contextos em que contribuo para a edificação de iniciativas socioeconômicas autogestionárias e solidárias, são mencionadas brevemente, como referências para futuros trabalhos de avaliação e aprofundamento teórico.

Concluo este livro com a reflexão sobre vivências que fornecem o substrato empírico sobre o qual construí meu próprio paradigma, que postula uma interação dinâmica entre Ser Humano, Trabalho e Educação.

1. Educação libertadora na Guiné-Bissau pós-colonial

Em 1975, a equipe do Instituto de Ação Cultural – IDAC (instituto fundado pelo educador brasileiro Paulo Freire com um grupo de exilados brasileiros e sediado então em Genebra, Suíça) foi convidada a prestar consultoria ao Ministério de Educação da Guiné Bissau e do Cabo Verde, poucos meses depois da derrocada da ditadura salazarista, então chefiada por Marcelo Caetano. Fui convidado a fazer parte da equipe do IDAC[117], e, naquele mesmo ano, fizemos a primeira viagem de trabalho àquele país.[118] Esta viagem estava marcada pela profunda impressão que nos causou a obra do grande líder guineense, de renome africano e internacional, Amilcar Cabral, fundador do PAIGC (Partido Africano da Independência da Guiné-Bissau e Cabo Verde) no início dos anos 50 e morto por traição, num complô financiado pelo governo português, em 1973. Portanto, apenas alguns meses antes da vitória completa do PAIGC sobre o colonialismo português.

> Para não trair os objetivos [da libertação nacional e da eliminação de toda forma de exploração] a pequena burguesia [revolucionária, africana, formada na Europa] não tem mais que um caminho: reforçar a sua consciência revolucionária, repudiar as tentativas de aburguesamento e as solicitações naturais da sua mentalidade de classe, identificar-se com as classes trabalhadoras, não se opor ao desenvolvimento normal do processo da revolução. Isto significa que, para cumprir perfeitamente o papel que lhe cabe na luta de libertação nacional, a pequena burguesia revolucionária deve ser capaz de *se suicidar como classe* para ressuscitar como trabalhadora revolucionária, inteiramente identificada com as aspirações mais profundas do povo a que pertence. Esta alternativa, trair a Revolução ou suicidar-se como classe, constitui a opção da pequena burguesia no quadro geral da luta de libertação nacional (Cabral, citado por Freire, 1978: 23-23).

---

[117] Desejo prestar aqui meus agradecimentos à equipe com quem trabalhei na Guiné Bissau, pois tudo que aqui narrarei com o meu próprio estilo e interpretação, resultou de um trabalho coletivo para o qual cada um contribuiu e merece reconhecimento: Elza e Paulo Freire, Rosiska e Miguel Darcy de Oliveira, Cláudio Ceccon, José Barbosa e Gisèle Oeuvray, estes dois sediados em Bissau durante dois anos (1976-1978), e Kimiko Nakano. Igualmente sou grato às educadoras e educadores guineenses, com quem tive o prazer e a honra de colaborar: Mário Cabral, Augusta Henriques, Maria Miguel, Mário Gomes, Carlos Dias, Jorge Ampa, Dulce Borges, Domingos Brito e muitas e muitos outros. O projeto foi viabilizado financeiramente pela Comissão das Igrejas para a Participação no Desenvolvimento e pelo Departamento de Educação, ambos do Conselho Mundial de Igrejas, Genebra.

[118] Todas as citações neste capítulo que não estão referidas à bibliografia procedem do meu diário de campo.

Educação da Práxis e emancipação

Este postulado, de um profundo rigor em relação às classes sociais em luta contra a exploração, também pode ser aplicado à "classe" ou, mais precisamente, à categoria dos educadores. E para Cabral, como para Gramsci, todo dirigente político e toda instituição de poder também exerce um papel educativo, conscientemente ou não. Portanto, educadores e instituições estão chamadas a *suicidar-se* como entidades de poder e saber centralizado e hegemônico, para ir renascendo *inteiramente identificados com as aspirações mais profundas dos seus educandos*. A lógica que inspira a fala de Cabral era a do *empoderamento* das classes trabalhadoras, da sua subjetivação e da imersão da "pequena burguesia revolucionária" numa subjetividade individual e coletivamente empoderada, portanto não mais apenas a sua própria enquanto "intelectual" ou enquanto "classe dirigente". Na perspectiva da Práxis, conforme evidenciamos nos capítulos precedentes, esta lógica se aplica igualmente ao mister do educador.

Em artigo escrito em 1976, resumi os objetivos que nos desafiavam ao colaborarmos com estes países recém libertados:

> Como podíamos nós compartilhar com os guineenses [e cabo-verdianos] nosso conhecimento e experiências acumulados noutras partes do mundo e, ao mesmo tempo, evitar a atitude arrogante do perito internacional que, armado das suas técnicas e saber-fazer, traz soluções prontas para problemas que ele ou ela nem mesmo conhecem? (Arruda, 1976: 1).

O programa de trabalho consistiria, a nosso entender, numa combinação entre a experiência acumulada dos povos e dos dirigentes e educadores guineenses e cabo-verdianos com aquele saber que trazíamos da nossa vivência como educadores noutros contextos sócio-históricos. Nosso papel de consultores não podia, portanto, ser o de espectadores de uma realidade social reduzida à passividade pelos observadores, mas sim o de participantes solidários do renascimento daquelas sociedades.

A ambiguidade do papel do consultor, porém, é inescapável. Vivendo no exterior e visitando regularmente o país, ele é sempre um agente externo, mesmo quando sintonizado plenamente com o processo sociopolítico e cultural em curso. Mesmo vivendo no país, como alguns membros da nossa equipe fizeram, sua integração plena na vida e na luta dos guineenses não se viabilizou. No caso, eu e a maior parte da equipe, inclusive Paulo Freire, residíamos em Genebra e visitávamos a Guiné Bissau 4 ou 5 vezes por ano. No Cabo Verde a minha participação foi menos regular, por isso preferi excluí-lo desta narrativa.[119]

A proposta dos guineenses era que o IDAC preparasse quadros para coordenar a Educação de Jovens e Adultos do país e os ajudasse a desenhar um programa nacional para alfabetizar a população guineense *na língua portuguesa*. Nossas pesquisas junto aos dirigentes do governo e do PAIGC e junto a diferentes setores da população, assim como o cuidadoso estudo que fizemos das obras do grande dirigente guineense Amilcar Cabral e da história da luta pela independência, convenceram-nos de que a proposta oficial estava equivocada. A população guineense era essencialmente rural e tribal – 800 mil habitantes, divididos em quase 30 grupos étnicos, num território de 36.925 km², portanto, menor que a Suíça. Durante quase cinco séculos as diferentes etnias haviam resistido isoladamente aos colonizadores e lutado contra a brutal dominação portuguesa. Só em 1956, com a criação do PAIGC, iniciou-se um processo de unificação da resistência que se concluiu com a vitória sobre o colonialismo, consumada com a queda do ditador Caetano em Portugal, em 1974, por virtude justamente da força irresistível dos movimentos de libertação nacional nas colônias da África.

Economia devastada, sociedade mobilizada

Social e culturalmente, a violência dos colonizadores foi devastadora, e contra ela forçosamente se levantou a contraviolência dos oprimidos.[120] Barbárie, brutalidade e desumanização... não encontramos de fato qualificativos adequados para o nível de violência a que se permitiam os colo-

---

[119] Vivíamos a peculiar situação de estar trabalhando com dois países, muito distantes um dos outro (pois o arquipélago do Cabo Verde fica a 1.000 km da costa do Senegal, em pleno Oceano Atlântico), dirigidos por um só partido. Sobre esta complexidade não me deterei aqui.
[120] O casal Darcy de Oliveira analisa a natureza da contraviolência na luta guineense em 1980: 74-75.

nialistas. Economicamente, os "tugas" partiram deixando o país em ruína. Durante séculos haviam extraído dele força de trabalho escrava. O Cabo Verde era parada obrigatória dos navios a caminho das Américas. Também haviam imposto monoculturas e dele tiravam todo o excedente sem ônus algum, pois se beneficiavam de altos impostos e de relações comerciais extremamente desiguais.

Em 1975, quando lá chegamos, encontramos uma economia muito pobre, essencialmente agrária, tendo por base a produção de arroz, amendoim, castanha de caju, azeite de dendê ("óleo de palma") e cana de açúcar. Pesca e madeira eram setores potencialmente importantes, mas a devastação era sistemática, e não havia plano de reflorestamento. O país exportava apenas a metade do que necessitava para cobrir as importações. A precariedade e dependência, contudo, eram compensadas pela determinação do governo independente, conduzido por Luis Cabral, irmão do grande líder Amilcar Cabral. A primeira prioridade era suprimir toda forma de exploração, inclusive a condição de subsistema do capitalismo europeu, e promover o desenvolvimento autocentrado e solidário em relação a outros países africanos e do Terceiro Mundo. Isto significava estender a independência política ao campo da economia, um desafio de grande porte para um país pequeno e pobre como aquele. Acrescenta-se a isto o fato de que as grandes potências globais, que na época toleravam o regime colonial e comercializavam normalmente com Portugal, viam com preocupação os países africanos recém-independentes, que falavam agora em desenvolvimento autônomo e soberania político-econômica.

> Hoje, no contexto internacional, um país pequeno como o nosso – dizia o presidente Luis Cabral –, que luta pela genuína independência, encontra dificuldade em conseguir ajuda internacional. Mas sempre dissemos que o objetivo da nossa luta era a independência. Não estamos dispostos a ceder de nenhum modo (Arruda, 1976a: 3).

Às dificuldades externas somavam-se as internas. A difusão dos *armazéns do povo* havia revolucionado a distribuição de produtos básicos de consumo, mas não havia tocado na estrutura produtiva. Novas formas coletivas de produção, quando iniciamos nosso trabalho na Guiné, em geral ainda não estavam implantadas. Nem poderiam ser impostas no campo, dado que as formas tradicionais de propriedade e também a posse privada da terra prevaleciam em quase todo o país. Para Amilcar Cabral, as mudanças para formas mais coletivas de propriedade e gestão teriam de ser *graduais e sem dogmatismo*. Na esfera da política institucional, talvez o maior problema estivesse no fato de que, desde o início, partido e Estado se confundiram. Como a experiência prolongada de luta identificou profundamente o partido com o povo da Guiné, a passagem do PAIGC para o comando do Estado arriscava desembocar no perigoso silogismo "o partido é o povo; ora, o partido agora é o Estado, logo, o Estado é o povo". Mais tarde vim a conviver criticamente com esta ilusória equação noutros países, como os da Europa Central, e, na Nicarágua sandinista, com o risco de ela se enraizar na mente dos dirigentes. Em termos de economia do desenvolvimento, este risco se traduziria numa política econômica pensada e dirigida de cima para baixo, sem que o povo de fato viesse a se tornar o sujeito do seu próprio desenvolvimento e o gestor de suas várias esferas de relações socioeconômicas.

A rejeição de toda forma de liberalismo econômico e o projeto de economia fundada na forte presença do Estado como planificador e gestor, além de regulador, envolvia riscos como o da excessiva centralização e burocratização.

"Mesmo o Estado que parece mais eficaz em zelar pelo interesse coletivo", comentava Carlos Dias – dirigente do PAIGC, destacado para o Comissariado da Educação – durante nossa viagem de jipe a Có, na região do Cacheu,[121] "se não está enraizado no povo e, portanto, em contínua mutação, termina ganhando um caráter paternalista e elitista e desenvolvendo mecanismos de dependência e subordinação, em vez de autodeterminação" (Arruda, 1976b: 3).

---

[121] No Cacheu, na costa norte do país, habitam Mandjacos e Mancanhas. Entre eles, como entre os Fulas e os Mandingas, as mulheres são quem mais trabalha.

O modo de evitar aqueles riscos incluiu a descentralização, visando relativa autonomia das regiões e participação ativa delas no planejamento e execução do projeto de desenvolvimento nacional, a partir das necessidades e recursos locais; a gradual resolução das desigualdades entre cidade e campo; e iniciativas para a criação de novas formas de organização do trabalho – unidades de produção coletiva e cooperativas. Foi dada prioridade ao campo e à atividade agrícola, pecuária e agroindustrial. A política industrial, portanto, visava a criação ou implantação de indústrias que suprissem as necessidades geradas pelo desenvolvimento agrícola. Esta política de desenvolvimento autocentrado e estribado na iniciativa consciente e na criatividade da população, mais que em agentes econômicos externos, exigia uma verdadeira revolução no plano educativo. O primeiro passo era rejeitar a educação como instrumento de manipulação ideológica e fazer dela um instrumento de empoderamento do povo para gerir seu próprio desenvolvimento e seu país recém-libertado.

Educação, instrumento de transformação social e de reconstrução nacional

O sistema educativo herdado do colonialismo era totalmente divorciado da realidade do país. Educar, para os colonizadores, significava "desafricanizar" os guineenses. O programa pretendia domesticar ou assimilar os poucos guineenses que tinham êxito escolar, transformando-os em servidores úteis da "Pátria de ultramar" (Darcy de Oliveira, 1980: 85-88). O movimento de libertação, por outro lado, deu à luz uma nova realidade social nas áreas libertadas. Criou escolas sob as árvores, onde o estudo estava ligado com a sobrevivência da comunidade, preparando quadros para a guerra e também para as atividades de reconstrução social e econômica nas regiões sob controle do PAIGC.[122] A estas duas heranças antagônicas, a do

---

[122] Assim se expressa em 1977 o Secretário Geral do PAIGC e Presidente do Cabo Verde, Aristides Pereira: "No processo de desenvolvimento da educação na Guiné e Cabo Verde os organismos centrais de educação apoiaram-se nos ensinamentos da prática adquirida

sistema educacional colonial e a da educação nas áreas libertadas, somava-se a terceira, anterior a ambas. Era a educação espontânea e cotidiana, "tradicional", que ocorria nas populações desde muito antes da chegada dos europeus à África. Aprendia-se com os mais velhos, aprendia-se fazendo, vivendo, trabalhando e brincando.

> Todo adulto era um "professor" e todo jovem aprendia da sua própria experiência e da experiência dos outros, tornando conhecimento, vida e ação inseparáveis. A aldeia e o ambiente, assim, serviam como um contexto permanente e informal para a produção do conhecimento e a interiorização dos padrões e valores essenciais à vida comunal e à sobrevivência do grupo" (IDAC, 1979: 8).

Estas três heranças confrontaram o PAIGC quando ele ganhou o controle de todo o território em 1974. No início, o novo governo não pôde fazer mais que eliminar as distorções e contradições mais óbvias.[123] Criou um Comissariado de Educação e Cultura que logo iniciou o desenho de um plano para um novo sistema escolar e simultaneamente um movimento de educação de adultos, começando com a alfabetização do setor politicamente mais ativo e consciente, as Forças Armadas (FARP). Depois de um longo período de avaliação e coleta de informações e ideias para um plano educacional mais rigoroso, o Comissariado apresentou ao Legislativo o projeto de uma nova estrutura para o sistema de educação da Guiné Bissau.

---

nas escolas das regiões libertadas, na iniciativa e criatividade dos professores e trabalhadores da educação em geral, na tradição do trabalho do nosso povo, bem como em algumas experiências próximas do contexto socioeconômico dos nossos países" (Pereira, 1977, Cultura: 11). Uma discussão mais minuciosa da educação das áreas libertadas é feita por Rudebeck, 1974: 201-225.

[123] "Num primeiro tempo, tratou-se de desembaraçar os programas do seu caráter alienante, substituindo as matérias de conteúdo ideológico mais marcadamente fascistizante e pró-colonialista. A realidade da Guiné, de Cabo Verde e da África começou a sobrepor-se à realidade estrangeira. Assim, procurou-se essencialmente garantir o funcionamento das escolas existentes, introduzindo nos programas um mínimo de transformações absolutamente indispensáveis, em particular nas disciplinas de história, geografia e língua portuguesa. A verdadeira reformulação do ensino, em bases que retomavam a experiência já iniciada durante a luta de libertação nacional, foi deixada para uma segunda etapa" (Pereira, 1977, Cultura: 10).

O objetivo do novo sistema seria formar trabalhadores conscientes de suas responsabilidades históricas e do seu dever de participarem ativa e criativamente na transformação social.[124] A educação não seria uma estrutura isolada, na qual as pessoas se registram segundo seus caprichos individuais ou o interesse no prestígio. Ao contrário, o sistema buscaria um conhecimento sempre mais realista das necessidades do país e a qualificação prática e teórica da população para responder coletivamente a essas necessidades. Especificamente, a educação seria orientada principalmente para o campo. A participação de professores e estudantes nas atividades produtivas e nos serviços comunais, assim como nas atividades políticas do país, seriam partes integrantes dos programas educacionais. Sua prática social seria transformada em fonte de aprendizagem e campo experimental para a aplicação do novo conhecimento. E, em vez de usar os escassos recursos na criação imediata de uma universidade, o governo definiu como primeira meta do novo programa a educação básica de seis anos para todos. Uma educação que buscasse qualificar os estudantes mediante o íntimo contato com a população e a contínua participação na reconstrução do país também os qualificaria para a participação no poder político. Portanto, a estratégia para a construção de um novo sistema educacional era coerente com a estratégia global de reconstrução social *de baixo para cima*.

Acertos e erros na Práxis Educativa Libertadora

Quando lá chegamos, em 1975, apenas 5% da população falava e entendia o português. Em compensação, mais da metade falava o *crioulo* guineense, resultado da mistura do português arcaico com línguas da África Ocidental. A razão era sobretudo que, durante os 20 anos de luta armada contra o colonialismo português, o PAIGC disseminara o uso do crioulo

---

[124] "Visando uma formação autenticamente integral do *Homo*, a educação deverá ser simultaneamente político-ideológica, moral, técnico-científica, intelectual e física" (Pereira, 1977, Cultura: 11).

como língua veicular que tornou possível a comunicação entre as diferentes etnias. Felizes e honrados pelo convite para assessorar na construção da educação de jovens e adultos do país, propusemos uma primeira visita para conhecermos ao vivo o país, a população, sua diversidade de heranças e suas aspirações. Ao final das nossas vivências, observações e conversas, teríamos uma reunião de avaliação e proposição com o Comissário da Educação, Mario Cabral, sobre os rumos que nossa colaboração poderia tomar.

A visita ocorreu em setembro-outubro de 1975. O relato que nos fizeram os dirigentes da Educação a respeito da situação que encontraram com o fim da guerra anticolonial foi espantoso. As forças de libertação entraram em Bissau em setembro de 1974 e decidiram pôr em funcionamento as escolas já em outubro. A previsão para 1974-1975 fora de 50 mil estudantes no primário e 4 mil no secundário; na realidade, matricularam-se 74 mil e 8 mil! Isso obrigava o governo a construir escolas improvisadas, usando recursos locais. Os exames de recrutamento de professores revelaram grande ignorância: não havia professoras e professores preparados para o secundário; tiveram que contar com os estudantes que haviam acabado a 7ª série, e só a partir de fevereiro de 1975 chegaram professores... portugueses. Durante os 18 anos da luta armada a educação formou 15 mil estudantes. Agora, era preciso atender a todo o país, com uma composição social e ideológica mais complexa. Os dirigentes acreditavam que era preciso uniformizar o sistema de ensino. Apesar de forçado a centrar forças e recursos na manutenção do sistema escolar herdado do tempo colonial, fazendo as mudanças possíveis e melhorando as condições de ensino e o acesso à escola, o governo revolucionário estava consciente das distorções que prevaleciam e do tempo que uma transformação profunda exigiria, sobretudo no plano da subjetividade dos professores. Tomando por referência a experiência educativa acumulada nas áreas libertadas, o governo definiu algumas diretrizes inovadoras em relação ao ensino primário:

1) o esforço prioritário seria no campo;
2) o ensino estaria vinculado ao trabalho produtivo; na esfera didática, isto implicava um programa multi e interdisciplinar;

3) no lugar das antigas disciplinas, estavam definidos quatro campos de conhecimento básicos: a produção agropecuária, a saúde, o artesanato e a técnica, e a comunidade e sua cultura;
4) na etapa de esforço para garantir o ensino básico para todas as crianças e jovens, o primário deveria ser um processo educativo completo,[125] com um fim em si mesmo – prepará-los para melhorar quanto possível o tipo de vida que quase todos iriam ter em suas comunidades, no contexto de um país predominantemente rural onde já não haja exploração nem opressão;
5) a nova estrutura exigia a descentralização, com a criação de comitês regionais e comissões responsáveis regionalmente pela preparação dos professores e dos programas;
6) além do ensino escolar primário e secundário, criaram o departamento de educação de adultos, que teria uma estrutura própria;
7) a escola estaria ligada à comunidade e à vida, participando desta e das suas atividades de reprodução da vida. Estudantes e professores – os CEPIs ou Centros de Educação Popular Integrada – serviriam de experiências-piloto para abrir caminho à implementação desta diretriz; eles pretendiam também ajudar a fixar a população rural no campo buscando aí mesmo as respostas às suas necessidades;
8) o espírito de pesquisa e experimentação teria prioridade sobre a transmissão vertical de conhecimentos;
9) alguns valores tradicionais, como a posição submissa da mulher, sobretudo nas etnias islamizadas (em algumas regiões havia o costume de se comprar a esposa desde o berço); o uso de amuletos (tic-tac), aos quais Amilcar não poupou críticas; e outros seriam gradualmente substituídos.

---

[125] "... em países como a Guiné e Cabo Verde, torna-se absurdo que qualquer nível de ensino seja pura e simplesmente uma espécie de antecâmara para o nível seguinte, ao qual a maioria dos alunos não têm ainda acesso (...) é preciso que o ensino dispensado constitua um processo completo de formação. O seu objetivo não pode ser o de preparar os jovens para exames acadêmicos seletivos, mas sim de os preparar da melhor maneira possível para o tipo de vida que a maioria levará nas comunidades rurais. Deverão aprender, nesses anos de escolaridade de base, tudo o que necessitam para levar uma vida socialmente útil, no quadro de uma sociedade liberta de toda relação de exploração e dominação" (Pereira, 1977, Cultura: 13).

Essas diretrizes se traduziam num roteiro convergente com a Metodologia da Práxis. Para o planejamento da ação educativa previam-se três etapas: estudo da realidade, estudo científico, trabalhos práticos. O estudo da realidade ocasionava o contato dos educandos com o saber e a cultura local, as técnicas tradicionais, os valores e atitudes que orientavam as relações na comunidade. Era inescapável que os educandos valorizassem o saber local, identificassem suas limitações e os caminhos possíveis para superá-las; que eles descobrissem o diálogo com os habitantes como uma via privilegiada de aprendizagem e de encontro de intencionalidades; e que encontrassem através dessa pesquisa participativa o fundamento sobre o qual planejariam mais tarde os trabalhos práticos. O estudo científico era o momento de sistematização, teorização e aprofundamento do conhecimento já acumulado sobre os temas investigados. Os trabalhos práticos envolviam os estudantes nas ações produtivas praticadas pela comunidade, munidos de uma metodologia que lhes permitia aprender e ensinar ao mesmo tempo, e sobretudo aplicar imediatamente os conhecimentos adquiridos nas etapas anteriores, além dos que aprendiam com a própria comunidade e que muitas vezes eram melhorados ao interagirem com os novos conhecimentos.

Se neste campo eles já haviam avançado muito, percebemos outros problemas a resolver. A alteração do conteúdo das matérias ideologicamente carregadas exigia também a reeducação dos professores. História e geografia ganharam um cunho africano e guineense, a religião foi retirada, a política foi introduzida,[126] o português permaneceu, mas agora como língua oficial, e não *nacional*. O crioulo foi declarado língua nacional. Outro problema era a formação de pessoas especializadas na produção agropecuária e na pesca, na saúde e na economia – e isso só era possível no exterior,

---

[126] Ao longo dos anos de trabalho na Guiné, discutimos com teimosa insistência a ideia de que a concepção de política como disciplina em si devia ser substituída, com grande vantagem, pela introdução, em cada disciplina, da dimensão política. Ao estudar agricultura, por exemplo, também se estudaria a históriam, a gênese e a estrutura das classes no campo, a relação campo-cidade, o papel da agricultura no projeto de desenvolvimento autodeterminado e autogestionário da Guiné, as relações de poder entre os atores envolvidos etc. tendo como perspectiva central a participação e a autogestão solidária.

com os riscos de "modelagem mental" que isso implica – para responder a prazo curto às necessidades básicas do país numa progressão acelerada, sem que estes se distanciassem da população, da realidade nacional e se tornassem uma nova elite de privilegiados. A ligação do estudo com o trabalho produtivo, a obrigação dos estudantes com bolsa do governo a retornarem para colocar seus conhecimentos a serviço da comunidade e da nação seriam alguns dos meios para evitar os riscos mencionados.

> Esta reinvenção da educação não pode ser imposta de cima para baixo (...) Ela tem que ser criada passo a passo, testada em experiências concretas, onde se irão formando pouco a pouco, do ponto de vista prático e teórico, os educadores que devem animá-las. Tudo isto implica um esforço a longo prazo, uma busca permanente das propostas mais coerentes com a realidade, com as necessidades e com os recursos do país. Por outro lado, é também evidente que uma educação enraizada na comunidade camponesa e a serviço de sua transformação só terá sentido se ela for acompanhada por transformações no plano socioeconômico e político, que se traduzam num poder de decisão e de intervenção cada vez maior das massas populares nos destinos do país (Darcy de Oliveira, 1980: 92).

Na primeira visita também identificamos as dificuldades relacionadas com o desafio de alfabetizar a população da Guiné Bissau: a altíssima fração de analfabetos do país (90-95% da população) e a diversidade linguística (mais de 20 idiomas étnicos). O crioulo, porém, era um extraordinário fator facilitador e integrador que não existia noutros países multiétnicos, como Angola e Moçambique. A ação alfabetizadora se desdobraria em dois espaços, o das Forças Armadas (FARP), que saíam da luta de libertação nacional com uma prática organizativa, disciplina e motivação muito grandes, e o da sociedade civil, sobretudo a população de jovens e adultos trabalhadores. O primeiro incluiria os profissionais das FARP e os que iriam sendo desmobilizados. O lúcido dirigente das FARP, Comandante Júlio de Carvalho, havia definido uma dupla estratégia que merece ser citada. As FARP, no tempo de paz, além da defesa do país, estariam responsáveis também pela educação da população e pelo trabalho produtivo de bens e serviços, incluindo a saúde. A intenção era que pelo menos produzissem alimentos suficientes para o seu próprio abastecimento. Portanto, iriam passar por um processo intensivo de alfabetização para, logo em seguida, imergirem na população, sobretudo rural, a fim de colaborarem para superação mais rápida possível do analfabetismo no país. Os desmobilizados, por sua vez, estariam também responsáveis por alfabetizar a população e colaborar com ela nos místeres da atividade produtiva. Por tudo isso, ficava claro para nós que o desafio da alfabetização nas FARP era relativamente simples, se comparado com o da sociedade civil, e já estava bem encaminhado.

Nossos comentários e sugestões ao final da primeira visita foram ouvidos com interesse, mas houve uma reticência quando mencionamos a conveniência de fazerem a educação na língua nacional em vez do português. Somente em fevereiro de 1976 apresentamos ao Comissário e à sua equipe as propostas que resumimos a seguir:

1) Aconselhar a Guiné a "reconquistar a língua como fato de cultura e fator cultural", adotando o crioulo como língua de alfabetização, e não o português. A resposta do Comissário foi que a intenção era caminhar para o crioulo, mas que agora a determinação era trabalhar com o português. Era preciso que o crioulo se estruturasse como língua escrita antes que fosse possível ser língua da educação. Retrucamos que, para que isso fosse viável no prazo mais curto possível, era necessário um esforço concentrado de codificação do crioulo, que até então era uma língua oral, ou era escrita de maneiras diversas, sem que jamais tivesse tido uma grafia oficialmente estabelecida.
2) Era essencial adotar um programa que fosse além da etapa de alfabetização e que se adequasse às diferentes formações sociais e étnicas que compunham a população. Para isso, era necessário um programa flexível, que combinasse elementos comuns de cunho nacional com elementos específicos, culturalmente diversificados, de cunho regional e étnico.
3) Isso implicava assimilar ao programa educativo dois universos de conteúdos extremamente ricos e importantes para eles. Um, o conhecimento acumulado pela população ao longo de sua história e da sua luta contra o colonialismo. Essa luta havia sido sua primeira e mais importante esco-

la e se prolongava agora no esforço pela reconstrução nacional com base na autodeterminação e visando a crescente autossuficiência relativa. Reconhecer isso obrigava a valorização da cultura de cada etnia, inclusive da língua materna de cada educando, mas também a continuidade da construção ativa da nação guineense[127], e um trabalho consciente de aprofundamento da própria identidade cultural africana, profundamente flagelada pelos séculos de um colonialismo lamentavelmente obscurantista, euro e etnocêntrico.[128] O outro, intimamente ligado à luta cultural: a prática de desenvolvimento socioeconômico pós-colonial (nos documentos oficiais foram incluídos qualificativos para o desenvolvimento:[129] endógeno, autocentrado, democrático e participativo), que se orientava para a construção de uma sociedade plural, autogestionária e com o maior grau possível de autodeterminação, autossuficiência e integração solidária.

Desde esse momento, e durante os três anos seguintes, envidamos esforços para acelerar a sistematização linguística do crioulo e viabilizar sua introdução como língua de educação na Guiné. Coletamos textos em crioulo, promovemos transcrições de falas em crioulo dos dirigentes e contactamos linguistas no Senegal que tinham profundo conhecimento

---

[127] "Tivemos dificuldades em criar no nosso povo uma consciência nacional e é a própria luta que cimenta esta consciência nacional. (...) A luta armada não só liquidou os resíduos de ideias tribais que ainda podiam subsistir, mas está ainda em vias de transformar completamente o nosso povo" (Cabral, 1974: 20).

[128] Aqui, novamente, Cabral é firme: "As massas não têm nenhuma necessidade de reafirmar a sua identidade, que elas nunca confundiram nem saberiam confundir com a do poder colonial. No entanto, a reafirmação duma identidade distinta da do poder colonial, necessidade apenas sentida pela pequena burguesia autóctone, diz apenas respeito a uma minoria (...). Luta esta que, sendo uma expressão política organizada de uma **cultura**, é também e necessariamente uma prova não somente de **identidade** mas também de **dignidade** (...) A luta de libertação é, acima de tudo, um ato de cultura" (Cabral, 1974: 30-31) [negritos no original].

[129] "Para que a cultura desempenhe o papel que lhe cabe no movimento de libertação, este deve estabelecer com precisão os objetivos a atingir para que o povo que representa e dirige reconquiste o direito a ter a sua própria história e a dispor livremente das suas forças de produção, com vista ao **desenvolvimento ulterior** de uma cultura mais rica, profunda, nacional, científica e universal" (Cabral, 1974: 31) [negritos meus].

dos idiomas oeste-africanos que contribuíram para a formação do crioulo. Tudo isso visando motivar o governo a uma decisão política definitiva sobre a língua. Mas por ocasião da 1ª Reunião de Ministros da Educação dos países lusófonos, em 1978, a questão ainda não fora resolvida.

Na sessão de síntese que reuniu nossa equipe com os dirigentes da educação, em 22/9/75, o Comissário Mário Cabral havia exposto o plano de governo de uma *campanha nacional de alfabetização*, seus objetivos, estrutura e atores a envolver. No "trabalho de casa" que fizemos ao retornar a Genebra, assimilando as lições da visita e planejando com maior minúcia a nossa colaboração com a Guiné Bissau, amadurecemos outra ideia, que propusemos em fevereiro de 1976:

4) Que *não* fosse empreendida uma *campanha nacional de alfabetização*, mas que se adotasse uma estratégia por etapas, iniciando com experiências-piloto que servissem para gerar elementos positivos a multiplicar e negativos a evitar e superar e servissem também de contexto para a formação prática e teórica dos animadores da alfabetização. As campanhas sempre se assemelham a ações militares, são centralizadas e verticais, buscam objetivos bem definidos no espaço e no tempo e mobilizam recursos materiais e humanos que ordinariamente não estão disponíveis. Praticamente todas as campanhas de alfabetização na África haviam fracassado, por não partirem da realidade dos povos e por não se vincularem às suas necessidades básicas imediatas. As experiências africanas ensinavam que, quanto mais tradicional a sociedade, mais difícil o êxito da campanha. Também ensinavam que, se a sociedade tradicional não estava desenvolvendo um projeto dinâmico de desenvolvimento socioeconômico, o êxito da alfabetização era praticamente nulo.[130] Nossa concepção em relação

---

[130] Nos meus estudos sobre a economia da Guiné Bissau em 1975, encontrei a seguinte anotação: "1) Sem um projeto de transformação da sociedade tradicional, a massa camponesa provavelmente vai perder a motivação política, cair no velho sistema de organização social e produtiva – o tradicional – [ou aspirar a integrar-se, mesmo subordinadamente, na sociedade ocidental do consumismo], despolitizar-se e talvez passar a ter contradições com o PAIGC. 2) A Campanha de Alfabetização deve estar não só associada,

à Guiné Bissau era de um *movimento de longo prazo, vinculado aos projetos de desenvolvimento local e nacional, que não se esgotava na alfabetização e nem necessariamente se iniciava com ela.* Sem um amplo universo de estudantes e professores disponíveis para mobilizar-se numa campanha, sem os recursos materiais e com um sem-número de prioridades urgentes a atender ao lado da educação massiva, o governo concordou com essa proposição e enfatizou nas suas resoluções a importância de um processo aberto e permanente de educação de jovens e adultos, paralelo ao sistema escolar, no qual a alfabetização era apenas um momento inicial, e não um fim em si mesma.

5) Outra proposta girava em torno de algo que eles já haviam intuído: a estreita ligação entre o programa de educação de jovens e adultos e as atividades de desenvolvimento local e nacional (produção, saúde, nutrição, serviços etc.). Esta estratégia não apenas atendia à urgência de reconstruir a capacidade de autoabastecimento da nação, como também garantia a sustentabilidade da aprendizagem, pois ela teria uma utilidade prática ao cotidiano da vida e do trabalho dos educandos.

A tônica de Paulo Freire na *ação cultural* – como atividade abrangente, que envolvia, para além da aprendizagem das disciplinas, os trabalhos ligados à reconstrução do país, de sua identidade, valores, atitudes e modos de relação enquanto guineenses e africanos, de modo que colaborassem para o renascimento ético e cultural daquela brava nação – atravessou a nossa intervenção junto aos educadores e educadoras guineenses. Os *animadores culturais* iniciariam com a alfabetização, mas iriam ser mais tarde os educadores de outras etapas da educação permanente da população. Notemos as palavras de Amilcar Cabral:

> As massas populares (...) são portadoras de cultura, elas são a fonte da cultura e, ao mesmo tempo, a única entidade verdadeiramente capaz de preservar e de criar a cultura, de fazer história.

mas *subordinada*, ou *em função* da campanha de transformação socioeconômica. 3) Devemos evitar um conflito entre o ritmo de transformação socioeconômica e o da extensão da campanha de alfabetização. 4) Fazer da alfabetização um fator de dinamização, mas não o motor fundamental da transformação socioeconômica".

Para além da "cultura tradicional", Cabral punha sua confiança nas massas populares, não paradas no tempo, mas em movimento, construindo sua própria história, portanto capazes de integrar a herança histórica da qual eram portadoras, com tudo que de novo elas próprias estão criando e descobrindo através da luta, da ação crítica e transformadora.

A respeito da questão linguística, estabelecemos um intenso diálogo com os responsáveis do governo em favor da adoção do crioulo como língua de alfabetização, fundamentando nossos argumentos tanto no fato de que mais de 50% da população falava e compreendia o crioulo e só 5% falava ou entendia o português, como nas teses do próprio Amilcar Cabral. O fato de os governantes terem fincado pé na opção pelo português foi um dos principais fatores responsáveis por uma gama de derrotas e também – mas secundariamente – vitórias geradas pelo nosso trabalho de educação libertadora com os guineenses. Nossa argumentação estava bem fundada nas nossas observações de campo e nas falas de Amilcar Cabral. Grande ênfase colocamos no argumento técnico: os educandos estariam aprendendo numa língua na qual não pensavam, que não compreendiam e que não iriam usar no seu cotidiano – a tendência era esquecer o que tivessem aprendido e impacientar-se sempre mais com o que pareceria a eles perda de tempo, esforço inútil.[131] Também conectamos a questão da língua de ensino com a capacitação de toda a população para tornar-se sujeito das transformações a empreender na sociedade guineense.

Mas prevaleceu a autoridade política do Governo guineense, argumentando que "o português era uma língua literária, com um acúmulo multissecular", que "a herança europeia tinha com que contribuir para o desenvolvimento independente da Guiné Bissau" e, argumento extremo, antagônico à mais rica herança de Amilcar Cabral, que "o português era a verdadeira 'língua de cultura'". Em 1977, Aristides Pereira mencionou

---

[131] Notemos que se tratava de aprender não o português, mas *em* português! Ler e escrever eram objetivos desta etapa, mas como ler e escrever a realidade deles numa língua que desconheciam?

entre os princípios de base que orientam a ação educativa na Guiné e Cabo Verde: "h) dar atenção ao ensino em língua nacional de uma forma progressiva" (Pereira, 1977, Cultura: 12). Ensino em língua nacional – o crioulo – significava usar o crioulo na alfabetização e na escola. Grande avanço, resultante entre outras razões das sucessivas avaliações que o Comissariado da Educação, com nossa colaboração, fizera dos resultados inferiores aos esperados no plano da aprendizagem em português.

A contragosto, nós nos pusemos a trabalhar com uma pequena equipe de educadores guineenses lusófonos na construção de um saber educativo que envolvia a pesquisa sobre os aspectos altamente diversificados da realidade do país, sobre o enraizamento da proposta educativa na história e na cultura do povo guineense, sobretudo as décadas de luta nacional contra a dominação portuguesa, e sobre a educação libertadora de jovens e adultos. Colaboramos para a formação dos quadros dirigentes da educação de jovens e adultos no Comissariado Nacional de Educação e a resolução das questões técnicas da alfabetização e da pós-alfabetização. No diálogo que estabelecemos com diferentes setores do governo, fizemos uma sólida aliança com o Comissário Nacional da Cultura, o revolucionário e literato angolano Mário de Andrade,[132] cujas concepções estavam em forte sintonia com as nossas. Com ele, eu, em particular, desenvolvi laços de forte amizade, tendo colaborado estreitamente com ele durante seis semanas na preparação e realização do I Reunião de Ministros da Educação dos Países Africanos de Fala Portuguesa, em Bissau, em fevereiro de 1978.

A questão da opção linguística revelou-se fundamental em todos os sentidos. Era ela que iria determinar a natureza e o caráter político-cultural do programa educativo – se afrocentrado ou eurocentrado. Portanto, não

---

[132] "A questão linguística é um problema de luta de classes", disse-me Mário de Andrade em janeiro de 1978, em Bissau. Era a antevéspera da 1ª Reunião de Ministros de Educação. Mário me fez evocar a fala de Amilcar Cabral sobre as opções da "pequena burguesia revolucionária africana" depois da vitória sobre o colonialismo: instalar-se no poder e usufruir dos seus privilégios ou *suicidar-se como classe*, constituindo um fator que favoreça o empoderamento do povo guineense para assumir o protagonismo sobre sua própria história.

era apenas uma opção técnica, porém mais que tudo política. Durante a primeira Reunião de Ministros da Educação de Angola, Cabo Verde, Guiné Bissau, Moçambique e São Tomé e Príncipe, o tema foi discutido com vigor. Primeiro, ficou patente que a realidade sociolinguística destes países era diversa. Em apenas três deles – Guiné Bissau, Cabo Verde e São Tomé e Príncipe – havia emergido uma língua intermediária, síntese do contato inicial entre os colonialistas portugueses e os povos oeste-africanos: o crioulo. Era patente que essa língua (que tem diferenças menores de um país para o outro) era própria desses países, tinha autonomia e estrutura própria, não mais a do português nem a das línguas oeste-africanas. Ao longo dos últimos séculos o crioulo desempenhou o papel de língua veicular, que tornou viável o contato entre etnias durante a luta armada na Guiné Bissau e marcou a personalidade nacional da Guiné e Cabo Verde e de São Tomé e Príncipe. Depois da independência, o crioulo foi adotado oficialmente como língua nacional da Guiné. O português, língua oficial, era usado na educação e nas comunicações internacionais.[133]

O objetivo explícito a que se propuseram o Conselho Nacional da Cultura e o Comissariado da Educação da Guiné Bissau foi capacitar e desenvolver o crioulo, ensiná-lo e fazer com que todo o povo seja pelo menos bilíngue: que fale e escreva sua própria língua e o crioulo. E, quanto possível, seja trilíngue, falando e escrevendo também o português. Essa decisão, fruto de uma intensa *luta ideológica* em favor de uma via cultural africana para a revolução guineense, teve grande importância enquanto durou. Até hoje a população da Guiné Bissau em grande parte fala correntemente o crioulo e o utiliza como língua de comunicação interétnica. Diversas obras em crioulo têm sido publicadas, mas não tenho informação se se consumou o processo de codificação do crioulo, iniciado quando lá trabalhamos na segunda metade dos anos 70.

É preciso sublinhar que a opção ideológica dos partidos de libertação nacional dos países africanos de língua portuguesa era pelo "marxismo-

---

[133] Para uma discussão mais detalhada sobre a educação na Guiné Bissau naquele momento, ver minha entrevista à revista Cadernos do Terceiro Mundo (Arruda, 1978: 119-125).

-leninismo". Para nós, essa definição arriscava pretender um transplante mecânico e doutrinário de modelos de socialismo muito distantes da realidade africana. Pelo menos eu trazia em mim a visão crítica das experiências fracassadas de transplante e doutrinarismo que marcaram a história das esquerdas latino-americanas, das quais eu próprio fizera parte na primeira etapa do meu envolvimento político revolucionário. A essência filosófica da práxis, que induzia a edificar nesses países um modelo próprio de socialismo sobre o fundamento da cultura, das melhores tradições e do saber acumulado das diferentes etnias que formavam a Guiné e os outros países lusófonos da África pareceu estar relativamente distante da perspectiva dos seus líderes. Por isso falei acima em *luta ideológica*. Fomos incômodos e minoritários protagonistas dela, ao lado do combativo Comissário da Cultura Mário de Andrade. Compartilhávamos a percepção de que o crioulo devia ser a língua escolar e da alfabetização e que um esforço para a sistematização das línguas étnicas também era importante para a democratização do saber e o transbordamento do poder cognitivo da capital, Bissau, para o interior.

E perdemos. Talvez essa derrota seja um silencioso fator subjacente ao histórico posterior de golpes que o país sofreu: sem aquele enraizamento cultural na terra e na mente de África, protagonizado por Amilcar Cabral com a expressão "reafricanização das mentalidades", a população ficou vulnerável às disputas que iriam resultar na reinserção do país, em posição profundamente subordinada, no processo de globalização capitalista neoliberal.

A construção do movimento de alfabetização de jovens e adultos como primeira etapa para um programa de educação permanente dos mesmos iniciou com perguntas surgidas da definição, consensuada em todo o país, do objetivo histórico da reconstrução nacional: erigir uma sociedade sem nenhum tipo de exploração, onde se superem todas as desigualdades sociais, culturais e econômicas. Como criar as condições e que estratégias adotar para realizar este objetivo? Que novas estruturas e instituições seriam necessárias? Que novas relações sociais instituir? Que formas de produzir e comercializar bens e serviços que nutram o tipo de sociedade que querem construir? A quem alfabetizar e educar?

A resposta a esta última questão se decompunha entre o longo e o médio-curto prazo. Era consenso que se desejava alfabetizar todo o povo e promovê-lo a graus de conhecimento científico e humano cada vez mais altos. Era também a percepção dos dirigentes que a alfabetização tinha o potencial de ser uma ação de mobilização política de âmbito nacional, num momento delicado de transição para *uma nova ordem, na qual o inimigo visível já foi derrotado*.[134] Mas no imediato, frente aos recursos materiais e humanos limitados e à diversidade dos setores que compõem a população, o único caminho era a *alfabetização progressiva*, isto é, elaborar um plano de prioridades e trabalhar por etapas. As respostas ao desafio de planejar, ficava claro, estavam ligadas ao próprio projeto de desenvolvimento da Guiné Bissau como nação: outro paradoxo, pois na realidade a Guiné não era ainda, como não o é agora, uma Nação no sentido pleno do termo. Diversas etnias continuavam ocupando territórios em dois ou três países, como os fulas e mandingas, no norte e leste da Guiné Bissau, Senegal e Guiné Conakri; sua identidade era mais étnica do que nacional. A diversidade cultural e linguística complicava ainda mais. Muitos fulas, por exemplo, eram bilíngues, falando sua língua materna e o árabe; muitos liam e escreviam o árabe, pois eram islamizados desde pelo menos cinco séculos antes da chegada dos portugueses à África. Portanto, o desafio era ainda mais complexo: tratava-se de construir uma nação africana sobre os escombros do arremedo de nação colonizada, produto da ocupação portuguesa, e a partir da vivência seminal de Nação gerada pela luta armada contra essa ocupação multissecular.

A tarefa imediata era a superação das necessidades básicas para a sobrevivência da população como um todo, sobretudo a segurança alimentar com soberania. Os portugueses se retiraram em 1974 fazendo a política da terra arrasada. Destruíram tudo aquilo que ainda controlavam, inclusive hospitais e

---

[134] Mais adiante vou fazer referência à minha primeira conversa em Manágua com o Ministro da Cultura, Pe. Ernesto Cardenal, em novembro de 1979. "Olhando pela primeira vez o país de dentro do Palácio do Governo para fora", disse ele, "foi que nos demos conta de que todo o tempo da luta foi apenas a preparação. O desafio da revolução começa é quando conquistamos o poder do Estado!".

clínicas. Fomos testemunhas disso na nossa primeira visita a diferentes regiões do país por carro e helicóptero, em 1975, para contato com dirigentes políticos e militares e educadores locais. A diretriz estratégica era a construção de uma infraestrutura que garantisse a segurança alimentar da população com base na produção agrícola descentralizada e articulada de forma complementar. Não podemos esquecer a visita que fizemos a um grande centro de produção de arroz em Fá-Mandinga, entre Bafatá e Gabu, onde uma equipe de agrônomos chineses viera estudar formas de apoiar a produção local. Aí soubemos que outra equipe de chineses, trabalhando no sul da Guiné, em região habitada pelos Balantas,[135] havia descoberto que estes eram peritos produtores de arroz, obtendo alta produtividade com técnicas tradicionais, no contexto das condições ambientais locais. E o faziam de forma sustentável havia séculos. Os chineses se despediram dizendo que *não tinham nada a ensinar aos Balantas*. Outras etnias produziam outros tipos de alimentos, e diversas não tinham o hábito de comer, por exemplo, legumes altamente nutritivos e de fácil acesso. Ficou claro que era preciso introduzir no processo educativo os campos da educação alimentar e o da diversificação da produção de alimentos.

Quanto aos setores prioritários da sociedade, foram escolhidos, por um lado, os que haviam avançado mais durante a fase da luta de libertação – as Forças Armadas (FARP)[136] e os setores civis[137] que participaram mais

---

[135] Os Balantas, na Guiné Bissau, assim como os Cuanhamas da Angola e os Macondes de Moçambique, viviam até os anos 70 (pelo menos) uma estrutura social coletivista, sem apropriação privada da terra, ferramentas ou produtos, sem classes sociais e, portanto, sem Estado.

[136] Colocava-se aqui a delicadíssima questão da mobilização política depois do fim da luta armada. A transição é uma das maiores dificuldades, inclusive para os dirigentes, que, muitas vezes, se iludem com a impressão de que a vitória popular significa que a *revolução* está realizada. O mesmo ocorreu na minha vivência como consultor do Governo da Nicarágua Sandinista, que discutirei futuramente. Em termos de consciência política e organização, pareceu-nos que as FARP eram mais sensíveis e avançadas que o próprio PAIGC enquanto partido binacional. A "tradicional" pergunta nos ocorreu então, típica dos contextos em que movimentos de contestação ao capitalismo ganham o poder do Estado: "Será que cessou de existir o partido para existir somente o Governo?". Os dois riscos disso são o desenraizamento das massas e a conversão da ação e da "mística" política em atividade burocrática e/ou tecnocrática e redução da política a tema de discussão conceitual ou, no espaço da educação, a uma disciplina isolada das outras.

[137] A JAAC, organização nacional dos jovens, teria um papel preponderante a desempenhar.

diretamente na luta e que eram analfabetos, porque poderiam utilizar imediatamente a aprendizagem da leitura e da escrita, aplicando-a na tarefa de organização e educação da população e nas atividades produtivas. Por outro lado, escolheram-se aqueles setores que estavam envolvidos em projetos de transformação socioeconômica, sejam os iniciados pelas comunidades, sejam os de responsabilidade do governo, nos quais a aprendizagem do português pudesse ter utilidade imediata. Enfatizamos a importância da utilidade do aprendizado, porque é frequente que as pessoas que se alfabetizam e não utilizam no seu cotidiano os conhecimentos aprendidos os esqueçam e caiam no chamado *analfabetismo regressivo*. Como sempre, tratava-se de caminhar *no fio da navalha*. Não seguir esse caminho resultaria em aprisionar-se no imobilismo. Segui-lo envolvia o risco de construir-se uma educação seletiva e até mesmo elitista. O imobilismo era inadmissível, portanto tinha-se de correr esse risco e buscar formas eficazes de evitá-lo. O modo proposto era que o sistema escolar passasse a ter profunda vinculação com a vida da comunidade e com o trabalho para a produção e reprodução da vida da sociedade. Assim, a escola passaria a fazer parte da vida real do país e não ficaria desligada, formando indivíduos que estão por cima do povo.

Na província de Có, por exemplo, criou-se uma escola de formação de professores com o objetivo que mencionei há pouco. Tinham uma horta e trocavam conhecimentos com a comunidade sobre como produzir e como distribuir os produtos. Criaram um centro sanitário onde atendiam a população e procuravam ajudá-la a compreender algo sobre suas doenças mais frequentes e os modos de preveni-las. Criaram também grupos de alfabetização, os chamados *círculos de cultura popular*. Aí se elaboravam programas progressivos de educação de jovens e adultos, incluindo neles os diversos campos do conhecimento que correspondiam às necessidades do desenvolvimento individual e coletivo da escola, das comunidades vizinhas e do próprio país. Assim, a escola se transformou num *centro de irradiação* de vida e aprendizagem para as populações locais e, ao mesmo tempo, em matriz de emulação e mobilização social. Tornou-se também um centro de pesquisa sobre a vida e as tradições dos povos locais, de cujo saber os educandos também deviam aprender. O professor deixava de ser aquele que possui o monopólio de conhecimento e transformava-se num educador-educando, e os estudantes em educandos-educadores, que aprendem e ensinam ao mesmo tempo.

A população jovem e adulta, enfatizemos, era uma população de trabalhadoras e trabalhadores, com algumas exceções. As mulheres, em particular, eram trabalhadoras da casa e do campo, sem dia de descanso. O interesse delas em educar-se encontrava muitas vezes a resistência dos maridos, um traço marcante da cultura fortemente patriarcal que impera até hoje em grande parte daquele continente, com destaque para as populações islamizadas. Além disso, era uma população em grande parte escolada na organização para a luta anticolonial. Trazia para os círculos de alfabetização um tesouro acumulado de conhecimentos, vida e trabalho. A alfabetização era um novo instrumento para melhorarem de vida, mas não *o* ponto de partida. Por isso, o processo era iniciado pela pesquisa do conhecimento já existente e das necessidades mais prementes de cada setor a alfabetizar. Quando a necessidade era a produção agrícola, iniciava-se pela aprendizagem de técnicas agrícolas para melhorar imediatamente a produção, trazendo *motivadores* (palavras, manuais de máquinas e outros elementos) que despertassem a curiosidade e o interesse dos educandos para a alfabetização linguística. Portanto, já não se tratava de alfabetizar primeiro e depois perguntar-se "e agora?", mas conceber todo um programa de aprendizagem *da práxis* – fazendo e aprendendo – orientada para as necessidades do desenvolvimento do educando, da comunidade e do país.

Para a mobilização maciça em torno da educação de jovens e adultos seria importante sobretudo o uso do rádio, que era o meio de comunicação mais difundido e de maior alcance: dramatizações, associação da informação com apresentações práticas, entrevistas com animadores e alfabetizandos, leitura de cartas e todo tipo de invenção que fosse motivadora e que familiarizasse a população com a proposta. Também sugerimos exposições ambulantes, comícios educativos com projeções e gravações.

Merece relevo o esforço que fizemos, também na esfera institucional, para ligar o programa de educação de jovens e adultos ao plano de desenvolvimento socioeconômico autônomo, endógeno e participativo que o governo pretendia adotar. Utilizo para isso documentação original e os cadernos de notas que elaborei durante as viagens de trabalho à Guiné Bissau entre os anos de 1975 e 1979. E dialogo com os educadores nacionais e com Paulo Freire, o único que produziu um relato sistemático daquele trabalho quando ele ainda estava em processo. Infelizmente, tudo se desvaneceu rapidamente desde o golpe militar de 1980, que aos poucos reorientou a Guiné Bissau numa via neocolonial.

Desde a primeira visita, pedimos para dialogar com os diversos setores do governo, incluindo dirigentes do Comissariado do Desenvolvimento, da Agricultura, da Saúde, da Informação, do PAIGC e das FARP, além da JAAC. Para nós, a seleção das palavras e temas geradores podiam provir, entre outros, da política do PAIGC para a etapa atual, das necessidades da produção regional e local etc. Alguns temas/palavras certamente teriam validade nacional, como luta, fuzil, unidade, construção. Era também necessário adequar a atividade dos Círculos de Cultura ao ritmo de trabalho dos jovens e adultos das diferentes regiões. A participação articulada dos diferentes Comissariados e entidades sociais e políticas no planejamento e implementação da educação de jovens e adultos seria essencial, tomando como referência o projeto de desenvolvimento integrado local e nacional. Esta ação concertada iria tornar-se cada vez mais importante à medida que os educandos entrassem nas etapas posteriores à alfabetização. Estávamos convencidos de que uma abordagem fragmentada das disciplinas seria equivocada no plano cognitivo e prejudicial à aprendizagem e à mobilização para as tarefas do desenvolvimento. No início da pós-alfabetização, prevíamos a gravação de falas e a coleta de produtos dos alfabetizandos, associadas a pequenos textos de Amilcar Cabral e do PAIGC, como matéria-prima para a produção do primeiro livro de pós-alfabetização. Com o material gerado pelos debates sobre ele seria possível elaborar o segundo livro. A partir dos trabalhos que incidiam nos diversos campos do conhecimento, proporíamos a produção de outros livros.

Có e Sedengal, uma riqueza de lições

Talvez o exemplo mais marcante que vivenciamos nos anos de trabalho na Guiné Bissau foi o Centro de formação de professores de Có, dirigido pelo exemplar educador guineense Jorge Ampa. Durante muitas décadas, o exército português de ocupação havia mantido em Có um quartel. Segundo os habitantes locais, os "tugas" usavam o quartel como base para seus ataques às populações vizinhas, mas o progresso da guerra de libertação obrigou-os a recuar, até que terminaram praticamente confinados ao quartel.[138] A partir de outubro de 1974, com a tomada do controle efetivo de todo o território da Guiné e Cabo Verde pelo PAIGC, o quartel de Có foi transformado num centro de formação de professores. A pobreza de suas instalações era chocante. Os portugueses haviam deixado o lugar praticamente em ruínas, e a falta de recursos permitiu uma recuperação apenas limitada dos edifícios. Tudo que havia sido realizado ali devia-se sobretudo aos professores e estudantes, à sua dedicação e alto nível de consciência social. "Vivemos no Centro uma experiência em todos os sentidos coletiva, tanto internamente quanto em relação à comunidade rural da qual fazemos parte aqui em Có", disse-me Camará, jovem estudante que havia ensinado numa tabanca de uma área libertada durante a guerra.

> O nosso tempo se reparte entre as tarefas de direção e manutenção do Centro, o estudo e os trabalhos na agricultura, na educação sanitária e alimentar ou na assistência social. Tanto o diretor como os professores e nós, estudantes, homens e mulheres, participamos destas tarefas. Sobretudo, elas fornecem o conteúdo dos nossos programas de estudo. O nome

---

[138] Na nossa primeira viagem a Mansoa, Mansabá e Bafatá, para nordeste de Bissau, um dos guineenses que nos mostrava a extensão das áreas libertadas por ocasião da derrota portuguesa em 1974 comentou: "Como vocês estão a ver, os livres éramos nós!". Em Bafatá, centro de região habitada por Mandingas e Fulas islamizados, vimos áreas devastadas por bombas aéreas e *napalm*, áreas ainda interditadas por causa das minas enterradas e muitas tabancas destruídas. Tabanca pode significar bairro ou aldeia, dependendo do contexto.

do Centro é uma homenagem ao grande escritor russo Máximo Gorki (Arruda, 1976b: 3)[139]

O Centro conservava sua autonomia, e mantinha ao mesmo tempo estreita colaboração com o Comissariado da Educação, buscando levar à prática as suas linhas gerais de ação educativa e cultural. Essas linhas incluíam a participação autogestionária de professores e estudantes em todas as decisões e em todas as atividades – a estreita ligação da escola com a vida da população e a busca da autossuficiência. As reuniões do comitê de direção, formado pelo diretor, professores e estudantes, eram semanais, e as decisões eram tomadas por consenso, depois de ampla e livre discussão.

> Quando votamos é porque há desacordo, explicou Jorge Ampa. Discutimos um problema durante o tempo necessário, para que todos possam compreendê-lo, assim evitando chegar ao ponto de votar.

As novas propostas eram apresentadas à Assembleia, que as discutia e podia aprová-las ou rejeitá-las. Ampa acrescentou que o que podia parecer tempo perdido com longas discussões na verdade era um duplo ganho: por um lado, as decisões tomadas por todos eram *assumidas como responsabilidade de todos e de cada um*; por outro, este tempo estava sendo usado *na aprendizagem da democracia direta*! E quem melhor que os professores pode difundir e irradiar essa prática, que precisa tornar-se uma atitude enraizada nas alunas e alunos como cidadãos e como algo muito mais do que um simples comportamento ou obrigação?

Todos participavam da produção agrícola, que era também a atividade predominante na região. Aí se tinham desenvolvido experiências de diversificação da agricultura, da avicultura e da pecuária, não só para

---

[139] No começo, a população temia que o PAIGC fosse exercer a mesma exploração do tempo dos tugas, roubando e punindo o povo, contaram-me. Agora vinham dar presentes para o Centro (alimentos). A carência era tal que num dia da minha visita o almoço atrasou porque só havia arroz. O Diretor Jorge Ampa saiu para trocar óleo diesel por peixes, e eles foram servidos fritos com o arroz.

o consumo, mas também como meio de introduzir inovações junto à população. A partir de 1977, a agricultura se tornaria disciplina obrigatória. O Centro também criou um posto sanitário, com uma equipe de socorristas que atendia e instruía a população. Essa equipe, juntamente com outros estudantes do Centro, trabalhava com a comunidade na alfabetização de adultos e na educação sanitária e alimentar. "Não só transmitimos, mas também adquirimos muitos conhecimentos junto à população", dizia-me Ampa, "com quem procuramos estar sempre em contato direto" (1976b: 5).

Em visita mais prolongada ao Centro de Có em janeiro de 1977, pude testemunhar os fatores que faziam daquele experiência um êxito, inclusive na esfera da educação de jovens e adultos. A alfabetização em Có desdobrou-se a partir de Círculos de Cultura polivalentes. Os Círculos contavam com dois animadores cada e funcionavam uma hora por dia. Era intensa também a formação de novos animadores com a população local, a fim de que o trabalho se estendesse a outros lugares, como Bula, mais a leste. Foi feita uma campanha de mobilização e formação de animadores. A alfabetização se desenvolvia em estreita ligação com a vida da comunidade, incluindo temas e trabalhos práticos sobre saúde e educação sanitária, agricultura e "contato com a vida da nação" (política). A pesquisa era uma prática permanente, permitindo a seleção de temas e palavras geradoras de peso local.[140] Faziam também a recolha da história oral do povo local. Participei dos trabalhos da horta com professores, alunos o e povo da tabanca próxima. Também participei, juntamente com a representante da Comissão Nacional de Coordena-

---

[140] O roteiro da alfabetização em Có incluía: 1) Estudo do meio, com uso de questionário com questões-chave, envolvendo população e dirigentes locais. 2) Escolha dos temas e palavras, incluindo aí o problema linguístico. 3) Codificação e descodificação, incluindo imagens, desenhos, sociodrama etc. 4) Ensino-aprendizagem linguística no Círculo, incluindo discussão sobre o papel do animador, metodologia, processo técnico, materiais. 5) Ligação com o trabalho e com outros campos: aritmética, anatomia, meio ambiente, agricultura, saúde, alimentação. 6) Organização e planejamento: cronograma ao longo do ano, início e fim do ciclo de alfabetização, número de alfabetizandos, duração das sessões, conhecimento de outras experiências no país, funções do coordenador. 7) Avaliação dos resultados e do processo. 8) Diretrizes para a pós-alfabetização.

ção da Alfabetização (CNCA) com quem viajei, da sessão semanal de crítica e autocrítica, na qual estudantes e professores oferecem comentários sobre os comportamentos uns dos outros durante a semana, com transparência e humildade. Também decidiram avaliar coletivamente o desempenho educativo de cada um durante o ano, indicando aqueles que passariam para o nível seguinte já no início do ano.

Comparando minhas vivências em Có com as que compartilhei com cooperativas e com iniciativas de desenvolvimento local na Europa e América do Norte, comentei:

> Na tentativa de superar a solidão e o espírito de competição que constituem parte essencial da vida nessas sociedades altamente industrializadas, esses grupos têm desenvolvido experiências buscando um novo conteúdo de relação pessoal e social, uma relação mais harmônica com a Natureza e alguns princípios libertários, como a autossuficiência e a autodeterminação. Mas frequentemente essas experiências terminam frustradas, uma vez que, guiadas pelo que podemos chamar de uma política do estilo de vida, elas propõem a alteração do comportamento individual sem considerar o sistema econômico e político que o determinam (Arruda, 1976b: 5-6).

Observei que na Guiné Bissau as transformações no estilo de vida e nas relações sociais se davam dentro de um contexto mais amplo. Autoconfiança lá significava apoiar-se nas próprias forças para alcançar objetivos comuns, que superassem problemas cujas causas iam muito além do indivíduo. Isso ficou patente no Centro de Có.

Em outubro de 1976, a avaliação do trabalho em Có indicou que foram aplicados os critérios de prioridade e que aquela experiência podia ser apresentada como referência para todo o país. Elementos favoráveis ao êxito foram que os animadores de Có eram membros de uma coletividade organizada, que a alfabetização não era um esforço isolado, mas fator e consequência de um processo mais amplo de desenvolvimento da região, a partir do próprio Centro Máximo Gorki, e que animadores e alfabetizandos estavam comprometidos com a realidade local e com sua transformação.

Em novembro daquele ano, o Centro Máximo Gorki foi escolhido como centro educacional modelo do país. Com isso o Comissariado da Educação expressava seu desejo *de que todas as escolas se tornassem verdadeiras cooperativas*, geridas de forma autogestionária, articulando educação e trabalho, integrando-se ativamente na comunidade local e com ela trabalhando, aprendendo e educando na construção de respostas às suas necessidades e aspirações.

Por alguma razão que não captei completamente até hoje, a CNCA a partir de meados de 1977 reduziu gradualmente a assistência ao Centro de Formação. Em meados de 1978, em encontro com Ampa, fiquei sabendo que não havia visitas de membros da CNCA a Có há alguns meses.[141] Os Círculos de Có, ainda em 1977, haviam chegado a parar, e o recomeço só se deu depois da Reunião dos Ministros de Educação, em fevereiro de 1978. Nossos questionamentos junto à CNCA e ao Comissariado não resultaram. Esse foi mais um indicador de que o Comissário Mário Cabral estava sofrendo pressões políticas e que talvez conflitos ideológicos estivessem minando a integridade do programa de educação de jovens e adultos numa perspectiva emancipadora na Guiné.

Outra relevante experiência-piloto que acompanhamos foi em Sedengal, uma aldeia no extremo norte da Guiné, quase na fronteira com o Senegal.[142] O trabalho foi iniciado com a formação de 200 jovens estudantes do Liceu de Bissau pela CNCA. Este grupo esteve à raiz das Brigadas que, no período de férias, iam para suas áreas de origem para abrir caminho para a alfabetização das populações locais. Tratava-se de capacitar jovens que pudessem garantir a continuidade da alfabetização local durante todo o ano. Tratava-se também de motivar a população local para a alfabetização. Ainda que o caminho das Brigadas tenha envolvido deficiências (insufi-

---

[141] Nossos colegas sediados em Bissau durante dois anos, José Barbosa e Gisèle Oeuvray, retornaram a Genebra no final de fevereiro de 1978. Mas esse não podia ser o único fator, pois todo o trabalho junto à CNCA havia sido feito justamente no sentido de ela assumir sempre mais plena e autonomamente o trabalho, até o fim da consultoria do IDAC.
[142] Detalhes dessa experiência são discutidos por Freire, 1977: 85-89.

ciente formação prática associada à teoria, por exemplo, ou insuficiente tempo de aprendizagem da pesquisa participativa das necessidades básicas da população) e até fracassos (no acender e alimentar a motivação junto à população local), elas conseguiram gerar algumas dinâmicas valiosas, como a de Sedengal, além de terem sido fontes de preciosa aprendizagem para os brigadistas e a própria CNCA.

O envolvimento da comunidade de Sedengal foi surpreendente, tendo ela própria assumido a organização dos Círculos de Cultura, junto com os brigadistas e o comitê local do PAIGC. Aí a formação de animadores locais pelos brigadistas resultou em êxito. Eram jovens camponeses, com a terceira e quarta séries primárias, que se dedicavam agora a redescobrir (fazer a "releitura", como dizia Freire) com seus conterrâneos a realidade do seu mundo. Houve jovens que chegavam a percorrer 10km para vender cestos e esteiras por eles produzidos e com o dinheiro comprar querosene para manter acesa a lâmpada que viabilizava as sessões noturnas dos Círculos de Cultura (Freire, 1977: 87). A expansão dos trabalhos resultou em que toda a comunidade tendia a se transformar num grande Círculo de Cultura! Foi esta "releitura da realidade", associada à aprendizagem da lectoescritura em português, que os levou a "descobrir" "a necessidade de se entregarem a um projeto maior – o de cultivar uma enorme área de terreno do Estado, a 4 ou 5km da sua tabanca, em forma de trabalho coletivo" e com o apoio do Comissariado da Agricultura.

DESCOBRINDO-SE

Nós não sabíamos que sabíamos!
Agora, não só sabemos que sabemos,
Mas sabemos que podemos saber mais!

Membro de um Círculo de Cultura de Sedengal
(Freire, 1977: 88)

Educação da Práxis e emancipação   259

Para isto a comunidade dividiu as responsabilidades por equipes em função das diferentes tarefas a realizar. Seus membros passaram, assim, a partir da experiência coletiva dos Círculos de Cultura, do trabalho individual ao coletivo. A experiência do trabalho coletivo foi tão marcante que a animadora da CNCA comentava sobre

> o entusiasmo [da população de Sedengal] – uma certa alegria de viver –, que se apodera de nós quando descobrimos uma coisa nova, maravilhosa, diante da qual nos perguntamos como tinha sido possível viver tanto tempo sem ela. No momento em que a descobrimos e nos damos a ela percebemos que, por muito tempo, talvez, ela esteve latente em nós, esperando o momento de sair.

Ela complementa dizendo que "a descoberta do coletivo, porém, não significou a negação do individual, mas o seu enriquecimento (...) O trabalho coletivo vem elevando visivelmente o nível político da população" (Freire, 1977: 88).

Estes resultados concretos, socioeconômicos (trabalho em comum, horta coletiva, diversificação da produção, nova fonte de renda) e políticos (empoderamento individual e coletivo) eram certamente resultados positivos também na esfera educativa. Mas vieram intimamente associados a resultados contraditórios na esfera linguística. A horta coletiva juntou grupos étnicos diferentes numa atividade comum, expressão de uma unanimidade em construção. E qual foi o veículo linguístico que fez a ponte entre esses grupos étnicos? O português, que era a língua usada para a aprendizagem da lecto-escritura nos Círculos de Cultura? Não, o crioulo. Pois ao acompanharmos a experiência e depois, ao procedermos à avaliação, percebemos que os animadores não tinham outro meio de comunicar-se com os educandos que o crioulo. Era em crioulo que eles animavam as sessões dos Círculos, era em crioulo que eles ensinavam-nos a ler e escrever... o português. Em fevereiro de 1978, participando em Sedengal da mobilização para a 1ª Reunião de Ministros da Educação, testemunhei novamente diversos desses fatos. Entre eles, que grande parte do êxito da aprendizagem estava apoiado na *memorização*, um elemento estranho ao método que havíamos adotado. Leitura e repetição em voz alta, todos juntos, para que memorizassem as frases: "a luta do Nino", "o dedo da Tita é pequeno", "viva o povo", "o povo vive na unidade", "temos mosquito na tabanca"... O outro, que a comunicação entre animadores e alfabetizandos era *toda feita em crioulo*. Um animador particularmente tacanho, no Círculo do Hospital, impacientava-se com os que não conseguiam ler as sílabas isoladas, em vez de perguntar-se por que isto acontecia depois de haverem repetido com ele 12 vezes a leitura delas! Então, não havia porque surpreender-nos com a desmotivação para a alfabetização que foi se avolumando com o tempo, mesmo numa comunidade dinâmica como a de Sedengal!

Essa realidade se impôs com força maior do que a determinação centralizada dos dirigentes de Bissau, conforme emergiu das visitas de avaliação: os educandos estavam utilizando com familiaridade o conhecimento de separar as sílabas das palavras e depois reconstituir sua unidade... para escrever o crioulo, e não o português! Alguns grupos chegaram a escrever pequenas histórias ou frases mobilizadoras em crioulo, a partir desse novo conhecimento.

ESTUDANDO PORTUGUÊS E APRENDENDO CRIOULO

"Dus armon, se un ten utro ca ten,
quil qui ten qui li ca ta sirbil di nada.
Si no liberta Cabo Verde ca liberta enton no ca liberta."

"Dois irmãos, se um tem e outro não tem, aquele que tem,
o que tem não lhe serve de nada.
Se Cabo Verde não se liberta,
então nós também não nos libertamos"
(IDAC, 1979: 42).

A divulgação da avaliação da experiência de Sedengal reaqueceu o debate sobre as opções linguísticas do país. Freire observava já em 1977 que

> nas zonas onde o bilinguismo e mesmo o trilinguismo têm no crioulo uma das línguas, o aprendizado do português, ainda que não isento de dificuldades, se dá sem obstáculos mais sérios. O caso das FARP, em cujo seio já não há hoje, praticamente, analfabetismo, é significativo (Freire, 1977: 89).

Ele previa que o dinamismo entre os Círculos de Cultura e a atividade produtivo-coletiva continuariam, mas o interesse pela aprendizagem do português diminuiria mais e mais.

Desmobilização crescente e obstáculo linguístico

Mas o reinício dessa discussão coincide com a intensificação da luta ideológica no interior do PAIGC e do governo, que iria ter consequências graves para a educação e a cultura como um todo. Tratava-se de uma luta pela hegemonia sobre as políticas e o caminho de desenvolvimento do país. Várias evidências sinalizavam para uma abertura arriscada da economia e o consequente aumento da influência da Europa sobre a Guiné. De um lado, a proposta de planos regionais de desenvolvimento integrado; do outro, um projeto de implantar na Guiné uma fábrica de carros Citroen para exportar para toda a África Ocidental. Por um lado a vontade expressa de introduzir progressivamente o crioulo como língua da educação, por outro, entraves para o estudo e a sistematização do crioulo por linguistas nacionais, com apoio de outros vindos do Senegal.

Em maio de 1976, na avaliação da alfabetização nas FARP, foi relatado que as mesmas palavras e temas geradores haviam sido utilizados em todo o país, com raras exceções regionais. Quanto à língua, os alfabetizandos estavam aprendendo a ler e a escrever em português, mas só falavam crioulo. O balanço era que adquiriram as capacidades de ler instruções de armas e manuais, fazer cálculos e compreender melhor as ordens. Mas também aprenderam a questionar os comandos, o que gerou tensões em relação aos comandantes, sempre acostumados a serem obedecidos sem discussão. A alfabetização se havia tornado parte da vida militar, e as FARP estavam decididas a levar o processo até o fim. Mas em relação à sociedade, viam inúmeras dificuldades, entre elas a fraca articulação entre as FARP e a área civil, dificuldades na formação de animadores, a falta de balanço e planejamento sistemático pela Coordenação, dificuldade em aplicar os critérios de prioridade e dificuldade de mobilização, com consequentes problemas de frequência nos Círculos de Cultura. Perto do fim de 1976, foi elaborado um projeto de reorganização da CNCA. E ainda não se havia conseguido incorporar representantes dos Comissariados e das organizações de massa na Comissão.

Em junho de 1977 levantamos as seguintes questões para a avaliação do processo de alfabetização, visando a conclusão dessa etapa e iniciação da seguinte, em áreas como Sedengal:

1) Que método temos usado para a aprendizagem do português?
2) Tem sido possível aprender o português (leitura e escrita)?
3) Tem sido útil e necessário aprender o português?
4) Estamos capacitando melhor ao ensinar a ler e escrever o português?
5) Que materiais de apoio elaboramos? Que utilidade têm tido?
6) Quais as possibilidades de alfabetização em crioulo ou outras alternativas segundo a situação?

Mesmo sem terem sido adotadas como critérios de avaliação, dada a resistência do membro mais influente da CNCA, essas questões foram em parte respondidas pelos fatos que coletamos nas diversas avaliações: que os animadores ensinavam o português através da fala do crioulo; que os alfabetizandos aprendiam a ler e escrever algo do português, mas continuavam falando o crioulo ou suas línguas maternas; que os alfabetizandos aplicavam as regras silábicas para escrever a língua na qual se expressavam – em geral, o crioulo; e que tais fatos depunham em favor da urgência de uma nova política linguística para a educação de jovens e adultos.

Nos Círculos cuja avaliação eu acompanhei, na região do Cacheu, os participantes pediram para explicar-se na língua materna. Por exemplo, o Círculo de Bassá, onde se falou o mancanha. A distância do português aos meus ouvidos parecia infinita, e o absurdo de alfabetizá-los numa língua que eles desconheciam se manifestou quase violentamente. Depois de um ano de alfabetização, das 17 pessoas que se alfabetizavam apenas uma mulher escrevia fluentemente. Decompôs todas as sílabas da palavra *unidade* e aprestou-se a dar de mamar à sua criança, ali mesmo no Círculo. Mas ninguém conseguiu criar palavras novas com o jogo das sílabas, a partir da palavra *luta*.

Em Cantem, quando chegamos ao Círculo os animadores já haviam dado antes os temas dos testes aos alfabetizandos. O teste escrito seria um ditado da frase *o povo luta na unidade*, mas a frase já estava nos cadernos de todos. Decidimos mudar as palavras para que o ditado fizesse sentido. Quase todos escreveram bem a palavra *povo*, menos um, que escreveu *pata*. Senti emergir em mim o ódio aos "tugas" que mantiveram este povo na escuridão. Uma das seis alfabetizandas escreveu as consoantes em coluna, depois acrescentou as vogais. Acabamos tendo que supervisionar os próprios animadores, que tentavam ajudar os alfabetizandos durante o teste, às escondidas. Afinal, a imagem deles também estava em jogo. A moça que escreveu bem a palavra *luta* não quis parar mais de escrevê-la, encheu a folha. Na frase, alguns que escreveram bem a palavra *povo* já não sabiam como escrevê-la! Soubemos que alguns círculos em Cantem estavam parados, mas se reuniam *pro forma* quando chegavam visitas! No teste de leitura, percebemos que Serafim lia bastante bem, mas quase soletrando. Paulina havia tentado decorar as palavras em português, e a memória a traía: apontava *nossa* e lia *riqueza*. Decidimos dar frases em crioulo para testar. A leitura fluiu fácil: *"Tchuba i bom pa labur"*, *"No Riqueça e no tarbadjo"*. Era o crioulo que dava sentido à leitura deles! *"Cu no luta no liberta no tera"*. A interpretação foi imediata.

Na reunião geral com a população, um homem de Bassá propôs a interrupção da escola por três meses, "para poder trabalhar". Isto significa que os Círculos não estavam ocorrendo em combinação com o calendário de trabalho daquela gente. E o conflito era desmobilizador. Tomaram decisões sobre o calendário e pediram livros nas quatro línguas – crioulo, português, mancanha e balanta. Ao final dos testes de avaliação, decidimos propor que com eles o Comissariado tomasse por concluída a fase experimental. Participei dos trabalhos preparatórios de três manuais temáticos, de agricultura, cálculo e saúde. E da proposta de estudo e codificação do crioulo.

Ainda em junho de 1977 os dirigentes da Educação iniciaram entre si e conosco uma discussão sistemática sobre a questão linguística. Em reunião com o Comissário de Cultura Mário de Andrade, Freire enfatizou outra vez a urgência de um plano de codificação do crioulo, com base nas evidências que emanavam da avaliação do processo de alfabetização. Andrade corroborou nossa proposta, comentando que a questão de fundo era a da *identidade nacional*, que o fato de a Guiné e o Cabo Verde terem o crioulo era uma vantagem histórica sobre os outros países lusofalantes, pois ela era língua veicular, língua materna de muitos e, além disso, língua de comunicação política desde o início da luta anticolonial. Comentou também que no Cabo Verde Baltasar Lopes já havia iniciado uma escola filológica do crioulo, portanto, "não estamos virgens na sistematização do crioulo, é possível a curto prazo iniciar a alfabetização em crioulo". Sugeriu que o Conselho Nacional de Cultura se incumbisse de fazer um estudo bibliográfico das línguas da Guiné e promovesse um seminário sobre recolha da história oral. Mas para o Comissariado da Educação, a equipe do Idac, que tinha levantado a questão com tanta ênfase, é quem tinha de produzir propostas e garantir avanços. "A questão do crioulo é a prioridade", disse-nos o Comissário Mário Cabral em outubro de 1977, "pois é para mim a língua da unidade"!

Em janeiro de 1978, pouco antes da 1ª Reunião de Ministros da Educação, havíamos planejado um seminário sobre a questão linguística, com a participação do Comissariado da Cultura e da CNCA, prevendo desde então atividades como pesquisa, criação de círculos experimentais de alfabetização em crioulo, elaboração de materiais de apoio em crioulo e plano de divulgação. Contudo, o Comissário Mário Cabral, embora reconhecendo a importância do crioulo como língua nacional e supranacional; a dificuldade do aprendizado do português tanto no primário como no secundário; a ausência de necessidade do uso do português pela população na vida cotidiana; a ignorância do português por grande parte do professorado; e embora chamando o português de *língua estrangeira de comunicação internacional*, afirmou-nos que não via como mudar o ensino do português para o crioulo "nos próximos cinco anos".

O seminário revelou que durante a luta armada houve tentativa de fazer-se o ensino em crioulo, mas a falta de escritura sistemática e de gramática tornou o ensino impossível; mas o retorno ao português foi "a maior agressão que nós fizemos". A tentativa de alfabetizar em português fracassou ruidosamente, mas, diziam eles, agora estávamos desprezando esta lição da luta e cometendo o mesmo erro outra vez! Até estudantes do 5° ano, bons noutras matérias, eram péssimos em português. O idioma estrangeiro intimidava as crianças e lhes dava um sentimento inferior em relação a própria língua e cultura. A aprendizagem se restringia ao que o professor ensinava, pois os educandos não tinham como exprimir-se e sentiam que seu saber não valia para nada.[143] Resultado disso foi que apareceu uma língua nova, que não era o português, saída dessa realidade cultural de resistente obediência, sobretudo nos internatos afastados da esfera colonial – um português atravessado por estruturas e expressões do crioulo. Chamaram a este um *metacrioulo*. O seminário relevou o fato de que o ensino em português violentava exatamente o esforço pela valorização da identidade cultural africana. Para além do seminário, nossas visitas aos Círculos, nossas reuniões com professoras nas escolas e com animadores culturais só fizeram confirmar nossa convicção de que era preciso codificar urgentemente o crioulo e introduzi-lo no mais breve prazo – portanto, sem esperar nem cinco nem dois anos – como língua da educação na Guiné.

A proposta de agentes polivalentes – iniciada pela CNCA e por assistentes sociais do Comissariado da Saúde – estava também sendo impulsionada, prevendo-se uma formação prática e teórica de três anos. Previa-se também a criação de Comissões Regionais de Desenvolvimento Comunitário. Mas foi

---

[143] "Aprendi todos os rios e linhas férreas de Portugal", disse um participante do Seminário, "sem nunca ter visto um comboio [trem]".

justamente nestes processos inovadores que a CNCA foi revelando crescente indisposição para avançar em colaboração com os outros Comissariados e entidades de massa. Nas nossas viagens ao interior, colaborando no processo avaliativo, percebemos as debilidades do trabalho da CNCA com clareza crescente.

Um amplo problema de desmobilização para a alfabetização se espalhava pelo país. Atribuía-se à falta de trabalho político, mas dois fatores ficaram patentes: os Círculos costumavam terminar por centrar-se na aprendizagem da lecto-escritura, distanciando-se das necessidades cotidianas da população e da ligação da educação com o trabalho; e teimavam em ensinar o português, indo de encontro frontal com a realidade cultural dos educandos. Em Buba, a leste de Bolama, ouvi de um dirigente local uma definição simples e rica da alfabetização: "Deve ser um processo de aprender as realidades e melhorá-las dia-a-dia; simultaneamente, ser um processo de aprender a ler, escrever e contar". Uma dirigente feminista do Comissariado da Educação revelou: "Fazíamos [em crioulo] o levantamento das palavras mais usadas, para definir os temas geradores, e escolhíamos as que mais se aproximavam do português". A pesquisa do universo vocabular, portanto, era evidentemente toda feita em crioulo, mas a orientação de cima obrigava a transformar os resultados da pesquisa naquilo que ela não havia gerado! Enfim, eram muitos os sinais de que uma crise estava instalada na educação do país, e não apenas na alfabetização.[144]

Crise socioeconômica, desorientação educativa

É importante relacionar, ainda que brevemente, essas dificuldades no campo da educação com as que a Guiné vivia no campo socioeconômico e político. O peso das estruturas herdadas do tempo colonial era maior do

---

[144] Meu compromisso direto com o IDAC e com a consultoria aos Governos da Guiné Bissau e do Cabo Verde cessou no final de 1978, quando fui contratado pelo Conselho Mundial de Igrejas para coordenar o Programa sobre Empresas Transnacionais, que só terminou em agosto de 1982.

que se esperava. O PAIGC tinha imensas virtudes e conseguiu liderar uma luta vitoriosa contra a exploração colonial e capitalista. Mas ocupou um Estado cheio de vícios. Os funcionários continuavam a ser, em grande parte, os do tempo colonial. A transição exigia gente escolarizada e experiente, que não estava disponível naqueles primeiros anos. A dicotomia entre cidades e interior continuava sendo profunda e dificultava a descentralização política e a participação mais ativa da população do interior. Descentralizar significava transferir recursos e conhecimento, para que se criassem serviços de comunicação, transporte, saúde, educação e toda infraestrutura produtiva que permitisse à população rural romper o ciclo de subsistência de forma crescentemente autogestionária. Faltou uma transição planejada. As medidas emergenciais e a ajuda externa permitiram resposta rápida às necessidades mais prementes, mas faltava estrutura e liderança capaz de coordenar as atividades e iniciativas dos diversos Comissariados para realizar planos integrados de desenvolvimento em nível regional e nacional.

Sérias questões de fundo permaneciam: a renovação administrativa, que rompesse o burocratismo; a abertura para o interior e a interconexão da população como um todo; a mobilização de excedentes do interior – Bissau era a zona monetarizada da economia guineense; a fuga de quadros para a cidade, e também para o exterior e a urgência de criar programas de formação profissional e permanente no país, inclusive no interior; a multiplicação de experiências como a de Có e a de Sedengal; a ilusão dos projetos-enclave – em 1977 sete projetos apenas importavam investimentos que equivaliam a cerca de 10% do PNB e geravam apenas 373 empregos diretos – por não terem na prática o efeito irradiador que a teoria propunha; o risco que projetos tipo enclave, inadequados à realidade socioeconômica e incompatíveis com o projeto de desenvolvimento autocentrado, que servissem de porta para a penetração neocolonial e liquidação da independência: não há projetos inocentes; o fluxo de ajuda externa, que havia ultrapassado o ritmo de reorganização das atividades internas no próprio setor monetarizado da economia; o problema das emissões de moeda, que nesse momento financiavam 50% do orçamento do governo; o desafio de mobilizar e aumentar o excedente interno como única base para o desenvolvimento independente a longo prazo; a dívida externa, que havia alcançado 13 vezes o valor das exportações – a ajuda externa e o endividamento não podem ser a base do financiamento interno sem levar o país a uma vulnerabilidade sempre mais insustentável;[145] o risco de inverter as prioridades, alocando mais investimentos na modernização industrial e nas demandas das cidades *em vez de* investir na infraestrutura de produção agrícola, na colocação adequada dos excedentes via intercâmbio campo-cidade e, secundariamente, nas exportações, aumentando o rendimento dos camponeses, gerando então maior demanda de bens de consumo popular e maior bem-estar; o problema da ideologia do crescimento econômico, induzindo à busca do aumento imediato da produção *em vez da* criação das bases para o aumento da produtividade e a distribuição dos seus benefícios; o escalonamento da industrialização, na seguinte ordem de etapas: indústria de bens de consumo da população (a começar pelas do interior), indústria de bens de produção agrícola adequadas e assimiláveis pela população, indústria agroexportadora, para financiar grande parte das importações, organização da pesquisa e desenvolvimento dos grandes eixos de infraestrutura rural (transporte, comunicação, educação de base, saneamento e pesquisa local através de projetos-piloto integrados) e organização de circuitos comerciais no interior e entre interior e cidades.

Portanto, aquela etapa, que era de liquidação da herança colonial e lançamento das bases do desenvolvimento socioeconômico autocentrado e sustentável, exigia um sábio equilíbrio entre as respostas às necessidades imediatas e a fidelidade às estratégias de desenvolvimento próprio de médio e longo prazo, entre a firme ação do Estado e a construção das bases democráticas da participação popular, do melhoramento do sistema educacional com a ousada inovação no campo da educação emancipadora de jovens e adultos,

---

[145] A única maneira de assegurar fluxos de capital externo estáveis e saudáveis para um país é demonstrar que eles servem para aumentar a capacidade de pagar dívidas sem prejudicar o desenvolvimento interno. Manter um nível de vida artificial e uma aparência de prosperidade, de fato limitada a uma pequena elite, é o melhor caminho para a vulnerabilidade combinada com a subordinação.

na formação de educadores e na articulação da educação com o trabalho e o projeto de desenvolvimento próprio – local, regional e nacional.

Lições da Educação Libertadora da Guiné Bissau

Resumamos as lições que aprendemos da rica mas instável vivência de uma educação de jovens e adultos libertadora na Guiné:

1) Aprendizagem linguística direta: muito pobre, devido à língua do colonizador, estrangeira, ser usada como meio de alfabetização para gente que não a falava nem a entendia.
2) Aprendizagem linguística indireta: eficaz, sobretudo através da aplicação das regras de escrever o português para a escrita do crioulo.
3) Êxito socioeconômico: foi possível colocar a educação de jovens e adultos a serviço do seu próprio desenvolvimento comunitário e do desenvolvimento do país; foi possível gerar atividades produtivas em comum, inclusive entre pessoas e grupos de diferentes etnias. A vinculação da educação com o trabalho produtivo, onde ocorreu, resultou em transformações objetivas e subjetivas importantes, tendo contribuído para alimentar a convicção de que um desenvolvimento autogestionário e centrado nos recursos humanos e naturais do país era possível.
4) Êxito sociocultural: através da fala do crioulo durante as aulas de português foi possível ampliar o conhecimento do crioulo entre etnias que antes só falavam seu próprio idioma; através da ação cultural, foi também possível, como havia sido durante a luta armada, facilitar o entendimento e mesmo a colaboração entre as etnias. A ligação entre trabalho e educação, entre prática e teoria, onde ocorreu, foi responsável por um avanço surpreendente na consciência e na aprendizagem dos educandos, assim como na transformação dos professores em educadores da práxis.
5) Fracasso metodológico, com graves consequências políticas: "a pesquisa da realidade" indicava o caminho do crioulo como língua da

educação de jovens e adultos; ignorando isso, as autoridades guineenses – com nossa participação – optaram por uma via metafísica que teria graves efeitos sobre a aprendizagem e sobre a identidade cultural do povo guineense.
6) Resultado político contraditório: a falta de continuidade em muitos Círculos; a falta de quadros capazes de garantir a transição da alfabetização para outros níveis de ensino-aprendizagem, os conflitos dentro da CNCA, sobretudo do meio de 1977 para a frente, e no interior do próprio governo; a dificuldade dos dirigentes da educação de jovens e adultos de pôr em prática a diretriz de trabalho educativo integrado com outros Comissariados e organizações de massa; a indecisão política em relação à codificação do crioulo e à sua introdução como língua da educação, todos estes fatores geraram impedimentos ao avanço do processo para além de 1978.

Os sinais de crise afetavam todos os setores. Na educação, eles se consumaram em meados de 1978, portanto poucos meses depois da 1ª Reunião de Ministros da Educação, com o deslocamento de Mário Cabral do Comissariado da Educação Nacional para o da Agricultura. Nossa colaboração enquanto equipe cessou no fim de 1978. Em 1980 ocorreu o golpe militar, e desde então a Guiné voltou a ser um pequeno país africano dependente e sobre-endividado, presa da política neocolonial do capitalismo globalizado. E no seu povo pulsa outra vez a ânsia de uma nova libertação.

Esta narrativa revela uma dinâmica paradoxal. O governo revolucionário da Guiné fez duas opções não apenas contraditórias, mas antagônicas. Por um lado, definiu um projeto de desenvolvimento próprio, fundado na força e na criatividade da sua população, nas energias e conhecimentos acumulados em séculos de resistência e de luta contra os colonizadores europeus, visando replantar na terra africana as raízes da sua cultura. Deu uma lição de coragem ao enfrentar o desafio histórico de não se estribar na crença de que poucos sabem muito e estes poucos devem dirigir o destino de muitos. Ao contrário, afirmou a convicção de que o povo é quem faz a História e que é com todos, na unidade da sua diversidade, que pretendem vencer, com vistas largas mas sem perder o sentido do imediato.

Por outro lado, aceitou deixar-se tentar pelas promessas do Ocidente e foi aos poucos se submetendo a um tipo novo e mais sutil de colonialismo; escolha esta compatível com a que foi feita no campo da cultura, a saber, que o português fosse a língua de alfabetização, de educação escolar formal e não formal. Assim, o governo facilitou a permanência da cultura européia de Portugal como cultura-ideologia dominante. Minha argumentação até aqui visou dar substância à minha convicção de que, primeiro, a falta de compromisso radical com o projeto de desenvolvimento próprio com base na população da Guiné levou o governo a adotar o português como língua da educação; por sua vez, a adoção do português como língua da educação na Guiné terá sido um dos fatores determinantes do lamentável fracasso da experiência de reconstrução política e educativa da nação guineense.

2. Metodologia da Práxis e educação de trabalhadores em Ipatinga, MG

As raízes teóricas e conceituais da Metodologia da Práxis estão plantadas na minha vivência de uma colaboração socioeducativa com um grupo de operários da oposição sindical metalúrgica em Ipatinga, Minas Gerais. O contexto histórico desta foram os últimos anos da ditadura militar brasileira, expressos de forma bastante brutal na maneira autoritária e alienadora como a diretoria da empresa siderúrgica Usiminas – estatal, na época, hoje alienada em mãos privadas – tratava as tentativas de organização sindical autônoma dos trabalhadores. A luta pela conquista do sindicato, desdobrada em luta por influir na política da cidade, do Vale do Aço e, mais tarde, na política do estado de Minas Gerais, são o contexto sociocultural desta vivência cujo caráter é essencialmente educativo.

Dela extraio lições preciosas sobre o sentido e o potencial libertador da Educação da Práxis, a força consciente que ela traz aos processos organizativos, seu potencial de geração de sujeitos conscientes, críticos e criativos, assim como a respeito do fio da navalha sobre o qual têm de caminhar o dirigente sindical, o estadista e o Educador da Práxis que se pretendem íntegros e autênticos.

Pensar criticamente para agir criativamente

Era 1984. O grupo de oposição sindical da Usiminas se aproximou de mim no final do seminário que animei sobre Análise de Conjuntura, promovido pela Pastoral Operária do Vale do Aço.

– Você aceitaria um convite nosso para realizar um seminário sobre o mesmo assunto só com o grupo de oposição sindical da Usiminas? Queremos buscar resposta à seguinte questão: *Devemos ou não lançar uma chapa de oposição sindical nas próximas eleições do Sindicato de Metalúrgicos, sabendo que se perdermos a empresa nos demitirá e levaremos um longo tempo até construir outra vez uma oposição sindical na empresa* – perguntou Chico Ferramenta, um jovem técnico em química que liderava o grupo.

– Faz anos que não milito mais no sindicalismo. Mas posso sugerir pessoas que ajudarão vocês melhor do que eu.

– Não – respondeu Chico Ferramenta –. Queremos você, não pelo seu conhecimento do sindicalismo, mas pela metodologia que nos trouxe. Estamos certos de que, nós nos apropriando dela, vamos encontrar a resposta.

Vi que o Chico havia entendido o sentido profundo da Metodologia da Práxis: o empoderamento dos sujeitos sociais para comandarem, de modo autogestionário, o seu próprio desenvolvimento e a sua própria luta pela emancipação.

A metodologia consistia não em eu analisar a conjuntura socioeconômica e política do País *para* os participantes, mas no seguinte percurso:

- Primeiro, definimos juntos os objetivos de curto, médio e longo prazo do grupo e da sua iniciativa deste seminário (objetivos).
- Segundo, com base no conhecimento dos próprios participantes e partindo da conjuntura específica da região do Vale do Aço de

Educação da Práxis e emancipação

Minas Gerais e dos sindicatos locais (pesquisa), fazemos juntos o estudo dos cenários, atores e acontecimentos de relevo e das relações que os conectam uns aos outros (análise). Era claro que eu, como animador do seminário, não tinha esse conhecimento e devia aprender com eles. A partir desta reflexão sobre a realidade local, nós ampliamos a análise para os âmbitos nacional e internacional. Em seguida, buscamos elaborar uma visão geral e articulada das relações do local-imediato-específico com o global/mediato/geral (síntese), para depois voltamos ao específico, com a seguinte pergunta: Diante disso tudo, *que fazer?* Não um *que fazer* qualquer, mas um *que fazer que articule tática com estratégia*, isto é, cada passo com o conjunto da caminhada para o objetivo desejado, que faça que cada ação não seja uma ação isolada, que começa e acaba em si mesma, mas um fator de construção daquilo que nos propomos como nossos objetivos maiores e de maior alcance (planejamento).

- Tomamos essa prática de análise participativa da conjuntura *como uma aprendizagem da metodologia da práxis*. Isto queria dizer duas coisas. Uma, que minha intencionalidade específica no seminário não era apenas "fazer *para* eles uma análise de conjuntura", mas ajudá-los a apropriar-se de uma *metodologia* que lhes permita fazer análises de conjuntura, avaliação-planejamento, capacitação, autogestão etc. Na verdade, uma metodologia da vida. A outra, que o *método*, ou o caminho concreto a empreender com aquele grupo – o único coerente com essa metodologia –, não consistia apenas em discurso sobre a mesma, porém, mais que tudo, em aprender exercitando, fazendo e vivenciando.

Aceitei o convite.

O seminário com os metalúrgicos de Ipatinga seria não uma conferência erudita, mas um *encontro de saberes*. Os metalúrgicos, trazendo os conhecimentos que haviam acumulado a partir da sua prática produtiva e sindical e tudo que haviam acumulado do saber de outros. Eu, trazendo os conhecimentos adquiridos na minha prática produtiva e sindical de metalúrgico em São Paulo, no fim dos anos 60, no meu trabalho de assessor e educador de trabalhadores produtivos e intelectuais nos últimos anos, além dos conhecimentos gerais e específicos de economia política, inclusive sobre as principais questões que servem de contexto à situação específica da região, como a situação financeira da Usiminas, preços e competitividade dos seus produtos nos mercados nacional e internacional, correlação de forças nas esferas social e político-econômica nacional etc. Portanto, era preciso dedicar alguns dias à pesquisa sobre estes temas. Além disso eu traria também *a proposta metodológica e filosófica da Práxis,* que conduzia a:

- Propor como conteúdo do seminário a *prática* dos participantes na fábrica e no sindicato e, como objetivo específico, o exercício coletivo na *teorização dessa prática*.
- Promovê-los a *participantes*, para além de meros espectadores.
- Adotar, como procedimento geral, a combinação dos métodos de *análise-síntese* e de *indução-dedução*. Análise entendida como a desagregação de um tema, de um sistema, de um processo nos seus diversos componentes, momentos, dimensões, para estudá-los tanto isoladamente como nas suas articulações e relações entre si e com o todo.[146] Síntese entendida como a reagregação do que foi analisado, visando alcançar uma visão de conjunto e em profundidade do Real no seu movimento. Indução entendida como a caminhada do pensamento do particular para o geral, do local para o global, do específico para o geral, do imediato para o mediato, do tático para o estratégico. Dedução entendida como o caminho inverso. O conceito de conhecimento da Filosofia da Práxis justifica que não se tome nenhum desses métodos

---

[146] "A análise mata (...) A esta acusação, Hegel responde cruamente que a morte é uma análise natural e real, ao dispersar os 'elementos' do ser que ela analisa. Fórmula profunda: a análise, isto é, o entendimento, estabelece-se assim no 'negativo'(...). A análise, por conseguinte, encontra-se 'fundada' em pleno coração da natureza e do movimento universal. (...) A razão dialética 'nega' esta negação real, restabelecendo o positivo, a vida, a afirmação concreta. A razão manifesta-se aqui como *sintética*, isto é, oposta e complementar à análise" (Lefebvre, 1979: 118). Tanto a análise *experimental* quanto a *racional* procedem por meio da dissociação.

isoladamente e que as combinações se deem no sentido proposto: análise → síntese, indução → dedução.
- Tomar como *ponto de partida* o conhecimento dos participantes sobre a problemática a estudar, para: desvendar todas as dimensões possíveis da problemática em si, da mais aparente e visível à mais escondida e invisível; desvendar as articulações da problemática com outras ou com teorias geradas a partir de outras.
- Esta teorização da problemática permite desvendar os determinantes de sua gênese, estrutura e movimento, nas suas diferentes dimensões; esta síntese gera a percepção do Real como *um todo em processo*; gera também a percepção do papel que desempenha a problemática específica naquele todo ou do momento em que consiste aquela problemática no processo como um todo.
- Tomar como *ponto de chegada* do seminário as estratégias e táticas de ação que poderão ser deduzidas do conhecimento contextualizado, abrangente e em profundidade daquela problemática, o quer dizer que o seminário é visto não como começo nem fim, mas como momento de problematização, teorização e *superação abstrata* da prática ou problemática anterior e, ao mesmo tempo, momento de planejamento da prática posterior, que é a condição para a *superação concreta* daquela prática ou problemática.

A análise levanta problemas muito interessantes, inclusive no plano das ciências físicas. Descartes supunha que a análise resolvia racionalmente todas as dúvidas, na medida em que decompunha qualquer totalidade nos seus elementos mais simples. A molécula da água, por exemplo, quando quimicamente decomposta, resulta em dois *átomos* de hidrogênio associados a um de oxigênio. O progresso da ciência permitiu descobrir que aqueles elementos "simples, evidentes e últimos" eram, por sua vez, complexos e "não últimos", pois cada átomo não é realmente um *átomo* (indiviso, no sentido grego), mas uma composição de partículas que formam o núcleo (prótons, neutrons e partículas subatômicas), nuvens de elétrons que circulam em torno do núcleo em velocidades fantásticas, uma proporcionalmente imensa parcela de espaço vazio e um campo eletromagnético, portanto uma respeitável complexidade que precisou ser também analisada. O *mecanicismo geométrico* que atravessou os séculos, de Euclides a Descartes e aos físicos conservadores modernos, revelou-se uma ilusão. A ciência descobriu, sacudida na sua soberba racionalista e mecanicista, que o simples e o evidente não existem, que o infinitamente pequeno pode ser tão complexo quanto o infinitamente grande, e que frente a esta Lei da Complexidade a mente humana tem de se curvar com humildade.

Abrem-se, então, dois caminhos epistemológicos: um, a pesquisa em busca da compreensão sempre mais profunda da complexidade do Real, através de instrumentos e ferramentas mais complexos também; o outro, a educação dos nossos sentidos e atributos do conhecimento, para continuarmos a desenvolver a capacidade de *ver* além do que nossa vista sensorial alcança, *ouvir e tocar* o inaudível e o intocável, com *outros* olhos, ouvidos e tato que esperam impacientemente ser desenvolvidos por nós. É aqui que a ciência ocidental se aproxima com respeito das místicas não ocidentais. Suspeito que a convergência e a complementaridade de ambas podem impulsionar extraordinariamente a capacidade cognitiva do *Homo*. Digamos, portanto, que o fato de que as partes que compõem um todo físico, humano ou social não serem simples, mas complexas, e não esgotarem a possibilidade de conhecer o todo ao serem analisadas é um *pressuposto* da *análise da Práxis*.

Há outro pressuposto importante, que já sublinhamos em diversas partes deste trabalho. É que a realidade é e não é *ao mesmo tempo*. No plano material, o fenômeno mais convincente é o da dupla natureza da luz, que se propaga, paradoxalmente, como partículas e como ondas. No plano humano e histórico, Lefebvre oferece dois exemplos: "O adulto é ainda a criança que um dia foi; e, não obstante, não o é mais, *é isso e é outra coisa*" [ao mesmo tempo]. A análise deve sempre captar corretamente essa relação complexa, contraditória, dos momentos entre si e com a totalidade. "(...) A revolução de 1789 é um momento da nossa história. Pode ser reencontrada no mundo atual; ainda atua nele, mas transformada, ou seja, como um elemento integrado e modificado pelo todo" (Lefebvre, 1979: 119).

O terceiro pressuposto a considerar é que a análise não pode ser neutra, nem o observador completamente exterior em relação ao "objeto" analisado. Existe uma imersão inescapável do sujeito com o objeto ou o outro sujeito, que gera uma interação, e não apenas uma intervenção exógena.

A síntese, por sua vez, era concebida por Descartes como um caminho do simples para o complexo e que se reduziria a um procedimento de exposição dos resultados da análise. Mas se de fato todas as partes de um todo, por mais simples que pareçam, são complexas na sua essência, então é preciso estudar cada parte de forma *não isolada*, mas na sua relação com as outras partes e com o todo, e este com os todos maiores e mais abrangentes, e todo este metassistema compreendido no seu movimento. E a síntese passa a ser *uma recriação da unidade do Real no plano da consciência*. A síntese, portanto, mais do que "uma exposição sistemática dos resultados da análise", passa a ser um guia para a análise, uma presença constante *no coração mesmo* da análise. Ela completa o caminho do *concreto* para o *concreto pensado*. Mas sem nos iludirmos de que o concreto pensado poderá corresponder plenamente ao concreto. Na linguagem comum, o conselho é: "Não confundamos o mapa do terreno com o terreno". No fundo, trata-se de um exercício de *atenção*, compreendida como um processo energético de focalização da consciência. Num momento do trabalho de conhecer, focalizamos nossa atenção na diversidade, no momento seguinte, na unidade. A realidade é uma, mas se manifesta na sua diversidade; nós a examinamos momentaneamente na sua diversidade, para resgatar em seguida, no plano do pensamento, a unidade da realidade.

A proposta metodológica que fiz no início do seminário, portanto, tinha uma dupla dimensão: a de um *esquema de procedimento inspirado na visão epistemológica da práxis* (metodologia), com cinco passos essenciais a serem cumpridos e que discutiremos a seguir, mas um *esquema aberto*, que se baseia numa *proposta metodológica* genérica, universalmente válida, mas que só se torna *concreta* quando "posta em marcha", "aplicada", "recriada" por um grupo específico no contexto da sua prática social e individual. Isto é, o esquema de procedimento que propus, fosse ele aceito ou não, demandava um trabalho criativo ou recriativo por todos os participantes, em função dos seus objetivos específicos para o seminário e gerais para a prática deles. É o que chamo de *criação do método*, pelo seminário – educador + educandos –, que realiza concretamente a Metodologia da Práxis.

Os cinco passos

Para a Filosofia da Práxis é muito importante distinguir *metodologia* de *método*. A *metodologia* seria o conjunto de procedimentos gerais, genéricos, abstratos e pré-determinados, para se realizar uma gama de ações teóricas ou práticas, com base em determinados objetivos, motivações e intenções que visa alcançar ou cumprir. O *método* seria o conjunto de procedimentos específicos, determinados pelo sujeito ou sujeitos da ação à luz de uma metodologia, para lidar com uma situação específica e imediata. A Metodologia da Práxis é um tipo de metodologia fundado naquela visão dialética e integradora do mundo, do Real, do conhecimento, da História, do *Homo* que vimos propondo desde o início deste livro. Ela é um instrumental que nos permite reger sempre mais conscientemente a nossa caminhada. Seu "ponto de partida" é a prática anterior e seu "ponto de chegada" é a prática subsequente. Seu "segredo", sua peculiaridade enquanto metodologia, é ser *da Práxis*, portanto, aberta e *não dogmática*, conforme iremos ver em seguida. Ela abre o caminho para a construção sempre renovada do método, porque parte da consideração da totalidade concreta – ainda que apreendida, no início, de forma predominantemente intuitiva –, e não do conceito abstrato, e porque propõe como sujeitos dessa construção não apenas o sujeito que pesquisa, mas o pesquisador em colaboração com o sujeito que é pesquisado, não apenas o educador, mas os educados em colaboração com o educador.

Vejamos como aplicamos essa Metodologia à situação concreta do grupo de metalúrgicos da oposição sindical na Usiminas.

1) Definindo os objetivos

Depois da apresentação de cada participante, começamos o trabalho pela discussão dos *objetivos, motivações e intenções*. O grupo precisava perceber que é fundamental definir para si próprio um *projeto abstrato* que dê sentido à sua ação. Ou precisa explicitar e negociar o projeto até torná-lo um consenso, gerando assim uma *unanimidade* na diversidade dos seus membros. Definir coletivamente esse projeto significa explicitar sua amplitude e profundidade, seu alcance e suas limitações. E exige que cada um externe e comunique suas motivações e intenções para a ação. Um trabalho sobre o objetivo e o subjetivo, o externo e o interno de cada um, tanto em relação ao seminário quanto à prática que o trouxe a ele.

O grupo definiu como objetivo imediato do seminário aprofundar o conhecimento da realidade sindical para organizar-se como grupo de oposição à diretoria do sindicato da época; e, subjacente a este, o objetivo de avançar na apropriação da Metodologia da Práxis. Seguiu-se um diálogo entre mim e o grupo, que visava fazer o debate sobre os objetivos avançar até o horizonte mais abrangente e mais abstrato. Algo que pode ser resumido no seguinte:

OLHANDO ALÉM DO HORIZONTE

E para que querem organizar-se como grupo de oposição?
Para conquistar o sindicato da mão dos pelegos.
E para que querem conquistar o sindicato?
Para termos um sindicato a serviço da categoria, que atenda às nossas necessidades e ajude o trabalhador a ter uma consciência esclarecida sobre o nosso papel na empresa e na produção do país.
E para que querem ter um sindicato assim? E para que estes trabalhadores precisam de uma consciência esclarecida?... Qual o objetivo maior e de mais longo prazo que os mobiliza?...

Desta forma, vão sendo estimulados a questionar objetivos sempre mais abrangentes e abstratos, sempre mais complexos e "utópicos"; a fazer a conexão na sua consciência entre o micro e o macro. Desta discussão surgiu a percepção dos diferentes horizontes de objetivos, segundo sua abrangência no espaço-tempo:

- objetivos específicos do seminário: os que mencionamos acima;
- objetivo geral do seminário: que ele seja para o grupo o início da aprendizagem sistemática da Metodologia da Práxis, uma aprendizagem em que as etapas teóricas estejam cada vez mais ligadas às etapas de ação, e que cada etapa sirva para acumular forças e conhecimentos para as etapas a seguir e para a caminhada como um todo;
- objetivos específicos do grupo: organizar-se como grupo de oposição dentro da empresa e do sindicato; eventualmente, disputar as eleições contra os candidatos da empresa; conquistar o sindicato e inaugurar uma nova prática sindical;
- objetivos gerais do grupo: contribuir para o amadurecimento de uma consciência esclarecida dos trabalhadores a respeito de si próprios, da sua vida de trabalhadores e da realidade do país; ajudar cada um a tornar-se uma pessoa capaz de pensar e agir por si mesma e em sintonia e solidariedade com seus companheiros/as, em casa, no bairro, na fábrica, no sindicato; contribuir para a mudança do poder político no nível do município, do estado e do país.

A discussão sobre quais deviam ser as mudanças do poder político revelou que poucos no grupo haviam pensado sobre isso, e mesmo estes tinham ideias demasiado vagas, algumas até "emprestadas" de outros países e outras realidades. Ficou evidente que isto não era suficiente. Era preciso trabalhar mais essas ideias, conhecer outras experiências de poder popular, aprender delas as lições possíveis, mas sobretudo *imaginar* formas adequadas de reorganização da produção, do consumo, da sociedade, do poder e do saber em âmbito do município, da região e do país.

A discussão sobre as motivações e a intencionalidade de cada um levou a tocantes depoimentos pessoais e à identificação de equívocos, perplexidades, frustrações e esperanças. É nesta esfera que se inicia um trabalho que envolve *o inconsciente dos participantes*, que é uma dimensão fundamental não apenas da realidade do nosso ser integral, mas também das nossas faculdades de compreender o Real: é a dimensão do *conhecimento silencioso*. Com essa discussão conseguimos também negociar um *acordo de intencio-*

nalidades entre mim e eles, e entre eles próprios. Estávamos agora prontos para trabalhar juntos.

2) Descrevendo a prática ou pesquisando a situação

A primeira observação é que o grupo se propôs fazer uma análise da conjuntura sindical local: isto é muito diferente de uma simples "conversa de bar" sobre a conjuntura. Para analisar é preciso aprender a pensar sistemática e organizadamente, a utilizar critérios para distinguir o secundário do principal, o local do global, o específico do geral, o tático do estratégico, o imediato do mediato. *Aprender a pensar assim exige uma longa aprendizagem*, um trabalho de desconstrução do espontaneismo dominante em nós e de construção de uma mente educada para elaborar sobre si mesma e sobre a vida, o trabalho, a luta, as relações com os outros e com o mundo. Uma mente desperta e sempre alerta, humilde e ousada, buscando ir sempre além daquilo que já alcançou como ser e como saber.

Sublinhei para o grupo a distinção entre esta etapa de descrição da prática e a IV etapa, que é a análise. Aprender a descrever a prática ou pesquisar a situação a ser analisada, sem confundir a descrição com a análise é muito importante. Sherlock Holmes tinha um princípio importante: "nunca avalie uma situação antes de ter recolhido todas as evidências indispensáveis". É preciso ter claro todo o campo da prática, todos os elementos, todos os dados de que o grupo precisa para fazer uma análise/síntese em profundidade, isto é, para aproximar-se o mais possível da essência do Real para além das suas aparências, para descobrir os fatores que determinam não só a conjuntura, mas a estrutura e o próprio movimento do Real.

Nesta perspectiva, a *pesquisa* ganha uma nova dimensão. Em vez de ser uma prática isolada, academicista, que começa e acaba em si mesma, ela passa a fazer parte de um processo de descobrimento e de interação com o Real, portanto, *parte indispensável do processo crítico e criativo*. É muito importante para o trabalhador aprender a pesquisar, como etapa indispensável do estudo da sua realidade e do planejamento da sua ação. A Metodologia da Práxis propõe que o sujeito da ação deve participar também como sujeito da pesquisa, seja ele indivíduo ou coletividade. No Brasil, na

Guiné e na Nicarágua pratiquei com êxito, juntamente com as equipes de educadores ou grupos de trabalhadores, a pesquisa participativa.

Existem várias vias para descrever a prática ou a situação. O grupo de metalúrgicos trabalhou os seguintes aspectos da situação do sindicalismo local e regional:

- **O contexto:** É justamente a busca de definir os elementos que estão dando a tônica ao ambiente ou marcando a conjuntura, em contraste com uma conjuntura anterior. No plano local, o grupo avaliou que a conjuntura da empresa era estável nos últimos anos: uma conjuntura altamente autoritária e repressiva contra os trabalhadores. Mais tarde, ficou patente que a Nova República (governo Sarney) trouxe mudanças em âmbito nacional que em nada afetaram a conjuntura da Usiminas. O sindicato era marcado por uma diretoria moldada pela empresa e a serviço dos seus interesses e do seu autoritarismo. Em nível nacional, o clima geral era de saturação com a recessão decorrente da política do governo Figueiredo de orientar a economia, a poupança, os investimentos e as remunerações em função de uma prioridade: o serviço da dívida externa.[147]
- **Os acontecimentos:** Fatos, situações, lutas que haviam sido importantes no movimento sindical local e que deviam ser tomadas em consideração.
- **Os cenários:** Aqueles acontecimentos se deram em diferentes espaços, a fábrica, a rua, o sindicato, a prefeitura e, mais tarde, os bairros e até a Secretaria Estadual do Trabalho e o Ministério do Trabalho.
- **Os atores:** A prática do grupo consistia numa interação com outros atores, com interesses e modos de agir diferentes uns dos outros, com pesos diversos na conjuntura de poder local, regional e nacional. O grupo de oposição e a Pastoral Operária também eram atores e precisavam analisar-se como tais.

---

[147] Três trabalhos sobre o tema merecem menção aos que quiserem compreendê-lo mais a fundo: Aguiar, Arruda e Flores, 1983; Arruda, 1987; e Arruda, 1999.

3) Criando o Método de Análise

A terceira etapa é o que chamo de *espaço vazio* da Metodologia da Práxis. Consiste em:

- **Organizar** o material descrito ou pesquisado: *sistematizar e priorizar* os diversos componentes à luz dos objetivos do seminário.
- **Identificar** as mais importantes questões, temas, acontecimentos, desafios, problemas, atores e ordená-los para a análise.
- **Selecionar, definir ou até criar conceitos, categorias e linhas de reflexão** que melhor sirvam à análise daquele material.

Tudo isso constitui a etapa de *definição ou criação do método de análise* desse material pelo grupo. Algo que eu, como educador instrumentalizado com a Metodologia da Práxis, não poderia ter trazido pronto de casa. Trouxe, sim, a proposta metodológica global, mas ela era *aberta* justamente neste ponto, pois o *como fazer específico* teria de ser criado pelo próprio grupo – juntamente com o educador – uma vez esclarecidos os objetivos e descrito e pesquisado o material que se pretendia analisar.

Nessa etapa emergem algumas necessidades importantes:

- **Teoria:** Pode surgir, por exemplo, a exigência de estudar outras experiências já sistematizadas ou teorizadas, para aprender dos seus acertos, erros e contradições; ou de estudar autores que já refletiram e teorizaram sobre as problemáticas que nos desafiam ou outros semelhantes.
- **Estrutura:** É indispensável para quem analisa uma conjuntura ter ou adquirir uma percepção da estrutura social-histórica – ou do conjunto de aspectos mais ou menos permanentes da realidade (o que faz dela uma totalidade, um sistema) e das suas articulações com aspectos e outras dimensões (que fazem dessa totalidade parte, ou subsistema, de uma totalidade maior).
- **História:** Às vezes, é necessário recuar no tempo e estudar a evolução de um processo ou de um acontecimento, ou de um ou vários atores,

ou mesmo de um período da história do movimento ou da região, como base para compreender certos fenômenos da conjuntura.
- **Metodologia:** Leituras sobre a questão metodológica podem ajudar a esclarecer dificuldades de procedimento, principalmente em função das tarefas desta etapa. Porém, o mais importante continua sendo *a internalização prática e teórica dos fundamentos da Metodologia e da Filosofia da Práxis,* a compreensão dos desafios que elas nos lançam e o papel que tem cada um de nós *enquanto educadores integrais e* – ao mesmo tempo e por toda a vida – *educandos em plena autoconstrução.*

4) Analisando a prática

Somente depois desses vários passos é que estamos prontos para analisar a prática ou a problemática em questão. Analisando, buscamos compreender a riqueza da diversidade e procuramos os fios que tecem, por trás dela, a unidade do Real. Analisando, decompomos o tema ou o acontecimento e o desagregamos nos seus diversos componentes, sejam eles fatos, fenômenos, problemas, situações, atores. Analisando, não estamos *julgando* o Real, isto é, buscando enquadrá-lo dentro dos critérios de "bom" ou "mau", "certo" ou "errado", "avanço" ou "recuo". Antes, e mais que tudo, estamos buscando detectar as tensões, ambiguidades, conflitos e antagonismos que constituem a complexidade do Real.

A análise da Práxis pode envolver certas etapas, como:

- estudar *separadamente* os diversos aspectos ou componentes do processo que está sendo analisado, procurando desvendar sua estrutura e tensões internas; no caso de cada ator, estudar também a natureza dos seus interesses, suas ambiguidades, alianças, forças, fraquezas e contradições, um por um;
- estudá-los *nas suas interações* entre si e com o todo, buscando, para além da dimensão aparente dos fenômenos, a compreensão deles na sua complexidade, na constelação das suas relações e no seu movimento; isto exige que não nos enganemos chamando de realidade o que é

apenas a dimensão exterior ou manifesta da mesma, o fenômeno, o disfarce, a fachada do Concreto. Tomar a parte pelo todo, o fenômeno pela totalidade do Real é consagrar o *pseudoconcreto*. A análise é o primeiro passo de superação da consciência do pseudoconcreto e de aproximação de uma compreensão profunda do Concreto.

O grupo selecionou dois acontecimentos, que foram analisados nos seus diversos aspectos. Ao longo da sequência de seminários que fizemos em momentos posteriores, o estudo sobre cada ator, inclusive o próprio grupo e cada membro dele, foi tornando-se cada vez mais profundo e focalizado. Primeiro, porque o grupo desenvolveu uma *atenção* e uma *perspicácia* crescentes na pesquisa dos interesses, ambiguidades, forças, fraquezas, contradições e antagonismos dos atores entre um seminário e outro. Segundo, porque a análise dos atores começou a fornecer elementos para o traçado de *estratégias* do grupo para lidar com cada ator, inclusive com suas próprias debilidades e contradições internas, assim como para definir uma tática política adequada a cada ator, em função daquelas estratégias e a serviço dos objetivos do grupo. Esta abordagem teve especial importância durante a campanha eleitoral do sindicato, no ano seguinte.

5) Sintetizando e planejando

O trabalho de síntese e o planejamento constituem o momento conclusivo de uma análise de conjuntura ou da avaliação de uma prática. Sintetizando, reintegramos e recompomos a unidade do Real na esfera do pensamento. É o momento de dar ênfase aos fatores determinantes da estrutura e do movimento da realidade, às contradições mais importantes e abrangentes, que tendem a marcar esse movimento. É o momento de esclarecer a correlação das forças sociais que prevalece na conjuntura, as alianças tácitas ou explícitas de blocos de forças e de interesses. É o momento de identificar as tendências dos *blocos históricos* em confronto, compreender os fatores que dão hegemonia a um deles e as tendências que se desenham a partir deste momento.

E ainda o momento de *retomar os objetivos* definidos no início do seminário. Reexaminá-los, agora, à luz do Concreto apreendido no plano da percepção e do pensamento, pode levar a reforçá-los e aprofundar a compreensão dos mesmos, ou também a redefini-los. O principal resultado que se busca com a síntese é a maior aproximação possível de uma visão sistêmica, global e estratégica. Esta visão nos permitirá não apenas clarear ou redefinir os objetivos da ação ou da caminhada – no curto, médio e longo prazos –, mas traçar roteiros, estratégias para cada um dos diferentes horizontes da caminhada.

As estratégias têm a virtude de fazer *uma ponte* entre a realidade em que estamos inseridos (*realidade atual*) e o *projeto abstrato* que definimos como objetivo maior da nossa prática. Um lado dessas pontes deve estar apoiado, ancorado na realidade atual, o outro, no projeto abstrato. É importante compreender que o projeto abstrato não existe objetivamente; portanto, a ponte está apoiada na esfera da nossa subjetividade, da nossa visão, vontade e determinação. A realização deste projeto depende não apenas da nossa ação, mas da correção e adequação dela à *realidade potencial*, isto é, às sementes-probabilidades de futuro que se escondem no interior da realidade atual. Alegoricamente, a síntese é o momento em que o espermatozoide da nossa vontade coletiva fecunda o óvulo da realidade potencial. O fruto desta fecundação tende a ser – dadas as "condições ambientais" objetivas e subjetivas adequadas e propícias – o *projeto concreto, e já não mais abstrato!*

Planejar é traçar tanto esses roteiros no seu conjunto, quanto os passos a serem dados para percorrê-los. Por terem um mais longo alcance, as estratégias precisam ser firmes; e, para isto, precisam estar bem fundadas na realidade atual e bem ancoradas no projeto abstrato. As táticas, ao contrário, que dependem da situação do terreno e das oscilações dos papéis de cada ator e da correlação de forças entre eles, precisam ser flexíveis para que possamos readequá-las a cada mudança da conjuntura sem perdermos o rumo estratégico da caminhada. Foi o que fizeram os participantes do seminário. Terminado este, lançaram-se numa ação não mais predominantemente espontânea, mas antecipatória.

Agindo, aprendemos, e aprendendo, agimos melhor

Alguns meses depois, recebi outro convite para um novo seminário. O grupo já se sentia maduro para uma nova etapa de reflexão. Propunha como objetivo específico buscar resposta para a questão de lançar ou não uma chapa de oposição na próxima eleição sindical.

Encontrei o grupo fortalecido com alguns novos membros e muito mais bem organizado e apoiado. Estavam presentes também dirigentes de outros sindicatos da região que estavam apoiando o grupo. Durante dois dias e meio fizemos o mesmo percurso metodológico do primeiro seminário. Um desencadeamento importante marcou o momento da síntese. Alguém comentou:

– Agora eu acho que estamos em condições de responder à pergunta que tínhamos quando convidamos o Marcos para nos assessorar neste seminário.

– E este é o momento em que devo ir embora – respondi –. Para mim acaba aqui o seminário.

Alguns riram, pensando que eu estava brincando. Propus que recapitulássemos o método com que havíamos construído o seminário, mas o grupo insistiu em querer saber por que eu não queria participar da decisão sobre se lançavam ou não uma chapa para a próxima eleição sindical.

– Quando é que um educador deve participar das decisões de um grupo de educandos, na perspectiva da Práxis? – perguntei.

Surgiram respostas tentativas, tendendo mais a justificar o desejo do grupo de que eu ficasse. Mais importante foi a síntese do papel do Educador da Práxis que a discussão gerou. Eles foram sugerindo e eu fui anotando no papelógrafo.

- O Educador parte do conhecimento dos educandos para ajudá-los a ir sempre mais além.
- O Educador estimula os educandos a valorizar o seu próprio conhecimento, ainda quando se trata de examiná-lo criticamente e mesmo superá-lo. E orienta os educandos sobre como comparar,

contrastar e articular seus próprios conhecimentos com os conhecimentos já acumulados pela sociedade e pela humanidade.

- O Educador, mesmo quando está comunicando o conhecimento universal acumulado, prefere o método da descoberta ao da mera transmissão, *induzindo com palavras e com silêncio* uma atitude de pesquisa, de busca e de autoconfiança nos educandos, individualmente e enquanto grupo.
- O Educador *ensina mais com o exemplo* do que com as palavras, por mais belas e eloquentes que estas possam ser.
- O Educador se reconhece simultaneamente como educando da sua própria Práxis e dos seus educandos. Esta atitude lhe permite, além de orientar sem arrogância, descobrir com os educandos, construir e reconstruir com eles os antigos e os novos conhecimentos.
- O Educador em momento algum renuncia à responsabilidade que o grupo de educandos lhe confere, na forma de *autoridade*, de *liderança*. Ao contrário, no âmbito da autoridade que lhe foi confiada, *ele deve exercê-la plenamente*, como condição para o progresso do grupo na aprendizagem da disciplina de pensar, de pesquisar, de descobrir, de teorizar, de integrar, de planejar e de agir, a fim de poderem *juntos conquistar a liberdade da práxis, a práxis da liberdade*. Seu papel de liderança neste processo é indispensável. Negar a autoridade e o poder que lhe conferem sua escolaridade e sua condição de educador, mais que ingenuidade, é oportunismo, pois não há como deixar de exercê-los em toda relação que tem uma dimensão político-educativa. E, como nos ensina Gramsci, todas a têm – mesmo quando se tenta mascará-la. Uma atitude de passividade também é deseducadora, porque resulta da mistificação do saber popular e da consciência espontânea do trabalhador. Tal educador não é um Educador, pois não colabora para que o trabalhador se ultrapasse e edifique sua própria emancipação.
- Por fim, o Educador não se ilude pensando que "possui" uma consciência crítica superior e inabalável e, por isso, pode dirigir sem erro a luta dos trabalhadores. Convivem nele diversas lógicas, ele também

é palco de contradição e arena de luta. A revolução que busca operar com seus educandos no plano do conhecimento, da sociedade, da História e da vida não tem por palco apenas as *estruturas e instituições da sociedade*, mas também, e simultaneamente, *o interior de cada um*, inclusive do próprio educador, seus valores, atitudes, comportamentos e modos de relação consigo mesmo, com os outros, com os trabalhadores enquanto classe, com a Natureza, com a espécie humana, com a morte e com a vida. O problema, para o Educador e para o Dirigente político, sindical, empresarial, inspirados pela Filosofia da Práxis e pela proposta da democracia integral, não é o ser liderança, mas o *como* e *com que intencionalidade* exercer a liderança.

Feita essa reflexão, o grupo concluiu que eu tinha razão de me excluir do momento decisório, uma vez que *não fazia parte direta daquela práxis nem poderia assumir a responsabilidade* pela implementação daquela decisão. O Educador-Dirigente da Práxis toma sozinho aquelas decisões que estão sob sua total responsabilidade; participa – ou induz à participação outros sujeitos – daquelas de cuja implementação ele vai participar; e exclui-se daquelas que não poderá implementar nem direta nem indiretamente.

Duas semanas depois o dirigente do grupo, Chico Ferramenta, contou-me por telefone que, depois de vários outros encontros entre eles, haviam registrado a Chapa de Oposição para a eleição sindical. Congratulei-me com eles e perguntei os argumentos que os fizeram decidir por isso. Respondeu que pesaram os riscos e decidiram que os objetivos estratégicos e de longo prazo do grupo seriam mais bem servidos com a ação deles do que com a omissão. Pediram que eu viesse para um novo seminário, desta vez para prepararem um projeto político-sindical de direção do sindicato e um plano de campanha. Repeti minha oferta de que viesse outra pessoa mais bem qualificada do que eu na realidade sindical daquele momento. E de novo ele respondeu que o grupo queria que eu viesse, pois precisava continuar exercitando-se na Metodologia da Práxis.

Refizemos o seminário, frente à nova conjuntura. E, com nossa assessoria, eles formularam o projeto de direção sindical e o plano de campanha.

Mostraram dominar cada vez mais a Metodologia da Práxis. A empresa e o sindicato haviam sido apanhados de surpresa. Um dirigente da empresa chegou a comentar:

– O serviço de inteligência da empresa falhou. Se esta chapa ligada à CUT e ao PT vencer, vai ser o fim para nós.

Referia-se à direção da empresa.

Pouco antes da data da eleição, fui convidado para outro seminário. Encontrei a cidade plenamente mobilizada. A campanha da chapa de oposição havia tomado conta da cidade. Pastorais, outros sindicatos de oposição, famílias, envolveram-se na campanha. O governo municipal, cujo prefeito era um latifundiário urbano vinculado à ditadura militar e à direção da Usiminas, chegou a desviar linhas de ônibus para impedir que passassem em frente à sede da campanha da Chapa da Oposição. Também mandou prender duas vezes o carro de som do grupo e convocou o presidente da chapa para depor. Tudo isto era sinal de que a Campanha havia alcançado uma dimensão que preocupava as elites locais. Entre os membros do grupo, vibrava um ambiente de vitória.

Nosso seminário durou apenas duas horas. Começou com um relato da evolução da campanha e um balanço da etapa atual. Diante de toda a euforia, propus que concentrássemos nossa atenção numa só questão:

– Que vamos fazer caso a chapa de oposição não vença?

A resposta veio logo:

– Mas vamos ganhar, você não está vendo? A cidade inteira está a nosso favor! Vieram sindicalistas de outras cidades e estados para nos dar apoio!

– Mas e se, assim mesmo, não ganharem? A cultura da ditadura é muito forte e suas ameaças são violentas. Além disso, um bom guerreiro nunca se ilude de que só exista um caminho para os acontecimentos. Ele trabalha e luta tendo sempre nas mãos mais de uma estratégia.

Resistiram ainda um pouco, mas afinal aceitaram discutir esta hipótese. Retomamos então os objetivos de médio e longo prazo do grupo, que nos permitiram recapitular, em seguida, a perspectiva mais abrangente, que visava algo muito maior do que apenas o sindicato. A principal ideia resultante da recapitulação foi que só o que haviam construído durante a campanha já consistia numa inestimável vitória! Qualquer que fosse o resultado da eleição, eles já eram política e socialmente vitoriosos. O mais importante – quer ganhassem a eleição, quer não – seria então consolidar aqueles ganhos e aquelas novas posições. Esta visão da complexidade do Real permitiu ao grupo aprofundar sua percepção e ser menos voluntarista e mais prudente em relação aos passos a dar.

Dias depois, recebi a notícia de que a chapa de oposição havia concorrido com cinco outras, todas de situação, formadas pelos pelegos para enfrentar a oposição. No primeiro escrutínio a oposição *havia ganho* por uma margem razoável, mas não suficiente para evitar um segundo turno! Foi então que um delegado do Ministério do Trabalho foi enviado de Brasília, juntamente com o Secretário Estadual do Trabalho, que veio juntar-se a ele de Belo Horizonte, para ameaçarem a diretoria da Usiminas:

– A chapa de oposição não pode ganhar. Se a empresa perder vocês serão substituídos!

Essa frase chegou por supervisores amigos até os ouvidos da base da oposição dentro da usina. As outras chapas deviam fundir-se numa só para enfrentar o segundo turno contra a oposição. Dentro da fábrica, os chefes de seção espalhavam medo entre os operários, parando-os no meio do expediente para comícios antioposição, contando com mentiras para ameaçá-los:

– Teremos um aparelho eletrônico dentro de cada urna, que vai revelar quem está votando em quem. Quem votar na oposição vai ser demitido e não vai ser o sindicato nem o PT que vão dar outro emprego para vocês!

No segundo escrutínio concorreu apenas uma chapa de situação, que venceu por uma margem mínima de votos. Novamente fui convidado para outro seminário, com o fim de avaliarmos a campanha e o resultado da eleição, como base para um novo planejamento pelo grupo. Evidentemente, o clima entre os membros do grupo era de grande desânimo. Fizemos uma análise da nova conjuntura, focalizando no que foi a campanha para os diferentes atores envolvidos, inclusive o movimento sindical nacional. Ficou evidente que a campanha como um todo apresentava um resultado ambíguo, surpreendente mesmo: por um lado, a derrota eleitoral da oposição e o desencanto geral, inclusive da população, que a acompanhou. Por outro, a *vitória política e cultural* da oposição, que conseguiu operar uma reviravolta não apenas na política sindical da região, e mesmo do estado, mas também na correlação de forças sociais na esfera do município e do Vale do Aço. Os eventos posteriores confirmaram que essa avaliação era justa.

Seguiram-se as demissões. Não contente de haver forçado a vitória eleitoral da situação, a Usiminas e o governo Sarney pretendiam cortar pela raiz os "focos de oposição" presentes dentro da fábrica. Publicamos na época um artigo em que denunciávamos: "Em plena 'Nova República', a Usiminas continua sendo sinônimo de 'Velha República'!" O grupo alugou um ônibus e foi para Brasília, entrevistar-se com o Ministro da Justiça e com outras autoridades federais. Mas praticamente todos os membros da oposição terminaram demitidos. Consumava-se outra vez o fato de que o Estado capitalista pode ser um patrão tão ou mais injusto e opressor do que os patrões privados.

Alguns meses depois, fizemos outro seminário, com a participação de diversos dirigentes de sindicatos e oposições sindicais da região. O grupo agora desempenhava o papel de polo dinamizador de todo o movimento sindical da região. O objetivo era seguir assimilando a proposta metodológica, analisando agora os caminhos possíveis para o seguimento da luta sindical e política. Propus que o dirigente do Grupo assumisse a coordenação de seminários na região, substituindo-me no papel de assessor. Pouco depois desse seminário, o movimento decidiu lançar Chico Ferramenta como candidato do Partido dos Trabalhadores à Assembleia Legislativa do Estado de Minas Gerais. Fizemos ainda um seminário de planejamento da campanha eleitoral e de capacitação metodológica de outras lideranças sindicais do Vale do Aço. Chico foi eleito como o segundo candidato mais votado de todo o Estado.

O último seminário que fizemos juntos ocorreu meio ano depois da eleição de Chico, com a participação de 80 dirigentes sindicais e populares do Vale do Aço, com o fim de avaliar o primeiro semestre de mandato de Chico. Contradições novas haviam surgido em relação ao papel de liderança regional desempenhado por ele e, agora também, estadual, em relação também ao significado do mandato de cunho sindical e popular e ao papel do movimento sindical e popular regional frente ao mandato. A tensão principal era entre o caráter estadual do mandato de Chico e certo sentimento de "ciúme" dos dirigentes regionais pelo fato de Chico envolver-se com questões que iam além das ligadas ao Vale do Aço, como o caso da Fiat em Betim. Era preciso descobrir as origens desses sentimentos e as formas corretas de lidar com eles.

Em 1988, o movimento popular e sindical de Ipatinga realizou uma belíssima campanha para eleger Chico prefeito de Ipatinga. Conseguiram, assim, arrancar desta posição o cacique político da região e inaugurar uma etapa democratizadora da política no Vale do Aço. O poder irradiador do grupo Ferramenta havia sido tão forte que obtivemos vitórias também em duas outras prefeituras da região. Ainda em 1988, o grupo animou um encontro com lideranças sindicais e populares da região para discutir a campanha para a eleição sindical na Usiminas. Eu estava animando um seminário com formadores sindicais no Instituto Cajamar, quando um trabalhador da Usiminas, ouvindo de mim a vivência da aprendizagem do grupo Ferramenta com a Metodologia da Práxis, perguntou se eu havia sido convidado para aquele encontro de preparação da próxima campanha sindical. Muito contente, respondi que não. O papel do Educador da Práxis se cumprira, à medida que a construção do saber pelo grupo havia tornado a sua participação dispensável. Desde então, o PT elege seus candidatos durante quatro mandatos. Chico Ferramenta, depois do seu mandato de prefeito de Ipatinga, foi eleito deputado federal e, em 1996 e 2000, foi eleito novamente prefeito de Ipatinga. Ivo José, outro membro da Chapa Ferramenta da oposição sindical na Usiminas, foi eleito duas vezes deputado federal.

Resumindo, essa experiência seminal resultou não na conquista do sindicato pela chapa de oposição com que trabalhei, mas em vitórias de muito mais amplo alcance e de profundo impacto. Entre os mais relevantes menciono:

1) A mobilização de uma diversidade de categorias de trabalhadores e setores sociais no Vale do Aço para apoiar a chapa de oposição, que resultou na vitória no primeiro turno da eleição sindical de 1985 e numa inter-

venção repressiva do governo da ditadura Figueiredo para impedir que essa vitória se consagrasse.

2) A escolha popular do dirigente da chapa de oposição, Chico Ferramenta, como candidato a deputado estadual nas primeiras eleições da era civil pós-ditadura e sua vitória como candidato mais votado.

3) A surpreendente vitória eleitoral de Chico Ferramenta, do Partido dos Trabalhadores, para prefeito de Ipatinga em 1988, a partir de um trabalho paciente e sistemático de educação e ampla mobilização popular, desinstalando do poder o clã conservador dominante, tradicionalmente ligado aos governos militares.

4) O desenvolvimento de uma experiência democrática e participativa de governo municipal durante 16 anos, na qual a ação educativa tem desempenhado um papel crucial, no plano socioeconômico e também no plano governamental.

5) A irradiação desta práxis política para outros municípios da região do Vale do Aço.

3. O trabalho como chave para a interpretação do mundo

Utilizei uma forma vivencial de reflexão sobre a compreensão do real pelo senso comum e a superação desta visão de um mundo pseudoconcreto pelo *bom senso*, com um grupo de trabalhadores num seminário de formação da Pastoral Operária em 1990. Essa vivência merece ser narrada aqui, pois constitui outro exercício ilustrativo da Educação da Práxis junto a trabalhadores.

O seminário tinha como participantes operárias e operários liberados para as atividades da Pastoral e alguns agentes – padres e freiras. Os objetivos eram: (a) construir uma compreensão profunda sobre o que é e o que pode ser o trabalho na vida dos participantes e, (b) esclarecer sua relação com a Democracia, isto é, com a questão *como poderão os trabalhadores conquistar sempre maior controle sobre seu trabalho individual e coletivo, tanto em nível local quanto no conjunto da economia, frente à redução sistemática de empregos no setor industrial?*

Educação da Práxis e emancipação

O método consistiu em recolher definições do termo *trabalho* a partir da prática de cada participante, criticá-las coletivamente e buscar uma redefinição do termo que seja adequada à realidade atual e às aspirações dos participantes. Propus duas questões para reflexão em grupos: (a) Em que tem consistido o trabalho na vida de cada participante? (b) Quais os seus impactos nas suas vidas?

Uma conclusão comum dos grupos foi que os participantes pouco refletiam sobre essas questões no seu cotidiano. Apenas "viviam". E se isto era assim para trabalhadores mais conscientes, que dizer das bases das classes trabalhadoras?

Os participantes associaram o tema *trabalho* com conflito, sobrevivência, sofrimento, satisfação, realização, solidariedade, libertação. Ficou evidente que o trabalho pode ser diversas coisas ao mesmo tempo para o trabalhador. Ele é alienador quando divorcia o trabalhador do mais essencial de si próprio, sua força de trabalho, sua criatividade e os produtos do seu trabalho. Pois é com isso que ele constrói o mundo e a si próprio, afirma-se como ser criativo, comunica-se. A crítica das diversas formas de trabalho tornou evidente que a relação do trabalhador assalariado com o produto do seu trabalho, com a tecnologia usada para produzi-lo e, afinal, com sua própria subjetividade, está quebrada. O trabalho alienado coloca o trabalhador como se fosse exterior à Natureza, a si próprio, aos outros seres humanos e até às suas próprias necessidades. Tudo fica obscurecido pelo fim único de sobreviver, no caso do trabalhador, e de acumular mais, no caso do capitalista.

Coloquei um pão sobre a mesa e pedi que o olhássemos e disséssemos o que vemos. A descrição pelos participantes limitou-se ao pão como alimento, ao odor apetitoso, ao poder do pão de matar nossa fome. "Este é o pão que nós vemos", concluíram. Aplicando seu senso comum, haviam confundido o pseudoconcreto do pão com a sua concretude. Pedi que o olhássemos outra vez, procurando ver *a essência* dele, para além da sua manifestação imediata. A pergunta que fiz foi: "Qual é o concreto deste pão?". Tivemos primeiro de *desconstruir* a imagem estreita, o pseudoconcreto daquele pão, que só lhes permitia ver nele um alimento apetitoso, que desapareceria no momento em que alguém o comesse. Aos poucos fomos *construindo a concepção do concreto do pão* ao examinarmos cada elemento, fator e ator envolvido na sua produção, o fluxo de energia e de matéria que implicou produzi-lo e as relações enfeixadas nele, desde a produção das suas matérias-primas até o produto final, e mesmo para além do momento de ele ser consumido. Com esta análise – que decompôs o pão nos momentos e atores responsáveis por produzi-lo e consumi-lo –, os participantes descobriram *a unidade da diversidade* que se escondia por trás do fenômeno que era aquele pão.

Essa visão sintética brotou da ação cultural reflexiva dos participantes como uma revelação, emergindo dela os conceitos *pão concreto, trabalho social* e *mundo da cultura*. O pão concreto era toda aquela cadeia de matéria e espírito, trigo/natureza, sal, máquinas, forno, meios de transporte, papel, dinheiro. Mas era sobretudo trabalho humano, energia, técnica e criatividade, capazes de transformar a natureza em alimento, o mundo natural em mundo cultural, numa rede de trabalhadores invisíveis que se enfileiravam por trás do padeiro, e que só a visão da Práxis lograva desvendar.

Ficou claro que o pão era produto do trabalho social, não de um só indivíduo, mas do *indivíduo social*. Esta noção também impactou o grupo como uma revelação. Era o trabalho coletivo desta cadeia de trabalhadores, desde os rurais e os trabalhadores das salinas, que produziram o trigo e o sal, até os que fizeram as máquinas que beneficiaram o trigo e produziram a farinha e o levedo, o caminhão que transportou o pão, a máquina que misturou a massa, o forno que assou o pão, até o padeiro e todos os envolvidos no transporte de cada insumo e do pão, mais os bancários que manusearam o dinheiro envolvido em toda esta rede produtiva – era este conjunto de trabalho e de energia humana que estava escondido dentro daquele pão!

A pergunta seguinte era como havia sido distribuída a receita gerada pela venda daquele pão. Entraram aí as noções de produção e comercialização em escala, de formação de preços, de lucro e mais-valia, e entrou, por fim, a relação capital-trabalho característica do capitalismo do início dos anos 1990. Entrou ainda a distinção entre o pão de uma cadeia produtiva privada e o pão de uma rede de cooperativas.

A discussão orientou-se, depois, para as tendências do processo acelerado de automação da produção. A princípio, os participantes tomaram uma posição fortemente contrária às novas tecnologias, responsabilizando-as pelo crescente desemprego. O aprofundamento da discussão levou à conclusão de que o problema não era a nova tecnologia e a poupança de trabalho humano que ela implica, mas o monopólio da propriedade e da gestão dos meios de produzir e da tecnologia nas mãos do capitalista, pois este monopólio lhe permite apropriar-se dos ganhos de produtividade e da economia do tempo de trabalho, em vez de compartilhar esses ganhos com os trabalhadores.

Concluiu-se pela necessidade de construir outro paradigma de trabalho, progresso e desenvolvimento tecnológico, profundamente ligados à prática da democracia em todos os campos da vida dos cidadãos. E foi surgindo dos participantes a visão de uma economia cujo valor central seja o trabalho, o saber e a criatividade humanas, e não o capital e a sua propriedade; uma economia cujas empresas tenham por missão responder às necessidades e aumentar o bem-estar da sociedade e de cada trabalhador; uma economia a serviço do desenvolvimento humano e da sua felicidade. E só poderão cumprir aquela missão empresas que sejam propriedade dos próprios trabalhadores, geridas por eles, empresas cujo fim principal é responder às necessidades humanas, próprias e de outros, e cujos ganhos e perdas sejam compartilhados por eles. Também concluímos que tais objetivos não seriam jamais realizados por empresas atuando isoladamente, buscando cada uma a máxima eficiência para si própria. Seria necessário edificar a economia como um grande ecossistema, cujo centro são os seres humanos e o seu desenvolvimento, cujo parceiro é o ecossistema natural e cujas partes estão todas orientadas para este centro. Em tal contexto, o trabalho se transforma em *trabalho emancipado*, isto é, em autoexpressão, autorrealização, prazer e serviço livre e consciente aos Outros e ao mundo; enfim, ferramenta de amor e fonte de felicidade.

4. Desenvolvimento comunitário e Metodologia da Práxis

A economia, seja concebida como economia política, seja como economia social, humanoeconomia, economia do trabalho, socioeconomia solidária, é sempre um meio para o fim maior que é o desenvolvimento humano e social. Para a economia centrada no ser humano, pessoa e coletividade, o referencial primeiro é a pessoa, a família, a comunidade local. Trata-se de prover os elementos materiais e imateriais básicos para viabilizar o desenvolvimento autogestionários desses atores sociais. Destaco, neste contexto, a mulher, que é o coração mesmo tanto da unidade familiar como da comunidade, pois este é o gênero que assume o cuidado com o coletivo e com cada um dos seus componentes. A *consciência ecológica*, sobre a qual já discuti anteriormente, é característica do Feminino, em contraste com a *consciência egológica*, traço distintivo do Masculino, característico da cultura patriarcal que prevalece há milênios, e que agora se apresta a ceder o lugar a uma outra cultura, em que a igualdade social de gêneros, raças e qualquer outro diferencial sirva de base da liberdade e da irmandade que formam, indissociáveis, o tripé da felicidade humana, não apenas individual e social, mas também enquanto espécie.

Portanto, desejo destacar o sentido profundo do desenvolvimento pessoal e comunitário, que engloba a atividade econômica e contempla, a partir dela, todos os outros aspectos e dimensões da existência pessoal e ecossocial do ser humano. Desenvolvimento qualificado por diversos parâmetros que o definem e distinguem conceituamente: endógeno, soberano, integral, autogestionário, solidário, sustentável. Como tornar viável este desenvolvimento?

Buscando resumir os fundamentos e a proposição da Metodologia da Práxis em função desse desenvolvimento, comecemos fazendo uma distinção. Usamos geralmente o termo *comunidade* para referir-nos a qualquer grupo espontâneo de pessoas. Os banqueiros falam em "comunidade financeira internacional", os empresários do esporte, em "comunidade do futebol" etc. Essas comunidades podem ter coisas em comum em relação às instituições do governo, mas seus membros estão organizados em clãs

Educação da Práxis e emancipação

voltados uns contra os outros, e a única verdadeira regra que reconhecem é a da competição e do conflito, visando a vitória de um às custas da submissão ou da eliminação de outros. Nós, do bloco histórico que trabalha por um novo paradigma de sociedade, ao contrário, buscamos manifestar o sentido profundo de *comunidade*, pois ela é um referencial essencial da Metodologia da Práxis. O que faz uma verdadeira comunidade é a *decisão consciente* dos seus membros de dividir entre si a responsabilidade pelo seu destino comum. Pertencer a ela implica numa opção livre, que é feita não de uma vez por todas, mas sim cada dia, pois envolve a intencionalidade de servir àquele coletivo, que precisa ser renovado cotidianamente. Envolve também a busca de conhecer-se uns aos outros, que é o meio para se criar a confiança. A confiança é a base do modo criativo e progressivo de ligação entre os membros da comunidade. Esta ligação se concretiza num *contrato social*, que envolve a definição consensual de *objetivos em comum* e de *modos comuns de realizá-lo* – um *método* – e compromete cada membro a realizar determinadas tarefas e contribuições de forma colaborativa e solidária com os outros e o conjunto. O êxito do empreendimento coletivo, da realização dos objetivos comuns e do preenchimento das responsabilidades individuais depende em geral de três fatores:

1) que o envolvimento de todos se fundamente numa *ética de corresponsabilidade*, visando ao mesmo tempo a máxima eficiência de cada membro e da comunidade como um todo na consecução dos objetivos acordados;

2) que o compromisso de cada um com o coletivo seja *eferente* (de dentro para fora) e, para isto, tem de ser fundado na confiança em relação aos outros;

3) que tenha como referência o *acolhimento da diversidade*, o que implica não temer a contradição e o conflito e buscar ativamente *no diálogo* o método adequado para lidar com eles sempre que se manifestem. O objetivo comum é que o sistema proveja as condições ótimas para o desenvolvimento dos potenciais inerentes a cada membro e, ao mesmo tempo, o máximo bem-estar e realização dos potenciais da comunidade como um todo.

No trabalho que publiquei originalmente na Irlanda refletindo sobre o desafio da Práxis no desenvolvimento comunitário, discuto com maior minúcia a essência da proposta da *Metodologia da Práxis*. Não vou reproduzir aqui este texto, já publicado no nosso idioma (Boff e Arruda, 2000: 159-185). Tomarei apenas os elementos conceituais da Metodologia, ilustrados com alguns exemplos, como modo de sintetizar a teoria que perpassa as vivências educativas expostas neste capítulo. Insisto que não se trata de uma teorização abstrata, mas de uma teoria fundada nos anos de prática no campo da economia e da educação a serviço do desenvolvimento humano e comunitário.

Utilizo dois diagramas para ilustrar minha proposição. O primeiro refere-se ao ciclo visão-objetivos-pesquisa-planejamento-ação-avaliação. Ele articula coerentemente aquilo que já mencionamos ao discutir a educação metodológica junto aos metalúrgicos de Ipatinga. O segundo refere-se ao ciclo que se inicia com a situação da comunidade no momento em que ela se reúne para pensar e planejar em conjunto e, através de ações cotidianas coerentes com estratégias guiadas por objetivos mais gerais, visa construir na prática aquilo que a comunidade visualiza como seu projeto abstrato. Na Metodologia da Práxis, ambos os ciclos são representados não por círculos, mas por espirais que se movem para a frente e para cima, num movimento não linear, que envolve fluxos e saltos para a frente, mas às vezes também recuos e retiradas. Sua resultante, contudo, ou o resultado desejado é o máximo desenvolvimento e bem-estar de cada membro e da comunidade como um todo, em harmonia com os seus contextos maiores. Examinemos os passos deste ciclo:

1. Compartilhar uma visão – Visão é o projeto mais amplo e de mais longo prazo que une a comunidade e os trabalhadores sociais que a apoiam. A visão é como um holofote no futuro que lança sua luz sobre o caminho que devemos seguir para alcançá-lo. Contudo, o futuro não existe, está presente como uma visão dentro de nós. É aqui e agora que construímos o futuro. Se nossas ações não são coerentes com nossa visão, o futuro contradirá a visão. Costuma haver conflitos de intencionalidade e de visão entre a comunidade e os trabalhadores sociais que a apoiam, e também no seio da comunidade. Em geral, a comunidade está orientada para objetivos de mais curto prazo e voltada para realizações materiais imediatas, sem se preocupar com uma visão mais abrangente que guie suas ações e dê um sentido maior aos seus passos. Construir com ela esta visão, através de um diálogo que provoca um encontro de intencionalidades (a do trabalhador social e as dos membros da comunidade) e a construção de um consenso negociado é um passo inicial indispensável. A interação entre os trabalhadores sociais e a comunidade é um processo educativo, que deve ser levado de modo dialógico durante todo o processo de desenvolvimento. A definição de uma visão abrangente e de longo prazo é crucial, porque permite que a comunidade defina objetivos e estratégias que ligam a realidade atual com aquilo que deve ser realizado através do processo de desenvolvimento. O diálogo sobre a visão deve tornar explícitos conceitos e pressupostos. Deve incluir uma discussão, por exemplo, sobre o que os participantes entendem por *desenvolvimento, comunidade, necessidades humanas, direitos e deveres de cidadania, democracia etc.*

Exemplo de Visão, Expressa por uma Mulher Irlandesa

Uma comunidade bem integrada e autogestionária na qual homens e mulheres respeitam as diferenças uns dos outros e maximizam suas qualidades e potencialidades complementares; um sistema educativo que ensina as crianças, adolescentes e adultos como lidar com as dimensões feminina e masculina de si próprios, e que incorpora a aprendizagem das diferenças e complementaridades de gênero desde os primeiros anos; uma socioeconomia que expressa o equilíbrio dinâmico entre as qualidades masculinas, como a razão, o dinamismo, a força, a iniciativa, a objetividade, o pensamento, com os atributos femininos da intuição, da emoção, da receptividade, do respeito pela diversidade, da subjetividade (Dublin, 1998, notas de Seminário, Marcos Arruda).

2. Estabelecer Objetivos Gerais – Estes são pontos de chegada mais abrangentes, projetados para o prazo mais longo, a serem realizados através do trabalho do desenvolvimento. Emergem das expectativas da comunidade, das suas interações com os trabalhadores sociais e do resultado da pesquisa participativa.

> **EXEMPLO DE OBJETIVOS GERAIS, EXPRESSOS POR TRABALHADORES COOPERATIVOS DO RIO DE JANEIRO**
>
> Uma rede dinâmica de empresas cooperativas e associativas autônomas e autogestionárias atuando como cadeias horizontais e verticais de produção de bens e serviços, comércio, finanças, distribuição e consumo; legislação adequada para apoiar e estimular o desenvolvimento de uma socioeconomia solidária; um sistema justo de comércio nacional, continental e internacional; um sistema de indicadores que definam metas de desenvolvimento humano e social e sirvam para balizar as metas econômicas e tecnológicas (Fórum de Cooperativismo Popular do Rio de Janeiro, Mendes, 2002).

Um pressuposto básico para os trabalhadores sociais é que a comunidade constitui uma realidade integral e que seus problemas de diversos tipos, que exigem intervenções de diferentes campos do saber, coexistem numa unidade que é a vida da comunidade. A definição dos objetivos deve levar isso em conta. Isso quer dizer que o processo de planejamento do desenvolvimento comunitário tem de evitar toda fragmentação e compartimentação.

As soluções no campo da produção e da comercialização estão interligadas com as da saúde, a nutrição, o cuidado materno-paterno-infantil etc. É preciso estudar as interações entre os vários campos para definir objetivos gerais capazes de lidar de maneira integral com a problemática da vida comunitária, e não apenas com fragmentos dela. Também é importante hierarquizar os objetivos, segundo sua natureza de fatores mais ou menos determinantes uns dos outros (Marcos Arruda, Nicarágua, 1986, Notas de Trabalho de Campo).

> **Exemplo de Hierarquização dos Objetivos Gerais**
>
> No caso da política nacional, é muito mais importante o objetivo de combate ao desemprego e à exclusão do que o objetivo de combate à inflação e ao déficit fiscal. Ao definir o combate ao desemprego e à exclusão como objetivo principal, o governo se obriga a definir políticas de estímulo ao emprego e à ocupação, à democratização dos bens produtivos, da renda e da riqueza, subordinando a estes os outros objetivos (Marcos Arruda, Caracas, Venezuela, 2006, Notas durante o Simpósio sobre Dívida e Integração Regional Solidária).

Os objetivos podem ser gerais ou específicos, conforme estejam relacionados a processos mais abrangentes e de longo prazo ou específicos e de mais curto prazo. Os segundos devem estar coerentemente a serviço dos primeiros.

3. Pesquisa da situação – É uma atividade fundamental da Metodologia da Práxis. Assume que os protagonistas do desenvolvimento são os próprios membros da comunidade. Portanto, a pesquisa deve ser participativa, buscando envolver ativamente o maior número possível dos seus membros.[148] Os líderes naturais da comunidade podem ser parceiros cruciais dos trabalhadores sociais na pesquisa. Esta deve ser função dos objetivos do desenvolvimento comunitário, e não um mero exercício de curiosidade. Seu método e suas técnicas devem ser informados por estes objetivos. Com ela busca-se identificar diversos aspectos da realidade da

---

[148] Carlos Brandão, antropólogo e educador popular, faz uma rica distinção entre *pesquisa participante* – pesquisadores-educadores *com* o povo – e *pesquisa popular* – povo *com* educadores-pesquisadores (1986: 186-187). Essa transição da primeira para a segunda só se realiza à medida que o povo envolvido no processo de planejamento e autogestão do seu desenvolvimento e educação se empodera como sujeito pleno deste processo. Quando a comunidade popular está decidida a tornar-se sujeito do seu próprio desenvolvimento, ela naturalmente é capaz de assumir o papel de sujeito da pesquisa, e esta, de partícipe indispensável do projeto popular. Foi o que ocorreu claramente no caso do Grupo Ferramenta, de Ipatinga.

comunidade, incluindo os quantitativos e os qualitativos, os objetivos e os subjetivos. Devem-se identificar necessidades e recursos atual e potencialmente acessíveis na comunidade e fora dela. Devem-se identificar todos os atores que estão e estarão envolvidos. Devem-se examinar os diferentes cenários e espaços em que as ações de desenvolvimento serão implementadas. Não se deve limitar à realidade interna da comunidade, mas sim buscar as interconexões com os âmbitos mais amplos da realidade. Deve-se complementar a pesquisa de campo, sempre que necessário, com pesquisa histórica e bibliográfica ou com pesquisa sobre outras experiências em contextos semelhantes. Das descobertas da pesquisa provêm informações que precisam ser interpretadas à luz da visão e dos objetivos gerais, através de análise e síntese. Fornecem a base para o plano de ação.

Exemplo de Pesquisa Participativa Envolvendo a Comunidade

A comunidade rural de Regadío, na Nicarágua, acolhe-nos meio desconfiada. É junho de 1982. Somos uma pequena equipe do Ministério da Educação, coordenados por uma socióloga nicaraguense. Na primeira etapa, eles chegam a sonegar informações, receosos de que por trás da pesquisa estivesse o interesse do governo de arrancar impostos da comunidade. Aos poucos se estabelece um clima de confiança, e a participação é ampla. Trabalhamos com uma equipe de pessoas que eram lideranças naturais da comunidade e com assembleias amplas, abertas a todos, com participação voluntária. Coletam-se dados sobre agricultura e pecuária, saúde e higiene, cooperativa e gestão, defesa civil e militar. O objetivo é planejar o desenvolvimento integral da comunidade e a educação que lhe corresponderá, inclusive materiais didáticos que contenham elementos da realidade local pesquisada. Os participantes são induzidos a envolver-se tanto na pesquisa como no planejamento. E também em trabalhos práticos que se integram no plano de desenvolvimento da comunidade. Um dos frutos palpáveis deste exercício é o fortalecimento da identidade grupal enquanto comunidade! (Marcos Arruda, Nicarágua, Diário de Campo IV, 1982).

4. Estabelecer objetivos específicos para a ação – Este é, na verdade, o primeiro estágio do planejamento da ação. As comunidades, ou pelo menos seus líderes naturais, devem ganhar controle dos resultados da pesquisa para poderem definir os objetivos específicos da ação, distinguindo objetivos prioritários e secundários e estabelecendo uma escala de tempo – cronograma – como parte do desenho estratégico da ação.

> **EXEMPLO DE OBJETIVOS ESPECÍFICOS, DEFINIDOS PELO MESMO GRUPO DE MULHERES IRLANDESAS**
>
> Objetivos prioritários: criar uma organização de mulheres trabalhadoras na comunidade; fazer um estudo preliminar para a criação de uma cooperativa de trabalhadoras; iniciar uma interação com a direção e os professores das duas escolas públicas da área.
>
> Objetivos de seguimento: envolver a juventude e os maridos na criação de dois grupos mistos para discussão e ação em torno de temas de gênero; criar um apoio psicológico na clínica local para lidar com problemas de gênero.

> **EXEMPLO DE OBJETIVOS ESPECÍFICOS, EXPRESSOS PELO MESMO GRUPO DE COOPERATIVISTAS DO RIO DE JANEIRO**
>
> Objetivo prioritário: criação de um catálogo de empreendimentos cooperativos e associativos para viabilizar e estimular o intercâmbio solidário de bens e serviços no interior do próprio sistema da socioeconomia solidária.
>
> Objetivo de seguimento: criação de uma cooperativa de comercialização dentro do Fórum de Cooperativismo Popular que dinamize as compras e vendas dos empreendimentos-membros do Fórum tanto no mercado capitalista quanto no mercado solidário.

5. Missão / Compromisso – Depois que a visão e os objetivos foram consensuados, é o momento de elaborar o contrato social que unirá a comunidade em torno das ações de autodesenvolvimento. Estas ações estão relacionadas com procedimentos concretos, mas também com as tomadas de decisão autogestionárias e coletivas. Em termos simples, quem vai ficar responsável pelo que e como é que serão tomadas as decisões operativas. Estabelecer os termos do compromisso também envolve os trabalhadores sociais. Estes termos devem especificar o alcance e os limites do seu papel, assim como a metodologia da sua intervenção.

> ### Exemplo de Missão e Compromisso, Expressos pelos Trabalhadores de uma Unidade de Produção Estatal na Nicarágua
>
> Missão da comunidade: planejar localmente o desenvolvimento da UPE e da comunidade, mobilizando quanto possível recursos locais e da própria comunidade; oferecer este plano do nosso desenvolvimento à Secretaria do Plano da nossa região e ao Ministério do Plano, em Manágua. Realizar este plano da melhor maneira possível, em combinação com o plano de desenvolvimento regional e nacional. Missão do Estado: oferecer os serviços e os recursos suplementares necessários para viabilizar o plano de desenvolvimento local; fornecer o material técnico e equipamentos para as diversas áreas de desenvolvimento, inclusive alguns técnicos locais; respeitar a autonomia relativa da comunidade e ajudá-la a desenvolver sua capacidade de autogestão.
>
> Compromissos da comunidade: estudar, apropriar-se das técnicas, do conhecimento e do espírito crítico para encontrar novos caminhos para a produção e para a melhora da nossa vida de comunidade; desenvolver sempre mais nossa capacidade de autogestão e nosso espírito cooperativo.

> Compromissos do Estado: os técnicos dos diversos Ministérios trabalharão em colaboração, tomando a comunidade como um todo e como o sujeito principal do desenvolvimento local (e não o Estado)[149] (Marcos Arruda, Nicarágua, 1988, Diário de Campo VII).

6. Plano de ação – Este é o momento de fazer um plano que tem duas dimensões: a primeira, estratégica, relacionada com as diretrizes gerais para o processo que visa a realização dos objetivos, tomando a situação e os sujeitos que foram identificados na pesquisa como pontos de partida; a segunda, tática, relacionada com as ações e procedimentos imediatos que concretizarão o processo de desenvolvimento no cotidiano da comunidade. O plano deve abranger todos os aspectos da realidade da comunidade que devem ser objeto do trabalho de desenvolvimento: educação, saúde e nutrição, cuidado materno-paterno-infantil, saneamento, produção e distribuição de bens e serviços, transporte, finanças, consumo, abastecimento, comércio, lazer, segurança etc. Deve tomar em consideração os recursos materiais e as capacidades humanas da própria comunidade, em primeiro lugar, e de fora dela, num plano complementar. Os planos estratégico e tático devem incluir uma clara partilha das responsabilidades e especificação das funções dos diversos agentes do desenvolvimento articulados de forma orgânica no coletivo, suas relações entre si e com agentes e instituições externos.

---

[149] A reunião com a Comissão Interinstitucional (constituída pelos vários Ministérios, organizações de massa e FSLN) de que participei, em Matagalpa, 21/8/88, comprovou a seriedade com que comunidade e Estado tomavam as respectivas missões e compromissos. A visita que fiz a uma classe de alfabetização nesta UPE – La Fundadora, em Jinotega, está anotada assim: "Chove torrencialmente. Rida, a animadora, procura uma notícia do jornal que eu trouxe para servir de base para a aula. Uma companheira traz o *Amanecer del Pueblo* (a cartilha feita pelo Vice-Ministério de Educação de Adultos). Rida chama um e outro para ler. O companheiro da vigilância tem um fuzil pendurado no ombro e um lápis espetado no cabelo. Outro lê, baixo, quase para si mesmo. O barulho da chuva não deixa sua voz alcançar a classe. A partir do tema dólar/lucro, café e algodão, começa uma discussão sobre exportação e importação, divisas, produtos. O pessoal lê corretamente, falta aprender a respirar corretamente, a falar alto e a comunicar-se" (Diário de Campo, Nicarágua VII, 1988).

7. Ação – Este é o momento de levar à prática as ações e procedimentos previstos no plano. É a dimensão crucial do processo de desenvolvimento, a dimensão prática, em oposição aos momentos anteriores, que são mais relacionados ao pensamento, à reflexão, à teorização. É o teste da correção dos momentos anteriores. É o espaço real de mudança objetiva, mas tem um poder, inerente a ele, de realizar também mudanças subjetivas. Noutras palavras, refazendo o mundo, o ser humano também se refaz a si mesmo. A ação de cada membro do coletivo, de cada grupo que compõe a comunidade, deve desdobrar-se em harmonia com os outros, de forma orgânica e concertada. Neste processo surgem conflitos internos, que devem ser trabalhados com confiança e transparência, sem que o ego de cada um se intrometa ao ponto de antagonizar as relações e enfraquecer os laços comunitários e as possibilidades de êxito do plano. Os caminhos do diálogo e da experimentação prática são os únicos que podem superar esses conflitos de forma satisfatória, pacífica e sustentável.

8. Avaliação / Nova Pesquisa – Este é o momento de questionar a ação, as realizações, o método, o envolvimento dos seus protagonistas, à luz dos objetivos e visão preestabelecidos. Consiste numa pesquisa sobre a nova situação objetiva e subjetiva gerada a partir da ação que foi realizada. Abre o espaço para um novo ciclo de desenvolvimento, envolvendo uma rediscussão da visão, dos objetivos e do compromisso à luz da experiência acumulada e das novas percepções. Exige um novo ciclo de planejamento que serve para corrigir os desvios estratégicos e para detalhar a nova etapa de ação. Também serve à finalidade de tornar os protagonistas mais conscientes dos seus próprios potenciais e capacidades, como o de trabalharem e criarem coletivamente, o de se empoderarem por meio desta cooperação, o de gerirem juntos seu próprio processo de desenvolvimento etc.

Resumindo, a Educação da Práxis é um meio de empoderamento de pessoas e comunidades para que se tornem sujeitos do seu próprio desenvolvimento e da sua própria educação. A Metodologia da Práxis é um roteiro teórico de abordagem educativa emancipadora. Ela se aplica tanto à educação quanto a toda ação de desenvolvimento social, econômico, político, cultural e ambiental. A educação, em particular, é uma dimensão essencial do desenvolvimento comunitário. Deve estar associada ao plano de desenvolvimento comunitário e deve ser uma *educação integral* e também uma *Educação da Práxis*, a fim de realizar o objetivo de um desenvolvimento integral através da metodologia da práxis. Deve tomar a realidade da comunidade como fonte de onde extrair os elementos para um programa educacional, calendário, ritmo etc., assim como para o desenho dos currículos e métodos e a escolha das técnicas educativas. Uma educação dialógica requer que os estudantes se envolvam ativamente no processo educativo, preferivelmente desde a etapa da pesquisa e da definição do programa até a da avaliação da sua implementação e planejamento das etapas seguintes.

5. Educação para uma economia do amor

Uma parte substancial do Livro 2 foi dedicada à reflexão crítica sobre as premissas equivocadas do paradigma econômico dominante, centrado na globalização do capital e na mercantilização de tudo e de todos. Demonstrei também que o capitalismo e todo sistema centrado na produção e acumulação de bens materiais acima do bem-viver de cada um e de todos os seres humanos desfiguram e alienam o sentido profundo do trabalho e bloqueiam o desenvolvimento dos potenciais superiores do ser humano, pessoa, sociedade e espécie. Postulei que a globalização em curso, apesar dos riscos e ameaças à própria sobrevivência do ecossistema que nos mantém, carrega nele também diversas oportunidades de progresso e avanço evolutivo para o *Homo*, em particular fornecendo as bases objetivas para a emancipação do trabalho. Elaborei também sobre a visão e as práticas que fundamentam minha tese de que o trabalho humano é não apenas um fato ontológico, mas, sobretudo, um fator ontogenético, antropopoiético e um fator de convivialidade. Explorei alguns cenários relativos ao futuro do trabalho e avancei propostas para a reorganização da economia, do dinheiro, da sociedade do trabalho e do Estado na perspectiva de desencadear os potenciais evolutivos do *homo* em harmonia dinâmica com a Natureza e a Terra.

As práticas que nos interessam aqui incluem, todas, um componente político-econômico e um componente educativo.

- **Fórum de Cooperativismo Popular do Rio de Janeiro (FCP),** em particular e mais recentemente a Rede de Socioeconomia Solidária da Zona Oeste. Trata-se de cursos e oficinas de viabilidade socioeconômica e socioeconomia solidária para pessoas que participam de empreendimentos e entidades do FCP. Tais atividades colocam em prática em contextos específicos os lineamentos da Metodologia e da Educação da Práxis. 1) Partimos da experiência acumulada dos participantes e de sua demanda específica. 2) Construímos o conteúdo e o método das oficinas com os participantes. Com eles também avaliamos as oficinas e tiramos lições para as seguintes. 3) Trabalhamos uma combinação de conteúdos que inclui: a) a formação no campo da viabilidade socioeconômica – pesquisa, cálculo de viabilidade, critérios para a tomada de decisões sobre o produto, o modo de produzi-lo e de apresentá-lo visando satisfazer a determinada demanda, a participação em cadeias produtivas solidárias, a colaboração na criação de um mercado solidário no qual as trocas materiais são realizadas no contexto maior que é a relação humana e social; b) a desconstrução e reconstrução de conceitos, tais como trabalho, ser humano, necessidades, liberdade, democracia, socioeconomia, solidariedade, mercado, *o fio da navalha* etc.; c) o desafio da construção de redes de colaboração solidária e os modos de realizá-las com ousadia e espírito inovador, no sentido de uma crescente corresponsabilidade pelo que é próprio de cada um e pelo que é coletivo; d) o desafio das grandes transformações nas esferas nacional, continental e global; e) tendo construído uma visão global e profunda dos processos, como replanejar a ação de modo a contemplar todas essas dimensões da realidade a transformar.
- **Grupo Nacional de Trocas Solidárias:** A iniciação e o desenvolvimento deste grupo se dão como experiências ao mesmo tempo so-

cioeconômicas e educativas. A finalidade é aproveitar toda a capacidade produtiva da cidadania, inclusive daquelas pessoas que sofrem da marginalização decorrente do desemprego e da aposentadoria. É também contribuir para o resgate do sentido profundo do dinheiro, e para o desenvolvimento de formas solidárias de trocas de bens, serviços e saberes. Os participantes vivenciam nas oficinas de trocas solidárias a possibilidade de oferecer produtos e conhecimentos, seja para troca direta – escambo –, seja para venda por meio de um moeda criada pela própria rede. No Rio existiu o Tupi, do Mutirão Quilombo, e o Zumbi, do Mutirão de Nova Iguaçu. Em São Paulo, o Bônus. Em Fortaleza, o Palma.[150] Em Buenos Aires, vários tipos de Crédito. No México, o Tlaloc. Em Ithaca, EUA, a Hora (ou o Dólar do Tempo), e muitos outros em diversos países. Desta forma, os participantes utilizam uma moeda que realiza a função de mediar as trocas, mas que não implica taxas de juros nem reserva de valor. As trocas ocorrem num clima de confiança e irmandade, que realça a relação social que as constituem, gerando um fluxo de energia muito mais eficiente do que a troca meramente material. Na Argentina, o governo de Buenos Aires concordou com o uso do Crédito para pagamento de impostos. Em Ithaca,[151] diversos estabelecimentos comerciais já aceitam a Hora de Ithaca lado a lado com o dólar. Cada mutirão ou clube da rede envolve a educação solidária, tanto prática – através das feiras de trocas solidárias – quanto teórica – através de breves apresentações e discussões nas reuniões que antecedem as feiras e também mediante cursos e oficinas para pessoas que serão iniciadoras de outros mutirões da Rede.

- **Central de Cooperativas Autogestionárias do Rio Grande do Sul e Rede de Economia Popular e Solidária do RS.** A convite de sindicatos, da CUT-RS, de cooperativistas e de governos locais, no último quinquênio dos anos 90, visitei frequentemente aquele estado para realizar cursos e oficinas sobre globalização e socioeconomia solidária,

---

[150] http://noticias.terra.com.br/brasil/interna/0,,OI334205-EI306,00.html
[151] http://www.geocities.com/RainForest/7813/ccs-ithi.htm

cooperativismo autogestionário, redes de colaboração solidária, relação Economia-Estado-Sociedade etc. Tais cursos e oficinas contribuíram para uma articulação cada vez mais coerente entre cooperativas e associações urbanas e rurais, uma abertura do sindicalismo para a busca de caminhos associativos e cooperativos de redefinição e reestruturação e uma sensibilização de governantes locais para o desafio de um projeto socioeconômico autogestionários e solidário, no qual o Estado tem um papel importante como fomentador, orquestrador e incentivador.

- **Rede de empreendimentos cooperativos autogestionários da Espanha.** A convite dos espanhóis, fiz uma visita de trabalho de quase dois meses a três regiões do Estado espanhol em 1996, para realizar cursos e seminários e também para conhecer a práxis cooperativa e educativa da Rede. Foi um tempo de mútua aprendizagem que trouxe grandes benefícios para o PACS e para o desenvolvimento das Redes solidárias que mencionei acima. Essa colaboração culminou com a realização de um Encontro Latino de Cultura e Socioeconomia Solidárias em agosto de 1998, em Porto Alegre, que consistiu numa vivência educativa de grande riqueza para todos que dele participaram. A partir do Encontro Latino, alguns países fizeram encontros nacionais, como o Peru, o México e o Brasil. Em cada país surgiu uma Rede Nacional, articulando as diversas redes e fóruns setoriais e dando uma perspectiva sistêmica ao projeto de uma economia de solidariedade. No Brasil, surgiu a Rede Brasileira de Socioeconomia Solidária, em 2000, e o Fórum Brasileiro de Economia Solidária, em 2002. Nas diversas edições do Fórum Social Mundial, em Porto Alegre, em Mumbai e em Nairobi, as redes se articularam e promoveram eventos de Economia Solidária que deram uma projeção internacional ao projeto de outra economia centrada no ser humano e no trabalho emancipado.
- **FBES – Fórum Brasileiro de Economia Solidária.**[152] A prática da Economia Solidária não se basta no campo da sociedade civil. Ela precisa ganhar aliados e ocupar espaços nas instâncias de governo. Precisa

---

[152] http://www.fbes.org.br

trabalhar para introduzir os valores da responsabilidade, pluralidade e solidariedade também na sociedade política e tranformá-los em políticas públicas que facilitem e promovam a emergência de uma nova consciência e uma nova realidade socioeconômica, política e cultural. O FBES nasceu do esforço das redes e entidades brasileiras atuando na Economia Solidária de negociarem com o recém-eleito Presidente Lula, ainda em 2002, a criação de uma Secretaria de Governo dedicada à promoção da Economia Solidária, tanto na frente jurídica quanto das políticas públicas. Na estrutura do Ministério do Trabalho e Emprego nasceu, então, a SENAES – Secretaria Nacional de Economia Solidária – e no espaço da sociedade civil as redes e fóruns convergiram para formar o FBES, como interlocutor preferencial do movimento com a SENAES e o Governo Lula. Seis anos depois, o FBES articula o conjunto de fóruns e redes estaduais e locais em quase todos os estados brasileiros e está articulado com redes e fóruns de outros países e com a RIPESS.

- **RIPESS – Rede Intercontinental para a Promoção da Economia Social Solidária.**[153] Ativistas do cooperativismo no Peru, Senegal e Québec (Canadá) organizaram o primeiro Simpósio sobre Globalização da Solidariedade em Lima, em 1997. Semelhantes simpósios foram realizados em Quebec, em 2001 e Dakar, em 2005. Desta dinâmica nasceu a RIPESS, com participantes dos vários continentes – um desdobramento de grande importância para a viabilização do projeto de uma globalização cooperativa e solidária.
- **ALOE – Aliança por uma Economia Responsável, Plural e Solidária.** Sucedeu o Polo de Socioeconomia Solidária (PSES), criado em 1998 no contexto da Aliança por um Mundo Responsável, Plural e Solidário. A Aliança emergiu de um documento elaborado por intelectuais de fala francesa da Europa e África, em 1993, a "Plataforma por um Mundo Responsável e Solidário". O objetivo da Aliança era não deixar que a Plataforma permanecesse apenas um documento no pa-

---

[153] http://www.ripess.net/es/default.htm

pel. Tendo recebido ampla adesão de personalidades de várias partes do mundo, os autores do documento, organizados pela Fundação Charles Léopold Meyer para o Progresso Humano, sediada em Paris, perguntaram-se se o que faltava era ação inovadora, e a resposta foi *não*. O que faltava era *articulação* entre aqueles que em diferentes partes do mundo estão dedicados a construir e criar o novo. A Aliança pretendia oferecer este espaço aberto, não dogmático e não hierárquico para a articulação, colaboração, construção conjunta de princípios e práticas para um Mundo que se organize em torno de valores como a corresponsabilidade, a governança democrática, a pluralidade socioeconômica e cultural e a solidariedade entre seres humanos e entre o *Homo* e a Natureza. O PSES era o espaço na Aliança para a colaboração em torno das temáticas ligadas a Economia-Estado-Sociedade e oferecia oportunidade para atividades organizativas e educativas de grande potencial inovador. Organizaram-se 15 grupos de trabalho temático, que se articularam eletrônica e presencialmente, em encontros esporádicos, para elaborar coletivamente documentos de propostas inovadoras, numa dinâmica riquíssima de diálogo multicultural que culminou com sua apresentação num encontro internacional realizado na Escócia, em junho de 2001. Seguiu-se uma nova etapa de diálogo, sistematização de práticas e produção de textos e publicações. Este ciclo concluiu-se em 2005, e dele surgiu a mudança de nome e de natureza do PSES para ALOE – agora, uma Aliança orientada para a reflexão e a partilha de materiais visando contribuir para uma práxis sempre mais competente, eficaz e inovadora no campo da economia social solidária.

É nesses espaços que confluem todas as reflexões sobre que trabalho para que ser humano e que educação para que trabalho. As iniciativas mencionadas são portadoras de um projeto e uma prática inovadores do ser humano e do trabalho. Partindo do reconhecimento de que somos seres convergentes, cuja vocação ontológica e histórica é colaborar sinergética e solidariamente para o bem-viver de cada um e de todos em harmonia sustentável com a Natureza, estamos refazendo a economia a partir "de baixo", tomando como sujeitos as pessoas e seus sistemas de relações. Fazemos expandir fractalmente os intercâmbios materiais e humanos do micro até o macro. Através dessa práxis, inauguramos as bases de uma globalização cooperativa e solidária.

Riscos? Dificuldades? Temos consciência de que estão presentes fora e dentro de nós. Mas nossos empreendimentos são certamente menos arriscados do que a megaempresa Brasil Neoliberal, hoje extremamente vulnerável e sempre na beira de um abismo. O mundo do capital escolheu projetar no futuro apenas uma crescente sofisticação técnica, e isto às custas da promoção da barbárie nas esferas social e humana. Ele representa o paroxismo da ordem do Masculino. Nós trabalhamos com o presente e o futuro, haurindo e aprendendo do passado tudo que de boa tradição ele nos oferece. Nossa práxis é a do Feminino Criador (Boff e Arruda, 2000: 119-143). Com esses empreendimentos está despontando uma economia que não se limita mais aos atos de vender, ocupar, penetrar, controlar, mas também acolhe, recebe, compartilha. Tais perspectivas foram emergindo na nossa práxis a partir do nosso envolvimento político-educativo nos diversos contextos político-educativos mencionados acima, colaborando para a construção das bases objetivas e subjetivas de um socialismo enraizado nos povos e nas suas culturas, endógeno e autogestionário, fosse na Guiné ou na Nicarágua, nas Filipinas ou no Brasil.

Do contexto de uma Economia da Práxis em construção, conforme vimos mostrando ao longo desta obra, têm surgido experimentos sempre mais ricos de Educação da Práxis. Os espaços da socioeconomia solidária são espaços privilegiados para o florescimento de uma educação emancipadora, não apenas de jovens e adultos, mas também de crianças.[154] No universo do Movimento dos Trabalhadores Rurais sem Terra, muitas crianças dos acampamentos e sobretudo dos assentamentos de reforma agrária vivenciam uma experiência que liga o trabalho de produção e comercialização cooperativas com a educação. Colaborando com suas famílias em tarefas da produção e

---

[154] Ler o capítulo 3 do livro de Roseli Salete Caldart (2000: 143-198, em particular as p. 194-198).

trazendo suas vivências para a escola elas aprendem a refletir sobre sua vida familiar e laboral e têm na escola o incentivo para ir sempre mais além na aprendizagem... para a vida. Caldart (2000: 195) enfatiza, reforçando a visão de Cabral e Freire, que o próprio MST é uma grande escola para as crianças e também para os jovens e adultos. Este é um aspecto crucial da Educação da Práxis. A ação transformadora, seja ela o trabalho, a luta social ou o embate político, é a fonte primeira da aprendizagem da Práxis.

Uma abordagem educativa particularmente convergente com a Educação da Práxis, batizada de "Aprendizagem Cooperativa", foi desenvolvida por educadores norte-americanos, D. W. Johnson, R. T. Johnson, E. J. Holubec e K. A. Smith, nos anos 80 e 90, e apresentada em diversos livros atualmente disponíveis em inglês e em francês. Denominada em francês de "Aprender Juntos", essa abordagem acentua o desenvolvimento psicossocial do educando.[155] É uma metodologia não mecanicista da aprendizagem cooperativa, que atribui aos educadores e educandos o poder de combinar e aplicar criativamente seus elementos constituintes à maior parte dos campos de conhecimento e em todos os anos de aprendizado. Seus componentes incluem a *interdependência positiva, as interações positivas, a responsabilização, as habilidades sociais a trabalhar em grupo e a refletir em grupo*. Uma peculiaridade é a priorização da apropriação de *técnicas de interação positiva em grupo* em relação ao domínio da matéria de estudo (evocando o aforismo "o meio é a mensagem"). A Educação da Práxis, por sua vez, postula que o empoderamento dos educandos para tornar-se sujeitos do seu próprio pensar, saber, fazer, transformar e viver emerge tanto do crescente domínio dos modos positivos de colaboração quanto da apropriação dos diversos saberes e técnicas cooperativas.

Também no método "Aprender Juntos" o *diálogo* é um modo de relação fundamental dos métodos cooperativos de ensino-aprendizagem. Toda interação do grupo é refletida por cada membro e discutida entre eles e

---

[155] Esse e outros métodos cooperativos estão sintetizados com competência por Abrami et al (1996: 157-181).

com o educador. O sentido da interdependência positiva é definido como a consciência que todos do grupo desenvolvem de ter necessidade uns dos outros para realizar *o objetivo ou o projeto comum*. Diversos meios são usados para estabelecer uma interdependência positiva no interior dos grupos, como dividir tarefas e responsabilidades de maneira rotativa e estimular a ajuda mútua durante a realização dessas tarefas. O mesmo se promove entre os grupos. É neste contexto que é possível lidar de maneira construtiva com as contradições e conflitos que eventualmente emergem entre as pessoas e entre os grupos. Uma dimensão importante das interações positivas consiste no estímulo a que cada participante *expresse seu entusiasmo e manifeste seus sentimentos*. Ainda que esteja concebido no contexto escolar norte-americano, em que o trabalho e a vida são mantidos do lado de fora da escola, estimamos que esse e outros métodos de ensino-aprendizagem cooperativo favoreçam a construção de práticas econômicas e de uma cultura cooperativa e solidária nas crianças e jovens e podem ser um poderoso fator de estímulo à transformação cultural de jovens e adultos trabalhadores. Eles têm o mérito de buscar combinar forma e conteúdo, estudo e vida, e de concertar uma metodologia cujos procedimentos são coerentes com a mesma finalidade do ensino-aprendizagem.

Todo espaço que logra articular a ação econômica emancipada com a ação cultural emancipada tem o poder de edificar sujeitos integrais do conhecimento e da política. Este postulado não extrapola as evidências que vimos oferecendo nesta trilogia. Trabalhar é um ato político. No trabalho alienado, a violência maior está justamente em o trabalhador ser *desempoderado* do seu trabalho, dos frutos dele e da sua própria identidade enquanto ser humano trabalhador; na educação alienada, crianças e jovens são treinados a pensar e agir de modo subordinado, a adequar-se passiva e acriticamente a uma situação dada, a acreditar que seu esforço e sua vitória devem ter por recompensa a derrota do outro. No trabalho emancipado o trabalhador renasce no empoderamento para transformar a Natureza, para criar o útil, o bom e o belo para si e para os outros, para gerir as diversas "casas" que o acolhem, enfim, para conduzir conscientemente, como indivíduo e comunidade, seu desenvolvimento, sua história e seu devir. A Educação da Práxis é o caminho que garante que este processo de empoderamento seja ascendente, progressivo e ininterrupto. Ela é ao mesmo tempo fato e fator da Economia da Práxis – e o amor é a Práxis por excelência (Arruda, 1989)! Ela garante a superação contínua de si próprio, emula o sentido de responsabilidade individual por si próprio e pelo coletivo e promove a autogestão como modo de ser individual e coletivamente responsável. Ela também ajuda a resistir e superar a "tentação" cotidiana do pseudoconcreto, arma ideológica das classes opressoras. O Educador da Práxis é o apoio e o guia para que esse processo de empoderamento se realize integralmente. É com ele que desejo concluir este livro.

6. O educador da Práxis

Focalizemos, por fim, o papel da Educadora e do Educador da Práxis, na forma de síntese das diversas referências feitas a ela/ele ao longo deste trabalho. Começo recordando a lamentável limitação do nosso idioma, como fiz no início da trilogia: não temos formas gramaticais que incluam o feminino e o masculino sem subsumir o feminino no masculino. Quando falamos em *educador*, estamos todo o tempo escondendo o fato de que talvez numericamente o maior número seja de *educadoras*. É com esta consciência e desconforto que utilizo o termo genérico Educador da Práxis nesta obra. Espero que um dia inventemos uma maneira menos falocrática de nos expressarmos.

Educador da Práxis e a arte de viver

O Educador da Práxis tem um papel fundamental, mas contraditório, que o obriga a caminhar *no fio da navalha*. Por um lado, ele é quem garante que os educandos vão apropriar-se dos conhecimentos, saberes e técnicas para assumir-se enquanto cidadãos e enquanto seres capazes de autogerir seu próprio desenvolvimento, individual e coletivo. Por outro, ele tem por vocação tornar-se dispensável enquanto educador, à medida que os educandos vão ganhando crescente autonomia no saber e no fazer, o que se consuma quando assumem plenamente a responsabilidade sobre si próprios e seu processo de conhecer e desenvolver-se. Preparar-se para esta atividade complexa e desafiadora é tarefa de toda a vida.

De que educador e educadora estamos falando? Não apenas dos que ensinam nas escolas e universidades, mas de todos aqueles que têm uma relação de autoridade com outros. Pais, jornalistas, gente da mídia, empresários, dirigentes sociais, políticos, governantes, médicos, enfermeiros, mães de família, todos somos chamados a ganhar consciência do nosso papel educativo, inseparavelmente ligado à autoridade da relação hierárquica que a nossa função social nos concede. Todos somos chamados a transformar esta relação hierárquica numa relação emancipadora. Emancipação resulta, aqui, daquele ato supremo de amor que é colaborar altruisticamente com o empoderamento do educando, consciente de que o objetivo é que ele alcance, e mesmo ultrapasse, o saber-fazer e o saber-ser do próprio educador. A ideia de que isto só poderá acontecer mediante uma perda de poder por parte dos que detêm a autoridade é mais um artifício pseudoconcreto. "Perder" poder, quando seu parceiro de vida e trabalho se empoderou, pode até ser uma perda nominal, mas é certamente um ganho real – ganho de liberdade e de responsabilidade partilhada ou corresponsabilidade. O ponto de chegada ideal de todas aquelas pessoas ocupando funções sociais de mando é o da autonomia e autogestão efetiva e plena por parte dos seus comandados – a consumação do seu empoderamento. Não há como escapar do chamado radical de Amilcar Cabral: a vocação de todo educador da Práxis inclui realizar conscientemente o "suicídio de classe", e a consumação desta vocação é a prova e o prêmio pela sua impecabilidade enquanto Educador da Práxis.

Todo trabalho educativo fundado na Práxis aponta no sentido de um processo interativo educador-educando no qual ambos ensinam e ambos aprendem, mediante ações que envolvem intercâmbios verbais e intervenções na própria sociedade e na natureza ou na ação e na relação educativa do educador e dos educandos com a sociedade e a natureza. O saber do educador, supostamente maior e mais erudito que o dos educandos, é relativo ao seu universo cultural e situação social. Portanto, tende a estabelecer uma relação complexa e contraditória com o saber dos educandos jovens e adultos. Saber administrar esta relação no sentido de superá-la mediante o diálogo, a mútua aprendizagem e a crescente autonomização dos educandos no pensar e agir, e não a mera reprodução por estes do saber absorvido do educador ou dos autores estudados, este é o grande desafio para o Educador da Práxis.

Em termos mais concretos, seu objetivo é que os educandos desenvolvam tanto sua própria capacidade de *conhecer e atuar criativamente* no seu respectivo campo de saber, trabalho e vida, que neles possam igualar e mesmo superar o próprio educador. Este seria talvez o critério mais acurado para se avaliar o sucesso ou fracasso de uma ação, processo e agente educativos.

É o Educador quem decide a metodologia a adotar, é ele quem escolhe dialogar ou não com os educandos, confrontar com eles a sua intencionalidade e acolher ou não as deles. É ele que abre ou não o espaço do momento e do processo do ensino-aprendizagem para a genuína participação dos educandos, inclusive na escolha da abordagem educativa e do método a adotar com aquele coletivo de alunos.

Mas há uma outra abordagem da Educação da Práxis, complementar a esta, que merece menção aqui. É a da educação do Tao, ou do Zen, vivenciada e narrada com grande beleza pelo filósofo alemão Eugen Herrigel. Para ela, "sob a influência do Zen *a habilidade se espiritualizou* e o praticante dessas artes se transformou, vencendo-se a si mesmo e de si mesmo se libertando por etapas" (Herrigel, 1975: 87). Posso afirmar que este é talvez o maior objetivo do Educador da Práxis na relação com seus educandos: ajudá-los a libertar-se de si mesmos, a identificar-se plenamente com os outros e o mundo como parceiros do conhecimento até o ponto de "desprender-se do próprio Eu" e adotar uma intencionalidade "sem intenção". Esta é a arte não apenas de "ser profissional" em qualquer coisa, mas, mais ampla e profundamente que tudo, esta é a arte de *viver*. E, para o Educador da Práxis, a única forma de ensiná-la é vivendo-a.

O Educador da Práxis está desafiado a compreender o *Homo* nesta totalidade concreta, se quiser ser plenamente educador, isto é, se quiser contribuir para que o educando aprenda a educar-se em cada uma das suas dimensões e para cada uma das suas relações. Os currículos e programas educativos precisam refletir este conceito de ser humano, se quiserem que seus educandos sejam de fato protagonistas do seu próprio desenvolvimento, individual e coletivo, e não objetos de alienação.

Cabe ainda ao Educador da Práxis colaborar ativamente para a formação de uma *massa crítica* de consciência que contribua para a formulação de uma nova visão, capaz de dar um sentido profundo à vida humana. Algumas condições são indispensáveis, entre elas a *consciência* de que o *Homo* usa apenas uma parte mínima do seu vasto potencial físico, psicológico e espiritual; a *vontade* de enfrentar o desafio de depender cada vez menos da opinião dos outros para decidir suas ações e conduta; construir uma *ética* adequada à sua natureza e guiar por ela seu comportamento; incluir entre os seus *valores* éticos fundamentais a cooperação, a reciprocidade, a honestidade, o respeito à bio e à noodiversidade, a complementaridade, a compaixão e o amor ao próximo, a corresponsabilidade e a solidariedade.

Educando o Homo integral para o trabalho livre e criativo

Resumindo este capítulo: proponho que a diversidade de atividades e relações entre seres humanos que compõem o mundo do trabalho emancipado não são necessariamente um obstáculo para o êxito de processos geradores de unanimidade, posto que o substrato comum a todas é o fato de, através de trabalho, saber e criatividade, contribuírem para a geração de riquezas e bem-viver, ao mesmo tempo para si e para a sociedade. O meio ambiente relacional da colaboração solidária é o propiciador indispensável para que as unanimidades se criem e recriem continuamente, num sentido ascendente e sempre mais convergente. Mas a consciência de que este substrato comum é fator potencial de unificação para uma ação transformadora eficaz no campo socioeconômico, político, cultural e socioambiental não emerge espontaneamente. É neste contexto que retorno à proposição da Educação como uma atividade essencial para o desenvolvimento desta consciência, nas crianças, mas sobretudo nos jovens e adultos trabalhadores.

Essa é, de fato, a substância do conceito de Educação da Práxis, omnipresente na obra. Partindo da ideia de que o conhecimento não se dá num espaço pretensamente abstrato da mente racional, mas vem evoluindo como dimensão intrínseca da própria ação do ser humano sobre o mundo e sobre si próprio, da discussão sobre os fundamentos gnosiológicos da práxis e de diversas abordagens educativas que buscam edificar uma educação vinculada a processos de emancipação humana e social, concluo que o saber é um processo cumulativo e evolutivo, que emerge da prática de vida e trabalho do ser humano, combinada com seu poder de reflexionar sobre eles e projetar sua ação com crescente liberdade, e sempre mais esclarecida intencionalidade.

A Educação da Práxis é um caminho para a construção do *Homo* como sujeito do seu trabalho, da sua criatividade e do seu educar-se. Ela situa o *Homo* histórica e socialmente e lhe oferece os saberes e instrumentos para que defina sua visão de mundo e seus objetivos de vida e trabalho, no plano existencial assim como no cotidiano. Ela ensina a fazer escolhas a partir da pesquisa crítica da realidade, a planejar com quem associar-se e como superar os desacordos e desencontros inerentes à interação de seres diferentes uns dos outros, que têm interesses e necessidades comuns a cultivar e satisfazer. Como ser pessoal e social, físico, vital, mental, psíquico e espiritual ao mesmo tempo, portanto um ser altamente complexo num mundo em processo de complexificação crescente, o *Homo* tem de aprender a buscar respostas a esses interesses e necessidades tanto individual como coletivamente.

A Educação da Práxis, enquanto educação omnilateral e omnidimensional, oferece os meios para o *Homo* realizar essa caminhada que envolve a luta, também individual e coletiva, pela emancipação do seu trabalho e pelo aumento do seu tempo disponível para o trabalho de desenvolver sempre mais plenamente os seus atributos e potenciais especificamente humanos. Esta é a Educação para o trabalho de libertar-se e emancipar-se, enquanto pessoa e coletividade. E o trabalho emancipado é aquele que liberta o ser humano para aquele desenvolvimento que vai muito além da manutenção do seu corpo físico.

Minha própria experiência como educador de jovens e adultos é a fonte e a evidência empírica sobre a qual construo minha teoria da Educação da Práxis. Mas estou convencido, também, que é indispensável para o Educador da Práxis ter fé e, mais ainda, convicção de que a autonomia de pensamento e ação, combinada sinergeticamente com a postura conscientemente solidária e amorosa, é vocação humana e a única garantia do pleno desenvolvimento dos nossos potenciais de realização e de felicidade. Concluo com a proposição de que a dimensão cultural da luta pela emancipação social e humana é crucial, e nela ocupa um lugar de destaque o esforço por uma educação orientada para a construção da consciência e das competências de cada educando para assumir a responsabilidade pessoal, coletiva e cidadã de empoderar-se para ser sujeito consciente e ativo das suas diversas "moradas" (*oikos*), do trabalho de relacionar-se e de construir – individual e coletivamente – seu desenvolvimento e sua história.

Em breves palavras, proponho nesta obra que o ser humano não pode dissociar as duas dimensões substanciais do seu ser – a individual e a social – e que o objetivo maior do ser humano é realizar, ao mesmo tempo individual e coletivamente, o mais plena e profundamente possível os potenciais inerentes ao seu ser histórico e cotidiano, a saber, seus sentidos de convivialidade, de estética compartilhada, de comunicação, de comunhão, de transcendência, de solidariedade, de amor. Essa realização é um processo que se desdobra no cotidiano e precisa de um ambiente propício para desenvolver-se. O trabalho humano, entendido como ação consciente de edificar o mundo humano, humanizar a natureza, e edificar-se a si próprio, não pode realizar-se enquanto o trabalhador for subalterno e dependente. Enquanto pessoa e coletividade ele precisa ganhar o controle sobre seus meios de trabalho, a posse e a gestão dos mesmos para que seu trabalho seja de fato expressão de sua liberdade, criatividade e sempre melhor-viver. A aprendizagem para a autogestão de si próprio e do seu desenvolvimento provém de toda a sua prática socioeconômica, mas também dos processos educativos que colaboram para a edificação do seu saber.

Advogo, então, em favor de uma educação orientada para a emancipação e empoderamento do educando e para que os campos de saber sejam concebidos como partes de um Todo maior que é dinâmico e desafia continuamente o ser humano. Neste processo, o Educador da Práxis tem um papel particularmente importante, não como depositário estático do saber, mas como apoio e guia do processo de empoderamento gnosiológico e político do educando. Neste sentido, o Educador da Práxis precisa ser mais que alguém que "professa" o saber num ou noutro campo do conhecimento. Ele é desafiado a ensinar, mais que uma disciplina, a arte de ir sempre mais além, a arte de viver – e de viver sempre melhor. A única forma genuína de ensinar esta arte é vivendo-a e sendo exemplo vivo dela.

Epílogo

O amor, essência da economia e da educação libertadoras

Este epílogo tem um caráter de reflexão pessoal, mas tem igualmente um fundamento científico a ser aprofundado em escritos posteriores. Ele nasceu de um sonho que tive quando estava de férias nas montanhas de Itatiaia. O sonho representou a síntese intuitiva daquilo que tenho pesquisado e praticado durante muitos anos, na forma de economia e educação solidárias. O seu eixo libertador se manifesta, e com ele, sua essência amorosa. Note-se que quando introduzo o amor na discussão sobre economia e educação, não o faço a partir de um ponto-de-vista moral ou ético, mas sim como lei da própria evolução e, em nível mais complexo e elevado, lei do próprio desenvolvimento humano e social. Nosso livre arbítrio nos permite contrariar, distorcer e até tentar abolir essa lei da natureza, seja no plano da nossa ação cotidiana, seja na esfera da vida social e enquanto espécie, na nossa relação com outras espécies, com a Terra e com o Cosmos. Mas isso não muda o fato de que a lei continuará existindo, enquanto existir a natureza, e continuará buscando seguir seu caminho, como a água descendo da montanha que, frente a qualquer obstáculo, a contorna ou se mete dentro da terra na busca insaciável de chegar ao mar. Como parte da minha abordagem deste tema complexo e tão importante, incluo, pedindo licença aos que me leem, alguns comentários sobre a espiritualidade ou a dimensão mais profunda do tema do amor. Seguindo a tradição de Teilhard de Chardin, explicito abaixo o meu respeito àqueles que não se sentem motivados por essa questão.

O amor é a aceitação do empoderamento do Outro.

O amor é a plena aceitação, o pleno apoio ao Outro para que ele seja ele próprio, para que ele se empodere para desenvolver-se plenamente, o que significa desenvolver plenamente seus potenciais, a unicidade da sua personalidade e da sua sociabilidade, da sua espiritualidade e da sua amorosidade.

O amor é a práxis por excelência. A plena aceitação do Outro se dá ao mesmo tempo no abstrato – no campo conceitual, no campo do entendimento e da consciência, no campo da história e da meta-história – e no concreto – no campo relacional, no campo das interações cotidianas, no campo da física e da metafísica. Sem a prática amorosa, toda ideologia, toda filosofia e toda retórica são vãs. A prática amorosa se chama *cuidado*. Cuidar significa agir com a atenção e o coração voltados para o sujeito ou o objeto da nossa ação.

A práxis amorosa não se limita ao Outro humano, mas abrange toda a Terra, todo o Cosmos, a quem estamos ligados por laços indissolúveis de solidariedade. A energia primordial, que impulsa do menos para o mais, da matéria para a vida, do caos para a organização, do automatismo para a autonomia, da simplicidade para a complexidade, do físico para o mental e para o sempre mais espiritual, esta energia informa o Cosmos inteiro e anima cada ser e cada processo. A cada um deles deve orientar-se a nossa práxis amorosa, o nosso cuidado.

O amor é a plena aceitação da noodiversidade. Na *perspectiva egocêntrica*, caracteristicamente masculina, o fato de o Outro ser diferente aparece como uma ameaça. Não podemos evitar, contudo, que o Outro seja diferente. Mas podemos escolher combatê-lo porque é diferente, tomá-lo como adversário ou inimigo a submeter, excluir ou destruir. Na *perspectiva ecocêntrica*, atributo do Feminino, o Outro é o que não sou, tem talentos, capacidades, percepções físicas, intelectuais, psíquicas e espirituais que não possuo e que podem enriquecer-me. Portanto, somos complementares. *Enriqueçamo-nos mutuamente com nossas diferenças*, ensina-nos Paul Valéry. A aceitação, inclusão e promoção do Outro me enriquecem e me amplificam. A submissão, exclusão ou destruição do Outro me empobrecem e me reduzem.

O amor implica necessariamente *libertação* ou processo de construção de crescente *liberdade*. A aceitação do Outro obriga a reconhecer o Outro plenamente como um centro irradiador de energia vital, psíquica, espiritual, amorosa; como alguém que deve ser plenamente respeitado nos seu direito de ser sujeito e convocado a assumir e realizar suas responsabilidades e aproveitar as oportunidades que lhe oferece a Vida de desenvolver-se plenamente como sujeito, como ser amoroso. A aceitação do Outro implica a partilha de toda informação necessária ao empoderamento do Outro para o autodesenvolvimento. Só com informação, com uma efetiva aproximação do Real-movimento, é possível a liberdade de escolher. O direito a escolher, porém, implica renúncia. E implica disciplina para aceitar e assumir a renúncia. "Ninguém pode servir a dois senhores." A liberdade do Outro pode parecer limite à minha própria liberdade. Amar é compreender que a liberdade do Outro faz parte da noodiversidade, que sem a liberdade o Outro não pode escolher o Caminho amoroso e pacífico. Mesmo que esta liberdade implique a probabilidade da escolha do caminho desamoroso e bélico. O amor é a plena aceitação da liberdade do Outro. O amor é a aceitação do risco do desamor. Pois a condição do amor, da liberdade do Outro de fazer a escolha amorosa, é o risco de o Outro escolher o desamor.

O amor implica necessariamente *igualização*, ou processo de construção de crescente *igualdade* de direitos, responsabilidades e oportunidades. Igualdade como estado de igual direito de cada pessoa a gerir seu próprio desenvolvimento – portanto, ao *autodesenvolvimento* – e a escolher unir-se a outros – em *comunidade*, ou unidade com (o outro) – no processo de *codesenvolvimento* e de *ecodesenvolvimento*. Reconhecer que o Outro é um centro legítimo de consciência reflexiva e de liberdade me obriga a querer criar o *ambiente propício* para que o Outro desenvolva essa consciência e se aposse plenamente dessa liberdade como condição mesma do desenvolvimento da minha consciência e liberdade. A igualdade implica a perda a superioridade. Quem tem paixão pelo poder não consegue visualizar nem promover a igualdade; sente a compulsão de estar acima ou por cima dos outros. O poder compartilhado promove a igualdade. Implica o reconhecimento do outro como sendo tão digno quanto eu próprio. Implica o *desejo* do empoderamento do outro até o fim da dependência que porventura tenha de mim. O preço é o fim da necessidade que o outro tenha de mim. A condição de ser promotor da igualdade é ser humilde. A humildade, em sua essência, não é uma virtude, mas simplesmente uma percepção realista de si mesmo e dos outros. Ela implica o descobrimento de que todos e todas somos seres humanos e temos a mesma dignidade e os mesmos direitos e deveres, a percepção de que somos todos centros de vida, tesouros de potenciais e de qualidades a desenvolver, complexos únicos de qualidades e atributos a sermos acolhidos e aceitos sem justificação, simplesmente porque *somos*.

O amor implica necessariamente *irmanação*, ou processo de construção de crescente *irmandade*[156] de destino e de luta. A irmandade é a aceitação *ativa* do Outro, a integração *ativa* no coletivo humano e cósmico, não por coerção, não apenas pela partilha do destino e da luta comum pela vida, mas *por escolha consciente e livre*. Aceitação *ativa*, porque cúmplice. Aceitando radicalmente o Outro, sou capaz de me construir com subjetividade e singularidade. Sem o Outro não posso ser eu-próprio. Daí o respeito que devo desenvolver pelo eu-próprio de cada Outro. Sem o Outro, o meu eu-próprio é artificialmente *um eu solitário*. Com o Outro, o meu eu-próprio é naturalmente *um eu-próprio solidário*. Este eu-próprio naturalmente solidário não está protegido das tentações autocráticas e egocêntricas que obscurecem a visão e empurram para relações de dominação, patriarcalismo e prepotência. É preciso um trabalho contínuo e permanente de pesquisa biológica, antropológica, filosófica, ontológica e pneumatológica para que eu supere cotidianamente a tentação *egológica* e desenvolva minha "consciência do Outro", minha "consciência *ecológica*", meu sentido do Outro como Outro, como complementar a mim, como prolongamento e não como projeção de meu eu-próprio.

Essa é a tríade da sabedoria. O processo de emancipação é feito de libertação, igualização e irmanação. O estado emancipado é feito de liberdade, igualdade e irmandade. *Nenhum é plenamente possível sem o outro*. Separados, eles são incompletos e portadores de riscos até fatais. Juntos, eles se complementam e se totalizam no que Teilhard qualifica como *amorização*. É ela a superação da pedra filosofal, é ela a sabedoria encarnada, fonte daquilo que buscamos no fundo de nós e da vida: a felicidade, a paz.

---

[156] *Fraternidade* vem de *frater* que em latim quer dizer irmão. *Soror* quer dizer irmã. Daí minha preferência pelo termo *irmandade*.

Epílogo

Socioeconomia amorosa

Como economista, ajudo o Outro a empoderar-se assumindo seu direito de posse de bens econômicos e de acesso aos recursos necessários para a produção e reprodução da vida. Colaboro com o Outro – sobretudo a trabalhadora e o trabalhador, o oprimido e o excluído – na luta pela conquista desses direitos. Esses bens, tomados não como fins, mas como meios para viabilizar o autodesenvolvimento, serão utilizados individual e coletivamente a serviço deste fim e em função dele.

A radicalidade econômica: não se trata apenas do desenvolvimento físico ou material da pessoa e da comunidade, mas do seu desenvolvimento integral. Trata-se de empoderar-se para a gestão e o cuidado de cada uma e de todas as casas em que habitamos nesta existência terrena. Trata-se de gerir o desenvolvimento de todos os sentidos – físicos, mentais, psíquicos e espirituais, de todos os talentos, atributos e qualidades que possuímos e que nos foram cedidos pela vida. Daí o termo "autodesenvolvimento integral" e as noções de desenvolvimento e educação "omnilateral e omnidimensional". O objetivo último da atividade econômica não é o bem-estar, mas o mais-ser (Teilhard). O bem-estar pode ser condição para o mais-ser, mas este não termina naquele, apenas começa. O mais-ser dá sentido, ultrapassa e transcende o bem-estar. O bem-estar tem a ver com a satisfação das necessidades e desejos. O mais-ser tem a ver com a contínua insatisfação pelo que já sou e no impulso permanente de ir sempre mais além de aonde já cheguei. Organizar a economia em função do mais-ser é tarefa tanto da sociedade civil quanto do Estado. Implica adotar metas não apenas econômicas, mas, em primeiro lugar, sociais, orientar as primeiras em função das segundas e adotar estratégias político-econômicas capazes de cumpri-las. Implica colocar a mulher e os valores do Feminino em lugar central na nova organização socioeconômica. Implica resgatar o sentido profundo do dinheiro como símbolo do trabalho, saber e criatividade dos trabalhadores manuais e intelectuais e como simples meio de troca de bens e serviços. Implica reconstruir a arquitetura financeira do país e do mundo a serviço da produção e distribuição de produtos necessários e suficientes, afastando a economia da especulação, dos excessos e do desperdício. Implica planejar o desenvolvimento econômico e tecnológico em função dos desafios relativos ao desenvolvimento social e humano, promovendo o envolvimento das comunidades locais e das várias instâncias e setores na ação de planejar e de implementar o desenvolvimento. Implica subordinar as instituições e as políticas de governo ao projeto democrático e participativo de desenvolvimento local, nacional e global. Implica dotar a sociedade de instituições democráticas de governança nacional e global.

A ética econômica: é bom que nós possuamos tudo aquilo que contribui para o nosso autodesenvolvimento integral. É mau que nos apropriemos de coisas ou poderes excessivos ou que não contribuem para o nosso autodesenvolvimento integral. Excessivo é tudo aquilo que alguém possui além de suas necessidades materiais e imateriais e sua capacidade de uso. É também tudo que é substancialmente necessário a outros e não a nós, cuja posse priva outros de possuir. É boa toda riqueza material que contribui para o enriquecimento humano e social. É má toda riqueza abstrata – aquela que é apropriada porém não utilizada –, porque ultrapassa os limites do nosso suficiente. Má porque desvia nosso tempo e atenção de atividades que deviam aprofundar o nosso enriquecimento pessoal e social: ético, estético, físico, mental, psíquico, espiritual; má porque ocupa no nosso coração o lugar que devia ser ocupado pelo nosso Eu Superior, que inclui o Outro e o Ser Essencial, o princípio vital; e má porque priva de possuí-la os que não têm o suficiente para viabilizar seu próprio desenvolvimento.

O amor implica necessariamente a não propriedade. Até mesmo o nosso corpo é mero objeto de posse diante da sua finitude. A lei que deve reger a posse de bens materiais é dupla: a lei da necessidade, que nos incita a tomar posse de tudo aquilo de que precisamos para o nosso autodesenvolvimento individual e coletivo; e a lei da liberdade, que nos incita a compartilhar ("onde houver pobreza, que eu dê tudo que tenho além do que eu preciso")[157] ou a renunciar a tudo aquilo de que não precisamos para o nosso autodesenvolvimento individual e coletivo.

---

[157] Frase acrescentada à oração de São Francisco pelo Pablo, meu filho, quando tinha 6 anos de idade.

Epílogo

A socioeconomia solidária, no sentido consciente e não apenas espontâneo do termo, significa a economia em que nós pensamos simultaneamente em nós próprios e buscamos uma forma de compartilhar os recursos limitados da Terra de modo a satisfazer de forma sustentável as necessidades de todos nós, não de um de nós apenas, nem somente da nossa geração. Significa o cuidado com cada um e com todos que habitam as nossas diversas moradas. Significa apossar-nos do que é essencial para o nosso desenvolvimento e partilhar ou doar o que não é essencial para nós e faz parte do essencial para o Outro.[158] Significa orientar nosso trabalho necessário para a busca de liberar um tempo sempre maior para o trabalho de desenvolver o nosso ser superior. A socioeconomia solidária, na medida em que implica a aceitação do Outro e do seu empoderamento como sujeito pleno do seu próprio trabalho, saber e criatividade e, portanto, das suas relações econômicas, é uma economia amorosa.

O processo de construção de uma economia amorosa está intimamente conectado com o meio ambiente em que se desenvolve. Na verdade, seu ponto de partida é a economia do capital globalizado; esta mesma que promove o sobreconsumo, a sobreprodução, a exclusão e a morte; esta mesma que transforma terra, trabalho, dinheiro e até gente em mercadoria, reduzindo tudo e todos a objetos de compra e venda "no mercado". Esta mesma que coisifica o *Homo* e hominiza o capital. A economia do capital globalizado, da qual me ocupei no Livro 2 desta trilogia, está hoje marcada pela ideologia neoliberal, que conseguiu destruir, pela força arrasadora da hipocrisia e da mentira do livre mercado, até mesmo as grandes conquistas do mundo do trabalho frente ao capital, tais como os direitos laborais e o Estado do Bem-estar Social, que deram conteúdo ao regime capitalista social-democrata. A tal ponto que as camadas avançadas das sociedades ricas anseiam pelo retorno da social-democracia, não como horizonte re-

---

[158] Essa é também uma condição para *viver em paz*. Sem desapego não há paz interior. Sem paz interior não há gratuidade nem liberdade, condições indispensáveis para o verdadeiro amor. Para uma reflexão sobre os atributos do humano que permitem alcançarmos o estado de viver em paz, recomendo a leitura de Carlos Brandão, 2007, sobretudo o cap. 10, e Pierre Weil, 2001, cap. 1.

formista, mas como estratégia de longo prazo para o combate e a superação do regime capitalista neoliberal e das penúrias e desigualdades que ele promove inapelavelmente.

Pois é dentro e a partir desta economia desumanizadora que milhões de pessoas pelo mundo afora estão construindo uma outra economia, uma economia reformista e revolucionária ao mesmo tempo. Como? Denunciando as desigualdades e seus fatores determinantes. Pressionando os centros de poder por reformas que melhorem a governança das instituições e a eficácia e a qualidade social e humana das políticas públicas. Inaugurando estilos de vida e de consumo nos quais predomina a busca do suficiente, a lógica da abundância compartilhada e o respeito ao meio natural. Criando modos de produção voltados para as necessidades humanas, e não para a acumulação de lucros, organizados de forma autogestionária, cujos empreendimentos são propriedade dos que neles trabalham. Transformando as relações de mercado em relações em que os parceiros desejam e realizam trocas solidárias, nas quais ambos os lados são ganhadores. Desenvolvendo sistemas de poupança e crédito autogestionários e solidários capazes de financiar pessoas e empreendimentos que jamais tiveram ou teriam acesso ao crédito dos bancos comerciais e até dos governos. Criando novas moedas e dando a elas a função de símbolos explícitos do trabalho e da vida dos que criaram os produtos e de mediadoras das trocas.

Esta "ortopráxis", ou prática reta e justa, demanda uma transformação gradual e progressiva da sociedade e do Estado, do mercado e dos próprios sujeitos da economia, as mulheres e os homens. Trata-se de uma transformação ao mesmo tempo física e psíquica, objetiva e subjetiva, institucional e relacional, econômica e social, política e cultural, tecnológica e ecológica, cotidiana e histórica. Daí o caráter holístico e contraditório da Economia da Práxis. Se este caminho de reconstrução socioeconômica vai prevalecer ou será também devorado pelo sistema do capital mundial, é uma aposta histórica.

Só aqueles que têm fé no ser humano e no seu múltiplo potencial – de personalização, de socialização, de espiritualização e de amorização (segundo Teilhard) – apostam na primeira probabilidade. E há muitos que anseiam por esta fé. Daí a necessidade de trabalhar no despertar e expandir a consciência de toda a gente, inclusive e em particular das crianças e jovens para os seus próprios potenciais de trabalho e criatividade, autonomia e solidariedade e para o acolhimento dos outros como condição mesma do seu desenvolvimento, realização e felicidade. Esta é a responsabilidade da educação libertadora.

Educação libertadora

A educação, eu a defini como o aprendizado permanente de "ir sempre mais além" de si próprio. Se a economia solidária é a construção do *bem-estar* para cada um e para todos como base para o mais-ser, a educação solidária é a construção ininterrupta do *mais-ser*. Além de mim próprio eu encontro o Outro, além de mim e do Outro encontro a sociedade (no espaço atual), além da sociedade encontro a espécie humana e o corpo coletivo da humanidade (no espaço-tempo), além da espécie humana encontro a Terra, além da Terra encontro o Cosmos, com suas outras possíveis humanidades e outros possíveis universos e multiversos. E, no interior de tudo e de cada ser, encontro o Ser Essencial, o espírito que anima, vivifica e unifica, o Alfa e o Ômega da Unidade da Diversidade, aquele/aquela que dá sentido profundo a toda existência. Educar é colaborar para que nós desenvolvamos nossa consciência, nosso entendimento, e nos empoderemos para gerir nossa própria caminhada no sentido do "sempre mais além".

Ir ao encontro do Outro envolve a consciência de quem somos e de quem é o Outro. Como o Outro é inevitável na nossa própria caminhada, estou sempre colocado diante da escolha de aceitá-lo, acolhê-lo e promovê-lo como Outro ou rejeitá-lo, excluí-lo, destruí-lo. Escolha difícil, dado que nessa aceitação e acolhimento não temos a escolha de deixar que o Outro nos exclua ou destrua. Portanto, minha relação com o Outro ocorre virtualmente num fio-de-navalha. Se não ultrapasso o limiar do cuidado-de-mim na relação com o Outro, corro o risco de "ensimesmar-me" e "egocentrar-me"; se não ultrapasso o limiar do cuidado-do-outro na relação com o Outro, corro o risco de excluir-me ou destruir-me nessa relação.

A educação visa a aprendizagem de "caminhar no fio da navalha" na relação comigo próprio, com o Outro, com a Natureza e com a sociedade e a humanidade. A educação visa a aprendizagem da aceitação e do empoderamento do Outro, a partir de assumir o desafio do meu próprio empoderamento para o meu próprio desenvolvimento enquanto pessoa e coletividade. Sem tornar-me eu próprio sujeito do meu desenvolvimento individual e coletivo, não posso aceitar, acolher e colaborar com o empoderamento do Outro como sujeito do seu próprio desenvolvimento individual e coletivo. Nem posso estar autônoma e amorosamente conectado com "a teia da vida e o mistério do Universo" (Brandão, 2005: 177-178).[159] Educar é ensinar a conviver com o mistério do amor, é ensinar a caminhar no fio do paradoxo amoroso.

Nesse ponto, abre-se mais uma escolha. Para os que se atêm à dimensão material da realidade, o mistério do amor começa e termina na consciência reflexiva de cada um e nas escolhas que cada um decide fazer em cada passo de sua existência terrena. Permita-me escrever uma palavra sobre o amor como mistério, como dimensão central da própria espiritualidade, independente da fé ou da religião de uns ou outros. O mistério do amor envolve a percepção, no centro dos seres, do impulso vitalizante, espiritualizante e amorizante de um Ser Essencial, ele próprio vida, espírito e amor. Portanto, um Ser ele próprio pessoal, que escolheu compartilhar sua amorosidade cedendo a outros seres a *liberdade* de escolher ou rejeitar o amor. Um dom radical, pois implica o direito e o poder de escolhermos ou rejeitarmos o próprio caminho de amorização ou de convergência crescente com os outros e com o Ser Essencial.

---

[159] "O *outro* é uma pessoa como *eu* sou/ mas a pessoa do outro, como a minha/ sai de *si* e *se* estende a tudo:/ à teia da *vida* e ao mistério do *universo*:/ a tudo que há e nos une e entretece/ no tecido do *todo da existência*./ Livre de ser apenas o *meu corpo*/ atado a um *ego*, sou em *meu espírito*/ uma fração do *ser de tudo*/ e o *Todo* é e está em minha alma./E se eu posso olhar o céu à noite/ e contemplar a Via Láctea, é só porque/ de algum modo eu a trago dentro do coração./ A mente com que medito sem pensar/ bem mais longe do que alcançam/ a trilha das palavras e o voo das ideias/ compreende o que o coração sente além *de si*/ quando o amor o estende além *de mim*/ e livre de *me ser*, e sendo tudo, enfim/ *eu sou.*"

Epílogo

Entre cada um de nós, pessoas, e o Ser Essencial é possível ainda visualizar a gradual construção de um organismo coletivo, algo como um corpo coletivo da humanidade e do Cosmos, que integra e transcende nossas consciências e liberdades individuais e que se constrói também no mistério e no paradoxo, na direção de crescente vitalização, espiritualização e amorização ou de crescente entropia e autodestruição. O desenvolvimento deste organismo coletivo – se no sentido amorizante ou desamorizante – seria dado pelo quociente das escolhas individuais que fazemos, cada um de nós, no cotidiano das nossas existências terrenas, no sentido do desenvolvimento da nossa solidariedade consciente ou no sentido inverso, da confrontação egocêntrica e da entropia.

Tudo isso aparece não apenas como conjunto de proposições morais, mas, primordialmente, como leis da própria evolução da Natureza, da vida e das espécies conscientes-reflexivas. Que tipo de energia é característica dessa evolução? Será a realidade física o fundamento e a linguagem matemática mera e útil aproximação (paradigma aristotélico), ou será a estrutura matemática a verdadeira realidade, que os observadores têm que buscar captar superando sempre mais a imperfeição da sua percepção?[160] Não creio que essas questões esgotem o problema. Proponho a possibilidade de uma outra abordagem do Real que ultrapassa a dimensão física e a linguagem matemática. Ela se ocuparia da dimensão não quantificável do Real. Seria um novo campo de conhecimento, justamente aquele que Teilhard propôs chamar de "energologia" ou de "centrologia", aquele que captaria a dimensão metafísica ou ultrafísica e que exigiria uma linguagem metamatemática ou ultramatemática para expressá-la. Não é este campo energético aquele no qual é possível tocar o fundo e a raiz essencial do Real? Não é esse fundo e raiz essencial justamente o mistério do Amor?

---

[160] Essa questão é levantada pelo cosmólogo Max Tegmark no artigo "Parallel Multiverses", publicado no *Scientific American* de maio de 2003.

Bibliografia

ABDALLA, Maurício. "O humano de nosso ser". In: LUCHI, J. P. *Linguagem e sociabilidade*. Vitória: Edufes, 2005.

ABRAMI et al. *L'apprentissage coopératif: Théories, méthodes, activités*. Montreal: Les Editions de la Chenelière, 1996.

AGUIAR, Marco A. de Souza; ARRUDA, Marcos e FLORES, Parsifal. *Ditadura Econômica Versus Democracia*. IBASE/Codecri, Rio de Janeiro, 1983.

ALIANÇA POR UM MUNDO RESPONSÁVEL E SOLIDÁRIO. *Reconciliar o Masculino e o Feminino: Um Novo Equilíbrio para o Mundo*. Delhi/Paris, 1997.

ALVES, Rubem. *Estórias de Quem Gosta de Ensinar*. São Paulo: Cortez Editora, 1986.

_____. "Tênis e Frescobol". In: *Histórias de Socioeconomia Solidária*, série Semeando Socioeconomia, n. 3. PACS, Rio de Janeiro, 2000.

ANDREWS, Susan. *Meditação e os Segredos da Mente*. 2ª edição, Porto Alegre: Ananda Marga, 2001.

ARRUDA, Marcos. *Can the Rich Countries Learn Anything from Guinea Bissau?* IDAC/TNI, Genebra, novembro 1976a.

_____. "Creating a New Rural Society – The Case of Guinea-Bissau". In: *Bulletin 113*, Action for Development/FAO, Roma, Itália, junho de 1976.

_____. "Que pouvons-nous apprendre de la Guinée-Bissau?" In: *Léscagot*, Revue dánalyses sur le développement et la solidarité internationale, publiée par le SUCO, Montreal, Vol. 3, n. 2, junho de 1977.

_____. *Uma Experiência Cooperativa na Guiné Bissau*. IDAC/TNI, Genebra, dezembro 1976b.

_____. "Guiné Bissau: Uma Escola que Irradia". In: *Cadernos do Terceiro Mundo*, n. 8, Lisboa, outubro 1978.

_____. *Prometeu Acorrentado – Os Grandes Grupos Econômicos, O Endividamento Externo e o Empobrecimento do Brasil*. Documento de Trabalho, PACS/PRIES-CS, 69 p., Rio de Janeiro/RJ, 1988a.

_____. *Metodologia da Práxis e Formação dos Trabalhadores*. Textos de Educação Popular, B-04, PACS-PRIES/Cone Sul, Rio de Janeiro, 1988b.

_____. "Reflexões sobre Fé e Política à Luz de Spinoza". In: *Cadernos Fé & Política*, n. 3, Petrópolis, 1989.

_____. *O Trabalho como Chave de Interpretação do Mundo*. Ficha DPH/FPH-PACS, Rio de Janeiro, 1990.

_____ (editor final). "Ética e Política: Um Desafio do Cotidiano – Contribuições do Seminário Cajamar, 30/4-1/5/1990". In: *Revista de Cultura Vozes*, Ano 85, Vol. 85, n. 3, Petrópolis, maio-junho de 1991.

_____. *Dívida E(x)terna: Para o Capital, Tudo, Para o Social, Migalhas*. PACS/Editora Vozes, Petrópolis, 1999.

_____. *Humanizar o Infra-Humano: A Formação do Ser Humano Integral – Homo evolutivo, Práxis e Economia Solidária*. Petrópolis: Editora Vozes, 2003.

_____. *Cartas a Lula: Um Outro Brasil é Possível*. Rio de Janeiro: Editora Documenta Histórica, 2006.

_____. *Mondragon: una experiência revolucionaria de Cooperativismo – pero falta algo esencial!* Monografia, PACS, Rio de Janeiro, 2008.

ASSMAN, Hugo. *Reencantar a Educação – Rumo à Sociedade Aprendente*. Petrópolis: Editora Vozes, 1998.

AUROBINDO, Sri. "The Human Cycle". In: *Social and Political Thoughts* [1985], Sri Aurobindo Ashram Trust, Pondicherry, India, 1949.

_____. "The Ideal of Human Unity". In: *Social and Political Thoughts* [1985], Sri Aurobindo Ashram Trust, Pondicherry, India, 1949.

BERCOT, Michel. *Cœur et Energétique face aux défis du XXI siècle – Les structures énergétiques du Vivant*. Opera Editions, Nantes, 1999.

BOFF, Leonardo. "Ética e Ecologia". In: *Barbarói*, n. 3, Santa Cruz do Sul, RS, setembro 1995, p. 7-21.

BOFF, Leonardo e ARRUDA, Marcos. *Globalização: Desafios Socioeconômicos, Éticos e Educativos*. Petrópolis: Editora Vozes, 2000.

BOHM, David. *On Dialogue*. London: Routledge.

BRANDÃO, Carlos Rodrigues. *Saber e Ensinar: Três Estudos de Educação Popular*. Campinas, SP: Papirus, 1986.

_____. *Aprender o Amor. Sobre um Afeto que se Aprende a Viver*. Campinas, SP: Papirus, 2005.

_____. *O Vôo da Arara Azul: escritos sobre a vida, a cultura e a educação ambiental*. Campinas, SP: Armazém do Ipê, 2007.

BUBER, Martin. *O Socialismo Utópico*. São Paulo: Editora Perspectiva, 1986.

CABRAL, Amilcar. *Textos Políticos*. Lisboa: Afrontamento, 1974.

_____. *Unité et lutte, lárme de la théorie*. Cahiers Libres, Maspéro, Paris, 1975.

CALDART, Roseli. *Pedagogia do Movimento Sem Terra*. Petrópolis: Vozes, 2000.

CAPRA, Fritjof. *O Ponto de Mutação: A Ciência, a Sociedade e a Cultura Emergente*. São Paulo: Cultrix, 1982.

_____. *The Tao of Physics*. New York: Bantam, 1984.

_____. *The Web of Life – A New Synthesis of Life and Matter*. London: Harper & Collins, 1996.

CORAGGIO, José Luis. "Da Economia dos Setores Populares à Economia do Trabalho". In: *Economia dos Setores Populares: Entre a Realidade e a Utopia*. Petrópolis: Vozes, 2000.

COVENEY, Peter e HIGHFIELD, Roger. *The Arrow of Time: A voyage Through Science to Solve Time's Greatest Mystery*. Toronto: Ballantine Books, 1990.

DARCY DE OLIVEIRA, Rosiska e DARCY DE OLIVEIRA, Miguel. "Aprender para Viver Melhor: A Prática Educativa do Movimento de Libertação no Poder na Guiné-Bissau". In: *Vivendo e Aprendendo: Experiências do Idac em Educação Popular*. São Paulo: Brasiliense, 1980.

DI CIOMMO, Regina Célia. "Ecofeminismo e Educação Ambiental", São Paulo: Editorial Cone Sul e Minas Gerais: Editora Universidade de Uberaba, 1999.

DUSSEL, Enrique. *Método para uma Filosofia da Libertação: Superação Analética da Dialética Hegeliana*. Belo Horizonte: Edições Loyola, 1974.

ENGELS, Friedrich. "The Condition of the Working Class in England". Extrato do capítulo "The Great Towns". In: HENDERSON, W. O. *Engels: Selected Writings*. London: Penguin, 1967.

_____. *A Origem da Família, da Propriedade Privada e do Estado*. Rio de Janeiro: Civilização Brasileira, 1974.

COMISIÓN MONUMENTO A LAS VÍCTIMAS DEL TERRORISMO DE ESTADO Y GOBIERNO DE LA CIUDAD DE BUENOS AIRES. *Escultura y Memoria: 665 proyectos presentados al concurso en homenaje a los detenidos desaparecidos y asesinados por el terrorismo de Estado en la Argentina*. Editorial Universitaria de Buenos Aires, 2000.

Fox, Matthew. *Original Blessing: A Primer in Creation Spirituality*. Santa Fe, New Mexico: Bear & Company, 1983.

FREINET, Célestin. *Para uma Escola do Povo*. Lisboa: Editorial Presença, 1973.

FREIRE, Paulo. *Pedagogia do Oprimido*. Lisboa: Afrontamento, 1972.

_____. *Cartas à Guiné Bissau*. Lisboa: Moraes Editores, 1978.

_____. *Educação como Prática da Liberdade*. São Paulo: Paz e Terra, 11ª edição, 1980.

_____. *Extensão ou Comunicação*. São Paulo: Paz e Terra, 1982.

FRIGOTTO, Gaudêncio. *Educação e a Crise do Capitalismo Real*. São Paulo: Cortez, 1995.

GARAUDY, Roger. *Pour lávènement de la Femme*. Paris: Albin Michel, 1981.

GOLEMAN, Daniel. *Emotional Intelligence*. Bantam Books, 1996.

GRAMSCI, Antonio. *Oeuvres Choisies*. Paris: Editions Sociales, 1959.

_____. *Cuarderni del Carcere*. Em quatro volumes organizados por ordem numérica dos cadernos. Turim: Einaudi Editore, 1975.

GUATTARI, Félix e ROLNIK, Suely. *Micropolítica: Cartografias do Desejo*. Petrópolis: Vozes, 1999.

GUDYNAS, Eduardo e EVIA, Graciela. *La Praxis por la Vida: Introducción a las Metodologías de la Ecología Social*. Montevideo, Uruguay: Cipfe-Claes-Nordan, 1991.

GUERRIERI, Maurício. *O Humano do Nosso Ser*. Monografia. Vitória, Espírito Santo.

HERRIGEL, Eugen. *A Arte Cavalheiresca do Arqueiro Zen*. São Paulo: Editora Pensamento, 1975.

HILL, Gareth. *Masculine and Feminine: The Natural Flow of Opposites in the Psyche*. Boston & London: Shambhala, 1992.

HOBSBAWM, Eric. *The Age of Capital*. London: Abacus, 1975.

HOFSTADTER, Douglas R. e DENNETT, Daniel C. *The Mind's I: Fantasies and Reflections on Self and Soul*. New York: Bantam Books, 1988.

HORNBY, A. S. *Oxford Advanced Dictionary of Current English*. London-New York: Oxford University Press.

IDAC *Learning by Living and Doing: Guinea-Bissau 79*, IDAC document n. 18, Geneva, 1979.

JACQUARD, Albert. *L'éloge de la difference: interrogations d'un généticien*. Paris: Seuil, 1978.

_____. *A toi qui nés pas encore né(e)*. Paris: Calmann-Lévy, 2000.

JOHNSON, Robert. *She: Understanding Feminine Psychology*. San Francisco: Harper & Row, 1976.

_____. *We: Understanding the Psychology of Romantic Love*. San Francisco: Harper & Row, 1983.

_____. *He: A Chave do Entendimento da Psicologia Masculina*, Mercuryo, São Paulo, 1987.

JUNG, Karl Gustav. "Problems of Modern Psychotherapy". In: *The Collected Works*, vol. 16. Princeton: Princeton University Press, 1929.

KOSIC, Karel. *La dialectique du concret*. Paris: François Maspero, 1978.

KOZOL, Jonathan. *Morte em Tenra Idade*. São Paulo: Edições Loyola, 1983.

LALANDE, André. *Vocabulaire technique et critique de la philosophie*. Paris: Presses Universitaires de France, 1976.

LELOUP, Jean-Yves. *O Absurdo e a Graça*. Campinas, SP: Verus Editora, 2003.

LOBROT, Michel. *La pédagogie institutionnelle*. Paris: Guauttier-Villars, 1972.

LOWEN, Alexander. *Narcissism, Denial of the True Self*. New York: Macmillan, 1985.

MANACORDA, Mario Alighiero. *Marx e a Pedagogia Moderna*. Lisboa: Iniciativas Editoriais, 1975.

_____. "Scuola e Principio Educativo". In: *Gramsci, I sue idee nel nostro tempo*. Roma: L'Unità, 1987.

MANCE, Euclides. *A Revolução das Redes: A Colaboração Solidária como uma Alternativa Pós-Capitalista à Globalização Atual.* Petrópolis: Vozes, 2000.

MARX, Karl. "Economic and Philosophical Manuscripts". In: *Early Writings, Marx.* London: Pelican, 1975.

_____. "Theses on Feuerbach". In: *Early Writings, Marx.* London: Pelican, 1975.

_____. *Le Capital*, livro I. Paris: Pleiade, 1867.

MARX, Karl e ENGELS, F. "Lídéologie Allemande". In: *Karl Marx, Oeuvres III Philosophie.* Paris: Pléiade, 1982.

MATURANA, Humberto e VARELA, Francisco. *El Árbol del Conocimiento: Las Bases Biológicas del Entendimiento Humano.* Santiago: Editorial Universitaria, 1984.

MATURANA, Humberto e VERDEN-ZÖLLER, Gerda. "A Ontologia da Realidade". Org. Cristina Magro, Miriam Graciano e Nelson Vaz. Belo Horizonte, MG: Editora UFMG, 1997.

MATURANA, Humberto. *Amor y Juego: Los Fundamentos Olvidados de lo Humano.* Instituto de Terapia Cognitiva, Santiago, Chile, 1998.

MCLAREN, Peter. *A Vida nas Escolas – Uma Introdução à Pedagogia Crítica nos Fundamentos da Educação.* Porto Alegre: Artes Médicas, 1997.

MERTON, Thomas. *Mystics and Zen Masters.* Canada: HarperCollins, 1993 (original de 1961).

MURARO, Rose Marie e BOFF, Leonardo. *Feminino e Masculino – Uma Nova Consciência para o Encontro das Diferenças.* Rio de Janeiro: Sextante, 2002.

NASCIMENTO, Cláudio. *Estratégia para uma Alternativa Socialista Autogestionária.* CEDAC, 1985, mimeo.

_____. *As Lutas Operárias Autônomas e Autogestionárias.* Rio de Janeiro: Cedac, 1986.

_____. *Autogestão e Economia Solidária.* PSES/PACS, Rio de Janeiro, 2000.

PACHECO, José. *Herrar é umano.* Monografia. Vila de Aves, Portugal, 2005.

PACS e CASA. *Construindo a Socioeconomia Solidária do Espaço Local ao Global.* Série Semeando Socioeconomia. Rio de Janeiro, 2000.

PEREIRA, Aristides. *Relatório do Conselho Superior de Luta.* III Congresso do PAIGC, Bissau, 15-20 de novembro de 1977.

POLANYI, Karl. *The Great Transformation: The Political and Economic Origins of our Time.* Beacon, USA, de 1957.

PREBLE, Robert. *Britannica World Language Dictionary*, vol. I. New York, Funk & Wagnalls Company, 1959.

PRIGOGINE, Ilya. "La Fin des Certitudes: Temps, Chaos et les lois de la Nature". Paris: Editions Odile Jacob, 1996.

REDFIELD, James. *The Celestine Profecy.* New York, Bantam Books, 1997.

ROSEN, David. *The Tao of Jung: The Way of Integrity.* London: Penguin/Arkana, 1996.

RUBEL, Maximilien. *Karl Marx, Oeuvres III – Philosophie* (édition établie, présentée et annotée par). Paris: Pleiade, 1982.

RUDEBECK, Lars. "Guinea-Bissau: A Study of Political Mobilization". Scandinavian Institute of African Studies, Uppsala, Sweden, 1974.

SATTAMINI, Lina. *Esquecer? Nunca Mais! A Saga do Meu Filho Marcos P. S. de Arruda.* Rio de Janeiro: O&R Editores Independentes, 2000.

SCHMIED-KOWARZIK, Wolfdietrich. *Pedagogia Dialética: de Aristóteles a Paulo Freire.* São Paulo: Brasiliense, 1974.

SEMERARO, GIOVANNI. *Da Sociedade de Massa à Sociedade Civil: a Concepção de Subjetividade em Gramsci.* Monografia. Rio de Janeiro: Faculdade de Educação da Universidade Federal Fluminense, 1997.

SERRES, Michel. *O Contrato Natural.* Rio de Janeiro: Nova Fronteira, 1991.

STEINER, Claude e PERRY, Paul. *Educação Emocional – Um Programa Personalizado para Desenvolver sua Inteligência Emocional.* Rio de Janeiro: Objetiva, 1998.

STEINER, Rudolf. *The Philosophy of Spiritual Activity.* New York: Rudolf Steiner Publications, 1963.

_____. *Truth and Knowledge.* New York: Rudolf Steiner Publications, 1963.

_____. *Futuro Social.* Buenos Aires: Editorial Antroposófica, 1989.

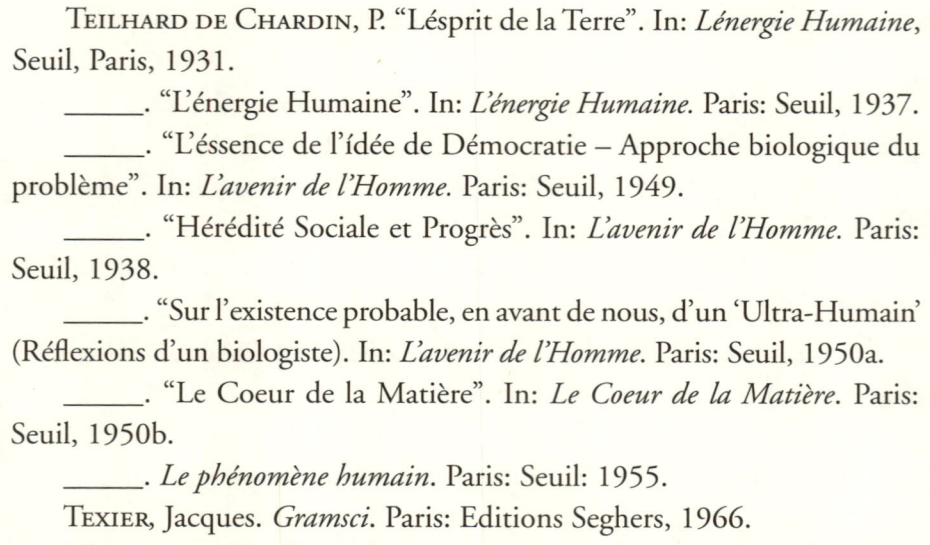

TEILHARD DE CHARDIN, P. "Lésprit de la Terre". In: *L'énergie Humaine*, Seuil, Paris, 1931.

_____. "L'énergie Humaine". In: *L'énergie Humaine*. Paris: Seuil, 1937.

_____. "L'éssence de l'ídée de Démocratie – Approche biologique du problème". In: *L'avenir de l'Homme*. Paris: Seuil, 1949.

_____. "Hérédité Sociale et Progrès". In: *L'avenir de l'Homme*. Paris: Seuil, 1938.

_____. "Sur l'existence probable, en avant de nous, d'un 'Ultra-Humain' (Réflexions d'un biologiste). In: *L'avenir de l'Homme*. Paris: Seuil, 1950a.

_____. "Le Coeur de la Matière". In: *Le Coeur de la Matière*. Paris: Seuil, 1950b.

_____. *Le phénomène humain*. Paris: Seuil: 1955.

TEXIER, Jacques. *Gramsci*. Paris: Editions Seghers, 1966.

VANUCCHI, Aldo. "Introdução à Proposta Pedagógica de Paulo Freire: O Embasamento Filosófico". In: *Paulo Freire ao Vivo*. Belo Horizonte: Edições Loiola, 1983.

VON FRANZ, Marie-Louise. *C. G. Jung, son mythe en notre temps*. Paris: Buchet/Chastel, 1988.

WALTERS, Derek. *O I Ching Alternativo*. Edições São Paulo: Siciliano, 1983.

WEIL, Pierre. *A Arte de Viver a Vida*. Brasília: Letraviva Editorial, 2001.

ZINN, Howard. *A People's History of the United States*. New York: Harper & Row, 1980.

ZOHAR, Dahan. *The Quantum Self*. London: Harper & Collins, 1991.

Esta obra foi composta em CTcP
Capa: Supremo 250g – Miolo: Pólen Soft 80g
Impressão e acabamento
Gráfica e Editora Santuário